死別体験

Handbook of Bereavement Research and Practice

研究と介入の最前線
Advances in Theory and Intervention

編者
マーガレット・S・シュトレーベ Margaret S. Stroebe
ロバート・O・ハンソン Robert O. Hansson
ヘンク・シュト Henk Schut
ウォルフガング・シュトレーベ Wolfgang Stroebe

訳者
森 茂起 Shigeyuki Mori
森 年恵 Toshie Mori

誠信書房

Handbook of Bereavement Research and Practice: Advances in Theory and Intervention
edited by Margaret S. Stroebe, Robert O. Hansson, Henk Schut, and Wolfgang Stroebe

Copyright © 2008 by the American Psychological Association
Japanese translation rights arranged with the American Psychological Association
through Japan UNI Agency, Inc., Tokyo.

オードリーに捧ぐ——ロバート・O・ハンソン
スコッティに捧ぐ——ヘンク・シュト
キャサリンとベルナルドに捧ぐ
——マーガレット・S・シュトレーベ＆ウォルフガング・シュトレーベ

まえがき

本書の出版で、私たちは死別ハンドブック3部作を完成したことになる。死別がどのような現象で、どのように外在化するのかについての科学的知識を、理論的アプローチと科学的方法論に重きを置いて統合することが私たちの変わらぬ目標であった。本書は決して改訂版ではなく、全く別の本であることを強調しておきたい。前のハンドブックからの発展形として次のハンドブックが生み出されてきた。新しい問いが現れ、新しい主題が提案され、新しい洞察が提供され、次の本に新しい視点を設定するよう私たちに求めてきた。したがって、本書の構成と内容は、近年の研究の発展を反映するよう大幅に変更され、多くの章は新しい著者グループによって書かれている。とりわけ私たちは、死別研究を現代の社会問題、実践的問題により明確に結び付けるべきときだと感じた。以下に続く頁を見ていただければ、死別研究領域の主題に関する目覚ましい発展だけでなく、それらに関する見解の相違や健全な論争も含まれることが分かるだろう。このハンドブックで私たちは、視野の点でも内容の点でも先のものに追加し、拡張したが、それは、21世紀における死別研究領域のさらに十二分なレビューが今後現れることを望んでのことである。

本書の企画は前の『ハンドブック』の完成後まもなく始まったので、完成までに5年以上を費やしたことになる。その間、編者がこのハンドブックの仕事の手を休めることができる日はほとんどなかった。前の2冊のハンドブックと同じく、本書の編集作業に苦痛を感じたことは一度もなく、しばしば喜びであり、個人的にも専門的にも常に新たな学びの経験であった。各章の執筆にも、一冊全体の制作にも、編者間に多くの意見の相違が見られたが、それが妨げとなることはなかった。編集過程では、私たちを繰り返し激励しながら、骨の折れる校正作

業を行ってくださった各執筆者に大いに助けられた。惜しまぬ努力を注ぎ込んでくださったこと、すばらしい章を書いてくださったことを、執筆者の皆様に感謝します。本書に寄稿してくださったことにお礼を申し上げるとともに、仕事を共にできた喜びを伝えたいと思います。

アメリカ心理学会は多くの点で他に例を見ない出版社であり、その協力を得て無事この企画を完成に導けたことを嬉しく思う。とりわけ、本書を担当し、企画の初期段階から私たちに付き合ってくださったランシング・ヘイス氏、事務上あるいは構成上の視点をはるかに超えて、それぞれの章の内容に踏み込んだ編集上の助言をくださったロン・ティーター氏にお礼申し上げます。作業の最終段階では、主幹編集者ハリエット・カプランさんに、とりわけ彼女の優れた原稿校正技術に深く感謝しています。これほどの優れた編集者たちと作業をともにすることができたおかげで、本書を完成することができました。

最後に、オランダの画家エミー・ファン・デン・ブリンク（1946–2007）の、「よき時を待ちながら」と題する絵を用いたすばらしい表紙に触れたいと思う。彼女の人生と仕事に敬意を表します。

死別体験——研究と介入の最前線

目次

まえがき ⅲ

第1章 死別研究──現代の視点 1

死別研究──基本概念の定義 3
20世紀の死別研究 8
本書の視野と内容 14
結論 28

第2章 悲嘆の本質と原因 29

悲嘆の段階理論 35
悲嘆の種類 37
何が悲嘆を引き起こすのか 38
悲嘆理論の比較 45

第3章 悲嘆の諸理論──過去、現在、そして将来の展望 47

悲嘆の進化論的起源 50
進化論から見た悲嘆の個人差 52
悲嘆反応の直接的原因 54

第4章 愛着から見た死別　69

- 愛着の理論と研究における基本概念　72
- 愛着から見た喪失と死別　76
- 非安全型愛着と障害型の喪　84
- 不安を伴う愛着と慢性的喪　86
- 回避型愛着と悲嘆の欠如　89
- 愛着型による喪失への適応の相違についての実証的根拠　94
- 結論的所見　96

第5章 絆を手放すべきか、維持すべきか　99

- 脱愛着から悲嘆作業を区別する　101
- 何を手放す必要があるのか、何を継続できるのか　104
- 愛着理論に基づいて見た絆の維持　108
- 継続的絆の非適応的表現を評価する上で、未解決の喪失は何を意味するか　113

第6章 目標を再定義する、自己を再定義する——喪失後の「トラウマ後成長」の吟味 123

将来の方向性 118
結論 120

喪失、変化、成長の認知 126
喪失後の成長に関するいくつかの見方 127
トラウマ後成長モデルへの批判 130
成長の意味を解明する 133
成長の要素を分析する——利益、洞察、持続的トラウマ後成長の区別 137
要約と結論 140

第7章 子どもの喪失——突然死と長期の闘病 143

突然の暴力的な子どもの死 145
親の死別プロジェクト 146
死別から5年間に親が示したコーピング方策 151
突然死による死別——要約 156
子どもの長期にわたる闘病後に親が直面する死別の課題 157
癌による死別——要約 163

viii

第8章 子ども時代の親の死による長期的影響 ——心理的・生理的徴候　167

人生初期における親の喪失がもたらす心理的影響　170
早い親の喪失による生理的影響　175
将来的方向性　182
突然死による死別と長期の闘病による死別の類似点と相違点　164
結論　165
研究の推奨　166

第9章 人生後期の死別体験 ——高齢者夫婦人生変動研究より　185

人生後半における配偶者との死別の特質　188
高齢者夫婦人生変動研究　191
高齢者夫婦人生変動研究から見出された結果　197
まとめと将来的方向性　207

第10章 災害による死別体験　211

臨床ないし組織への示唆　214
対応に影響を及ぼす要因　220

結論　237

第11章　**死別研究──21世紀の展望**

現在の科学的アプローチと問題　240

現在の社会的、実践的関心　256

結論　269

訳者あとがき　271

文献　278

邦訳文献　315

索引　320

凡 例

★ 本書は、Stroebe, M. S., Hanson, R. O., Schut, H., & Stroebe, W. (2008). *Handbook of bereavement research and practice: Advances in theory and intervention*. Washington, DC: American Psychological Association. の抜粋訳である。

★「Ch N」という表記は、この翻訳書に訳出されていない章に対して用いられ、「原書の第N章」を意味する。

★「第N章」という表記は、「この翻訳書の第N章」を意味する。

★「 」は、原書における" "を意味する。

★（ ）は、原書における（ ）を意味するほか、一部の語の直後にその原語あるいは別の表記を示す。

★〈 〉は、原書における" "内の・・か（ ）内の［ ］を意味するほか、翻訳の都合上（ ）か「 」が重複した場合にそれらの代用をする。

★［ ］は、引用文中の著者による補足を意味する。

★傍点は、原書におけるイタリック体を意味する。ただし、イタリック体でも書籍の題名は『 』内に示され、その他の固有名詞は特に強調されない。

★……は、引用文中の著者による省略を意味する。

★行間の数字は、原注か訳注を意味する。これらはともに左頁末に掲載され、訳注の場合はその旨が明示される。

第1章

死別研究──現代の視点

ここ数十年で、死別体験への理解が広がり深まってきた。当初仮説であったものに実証的検証が加えられた。創造的な新しい研究デザインが導入され、革新的な統計手法が使われるようになった。そして理論的な統合や、論争となっている問題の活発な議論、介入プログラムの著しい進歩など、新しい試みがさまざまある。社会の劇的変化の作用と、国家的あるいは国際的なさまざまの出来事が、人が個人的に悲しみ、公に喪に服する仕方に影響を与え、人々が適応しなければならない死別をめぐる環境を変化させたことを理解できるようになった。死別研究は、多くの臨床的、学術的分野と、多様な国と文化に属する研究者の参加に刺激を受け続けている。そうした発展を考えると、本書の出版はまさに時宜を得たものである。世紀の変わり目がまだ記憶に新しい今、新しい知識基盤を検討し、分類し直し、統合する試みをすること、そして、今後研究すべき優先事項と方向性についてある程度の統一見解に達しておくことが望ましい。

先に出版した『死別研究ハンドブック』（M. Stroebe et al., 1993, 2001）が狙ったのと同じく、本書を企画したときの私たちの目的は、死別研究の最新の事情を解説することであった。しかし、今回は前回と比べ、死別研究を、現在進行中の社会的、実践的問題により明確に関連づけることを試みた。その意味で、本書は実践のノウハウを求める現場の人々の情報源とはならないことをここで述べておかねばならない。ここで目指しているのは、1冊で可能な範囲で、この分野における発見を明らかにし、論争の的になる現代的問題を議論し、討論と応用の将来的計画案を提案することである。

各章の詳細については後に触れるが、Ch 7を除いて本書のすべての章は書き下ろしである。Ch 7は先の『ハンドブック』の内容の不足を補い、さらに発展させる話題や観点に触れている。どの章も、死別に関して目下生まれつつある革新的な研究主題や研究業績を持つ多くの新しい著者が担当している。

本章には三つの目的がある。①まず、読者の便宜のため、本書の著者たちが頻繁に言及する死別研究の基本

2

死別研究──基本概念の定義

死別に関連する基本概念と症状を以下に提示する。これらの定義は、本書の著者たちも死別研究分野一般も、十分に一貫して従っているものである (cf. Archer, 1999; Averill, 1968; Parkes, 1996; M. Stroebe et al. 2001)。ただし、研究者間に一致があるとはいえ、どの定義も完全に仕上げられたものではなく、基本概念について注意深く考察し議論を続けていく必要があることに、読者は気付くであろう。

死別、悲嘆、服喪

死別は、死によって重要な人を失ったという事実に由来する状態を定義する用語である。これは当然、「重要な人」をどう定義するかという問題に導く。その範囲は一般的に、全人生を通して経験される個人的喪失である。つまり、両親、兄弟姉妹、パートナー、友人などであり、そして親はそれを想定しないものだが、子どもも含まれる。死別には、ほとんどの人において強烈な悲嘆が伴う。この問題の研究が芽生え、成長している主たる理由の一つはここにある。死別家族の苦しみを理解し、軽減しようとすることに多くの関心が注がれている。

悲嘆とは、死によって愛する人を亡くしたときの最初の情動（情緒）反応を表す用語である。それは喪失への正常で自然な反応である。アーチャー (Archer, 1999) が表現したように「悲嘆……は、私たちがしているよう

に愛することができるために支払わなければならない代価である」(p.5)。悲嘆とは、まずは否定的な情緒的反応と考えられるが、多様な心理的（認識的、社会行動的）、身体的（生理的―身体的）徴候を併発する。それは複雑な徴候群であり、またその現れる症状は広範に及ぶ。またその症状像は、遺族によっても、同じ人でも悲嘆の時間経過によってかなりの違いがある（時間経過差においても文化差がある）。

悲嘆症状の違いの表現として、次の例を引いておこう（cf. Rosenblatt & Wallace, 2005）。ある人の悲嘆は強烈な孤独の感情で支配され、別の人は愛する人に捨てられたという怒りで支配される。ある民族が体験する悲嘆感情は、他の民族が体験し表現する悲嘆と、性質や強度が違うかもしれない。ある人は初期段階でほとんど悲嘆の徴候を見せず、後に強烈な反応を示すが、別の人は、逆の時間順で症状を出すかもしれない。

服喪は、私たちの見方では、悲嘆と区別されなければならない用語である。服喪とは、公に行われる悲嘆の表明であり、既定の社会や文化集団の（しばしば宗教的な）信条や実践によって形成された悲嘆を示す社会的表現ないし行動であると考えている。服喪に関する慣習や儀式にまつわる死にまつわる儀式や信条の記述は、パークスらの著作（Parkes et al., 1997）を参照されたい。そこで扱われている死にまつわる儀式比較のすばらしい概説として、仏教教義に貫かれ導かれた伝統的チベット人のもの（Gielen, 1997）から、西洋における世俗的、合理主義的、人間主義的哲学の影響を受けたもの（Walter, 1997）まで多岐にわたる。

別のものとして定義したが、悲嘆と服喪は区別が困難になることがある（本書のCh10でローゼンブラットが触れる話題である）。たとえば悲嘆の顕著な表明が情緒的、個人的反応の反映なのか、感情を表す社会的規範に遺族が従っているのかはっきりしないかもしれない（たとえば、自然発生的涙と儀礼的涙）。悲嘆は服喪に影響し、服喪は同様に悲嘆の感情に影響しているのかもしれない。そのような可能性は、ルビンとヤシエン＝エスマエル（Rubin & Yasien-Esmael, 2004）によって、イスラエルにおけるイスラム教の伝統に関する最近の研究によって明らかにされている。他の文化や宗教を背景に持つ人々の悲嘆や服喪の経験と、それは対照的なように見える。

イスラムの伝統において、遺族が私的な心理的経験のレベルで故人を記憶し焦がれる程度は明確に表現されない。遺族は、一般的に肯定的な心の構えで、そして愛する人は神とともにあるという感覚とともに、故人に対する記憶と情動の複合物を経験することを許されるようだ。……今日のイスラエルのイスラム教徒の心理的、共同体的、宗教的人生における服喪の実践とその場所には、人が故人に対して愛着を保ち続ける余地がある。宗教と行動の焦点は何よりも、運命と、喪失の現実と、神との関係で従うべき宗教的実践を受け入れることに当てられる。最も激しい苦痛と混乱の瞬間においてもである (pp.158-159)。

この説明によるなら、このイスラム共同体の構成員における儀式は、故人に向けた悲嘆感情に肯定的な影響を及ぼしている。

正常悲嘆と複雑性悲嘆

悲嘆が、無数の反応、持続的変化、文化的差異を包み込む複雑な情動症候群であることを考慮すると、研究者は正常な悲嘆と複雑性悲嘆[2]を対置して定義することを一般にためらうものである。私たちの悲嘆の定義に合わせれば、正常な悲嘆は、時間経過と症状の強度の点から予想される一般的基準にとどまる死別への情動的反応と定義できるだろう。しかしこの定義はさらなる疑問を引き起こす。たとえば、予想される基準とは何か。遺

1 「喪」は、私たちが「悲嘆」と定義した、喪失への情動的反応という意味で使われることがある。そのような使い方は、精神分析の伝統に従う研究者や実践家に特に見られる。彼らは「悲嘆」と「喪」を同じ意味で使うことがある。

2 他の用語もしばしば用いられる。たとえば、「病理的」「トラウマ的」「未解決の」「遷延性」など。

第1章 死別研究——現代の視点

族にとっての環境や意味の観点から、何に基づいて喪失体験を分類すればよいのか。症状の継続期間についての人々の予想とは何か、強度が正常範囲を超えると判断する基準点をどのように定めればよいのか。

複雑性悲嘆を特徴づけようとすると、さらなる困難が持ち上がる。複雑性悲嘆は、単一の症候群ではない。文化的差異を伴い、関連する障害（うつ病、不安症状、PTSDなど）と鑑別するのがときに難しく、今日多大な努力が注がれているにもかかわらず、研究者は確固とした診断基準に関する合意に達していない（それどころか、診断基準ははたして必要なのか、役立つのかさえ合意に達していない。Parkes, 2005 を参照）。

こうした状況で、私たちが先に提示した複雑性悲嘆の定義から出発することができる (M. Stroebe et al., 2001)。つまり、(文化的) 一般的基準（つまりその死別の出来事の激しさに照らして予想されるもの）から、時間経過や、悲嘆の個々の症状あるいは症状全般の重さの点で逸脱していること、である。しかし、このような定義は、機能の阻害を引き起こしている」(p.7) ことと定めている。このように、複雑性悲嘆の定義はこの点から見て正しいだろう。症状の重さは機能阻害を意味しているが、死別後の生活のさまざまな局面における日常の機能を考慮に入れなければならない。私たちが2本軸に拡張した複雑性悲嘆の定義を定義する際に、機能と活動の役割を考慮に入れなければならない。『精神疾患の診断と統計マニュアル』(DSM-IV, American Psychiatric Association, 1994) の、(精神障害にとって) 臨床的に意味がある とする基準は、その状況が、「臨床的に意味のある苦痛あるいは、社会的、職業的、または他の重要な活動領域での阻害を引き起こしている」(p.7) ことと定めている。このように、複雑性悲嘆の定義をこの点から見て正しいだろう。特にこの次元は臨床に関連するからである。

① 悲嘆の時間経過、あるいは特定のないし一般的症状の強度において、(文化) 規範 (つまり特定の死別の出来事の激しさに照らして予想される範囲の規範) から臨床的に意味のある逸脱が見られること、

② 社会的、職業的、ないし他の重要な活動領域における阻害のレベルにおいて、(文化) 規範 (つまり特定の死別の出来事の激しさに照らして予想される範囲の規範) から臨床的に意味のある逸脱が見られること、である。

複雑性悲嘆のタイプ

臨床および研究の文献において、複雑性悲嘆のさまざまな下位分類が注目を浴びてきた。たとえば、慢性悲嘆、遷延性悲嘆に近いものだが（Ch 8参照）、強烈な悲嘆が伴う症状が長引くことで特徴づけられる。悲嘆の遅発、抑圧、欠如は、当事者が、死別の初期段階で悲しみの徴候をほとんどあるいは全く示さないときに起こるが、悲嘆の遅発あるいは抑圧の場合は、後になって強烈に表面化する（ここでも、初期の症状不在がいつも病理性を示すわけではない）。悲嘆の欠如は、概念的な重なりがあるために、悲嘆の遅発、抑圧と結び付けることができる。症状は一見存在しないが、この場合後のある時点で症状が現れたり、悲嘆と関連する何らかの他の障害や困難という形で現れたりする。欠如には確かに問題があることをこれは意味している。悲嘆の遅発、抑圧のように、欠如は、死別に影響を受けなかったかのような暮らしの継続と、悲嘆に典型的な際立った症状が現れないことが特徴である。先に述べたように、もしも当事者が悲嘆に典型的でない（悲嘆症状に代わる）症状を訴えた場合、悲嘆の欠如も問題の一部である。しかし、悲嘆症状が欠如しながらも他の症状を伴わないことがあるという事実から考えると、表立った悲嘆の欠如を問題性として解釈するときには注意すべきである。慢性（遷延性）悲嘆は、一般に病理的カテゴリーにふさわしいが、悲嘆の遅発、抑圧、欠如については議論の余地が大いにある。これらのカテゴリーを提示するにあたって注意しなければならないのは、遺族のうちほんのわずかの人だけが複雑な形の悲嘆に苦しみ、カウンセラーやセラピストという専門家の助けが必要となることである。ほとんどの死別は病理的徴候を伴わない。大多数の遺族は強い苦しみとある程度の機能の阻害の期間を経験するが、専門家

---

3 この点に注意を喚起してくださったE・ゼク（2000年7月、私信）に感謝します。

第1章 死別研究——現代の視点

を紹介されるまでもなく死別に対処できる。

悲嘆カウンセリングと悲嘆治療

西洋社会では、遺族が多岐にわたる援助的介入を利用できるし、特に近年起こった天災の結果、他の文化にも次第にそれらの援助が拡張されている。さまざまなプログラムを適切に分類するのは難しいが、ワーデン (Worden, 1982; 1991) は悲嘆カウンセリングと悲嘆治療という便利な区別を提案している。悲嘆カウンセリングは、正常で単純な悲嘆の苦しみを軽減し、遺族自身が、ある程度の期間内にうまく適応する過程 (課題) をカウンセリングで促進することである。一例は、シルヴァーマン (たとえば、Silverman, 1986) によって米国に広まった寡婦間の相互援助プログラムである。悲嘆治療は、異常な複雑性悲嘆の反応 (たとえば慢性悲嘆) を、通常の対処過程へ導くよう介入する特殊化された技法である。もちろん、実践でこの2タイプの介入を区分することは難しいだろう。

20世紀の死別研究

本節では、今日の死別理論および死別研究をより広い視野に収めるために、20世紀を通して科学者が取り組んできた問題と関心事を概観する。死別の科学的研究を形成した主な数名の研究者に焦点を当てる (さらに完全な解説は以下を参照: Archer, 1999; Parkes, 1972, 1986, 1996; W. Stroebe & Stroebe, 1987)。

初期の発展

ほとんど1世紀前に、フロイトの古典的論文「喪とメランコリー」(Freud, 1917/1957) が最初の体系的な死別分析を提供した。この論文は、死別に健康的対処法と非健康的対処法があるという後の理解を形成する上で大きな影響を与えた。個人が喪失と折り合いをつけるために喪の仕事をすることが必要であるとフロイトが強調したことは、その後何十年もの間受け継がれ、精錬されることになり、実のところ現在までずっと続いている。その期間に、精神分析の伝統内でも、たとえばドイチュ (Deutsch, 1937) とクライン (たとえば、Klein, 1940) は、前者が欠如した悲嘆、後者が悲哀と躁鬱（両極）状態の関係を分析して、複雑性悲嘆の問題に取り組み始めた。すでに示したように、複雑性悲嘆を境界づける作業は、今日も死別研究者たちが格闘している問題である。

死別研究への初期の理論的貢献は、精神分析の伝統を反映していた。しかし、リンデマン (Lindemann, 1944) の「急性悲嘆の徴候論と取り扱い」と題する論文とともに、研究者は悲嘆とその因果関係の実証的研究を開始した。リンデマンが発見した悲嘆と結び付く症状範囲は、今日でも遺族のアセスメントに反映されている。もっと早い段階の19世紀における疫学的研究は、デュルケーム (Durkheim, 1951/1987) とファー (Farr, 1858/1975) によるものを代表として、死別体験と死亡率の因果関係を探求し始めた。この仕事は、20世紀半ばに、寡婦の死亡リスクは同年齢の既婚女性に比べて一貫して高いことを示したクラウスとリリエンフェルド (Kraus & Lilienfeld, 1959) によって前進した。死に関連する死亡率は、今日も研究者の目を引き続けている。

20世紀中盤以降

1950年代に研究者は、悲嘆の表れと期間をより系統的に検証し始めた。クレイトンら（たとえば、Clayton, 1979）やマディソンら（たとえば、Maddison & Viola, 1968; Maddison & Walker, 1967）の仕事は、これに顕著な貢献を果たし、アヴェリル（Averil, 1968）による重要な概念的論文が中心的な論点と概念を描写したことで、研究分野としての死別に焦点が当たることになった。研究者は、ケアを最も必要としている人々に適切な形のケアを提供することを目的にして、遺族の精神的、身体的な脆弱性を調査し始めた。パークス（1972）の『死別――成人の人生における悲嘆の研究』は、その時点までに行われた研究の多くを整理した。この古典的文献は、一定年数ごとに改訂を重ねて、この研究分野の形成に貢献してきた (Parkes, 1986, 1996)。

ここまでの研究段階では、ほとんど例外なく悲嘆する個人に焦点が当てられ、視点は対人関係より個人の内界にあった。しかし、ヴァチョンの先駆的仕事（たとえば、Vachon et al. 1982）によって、社会的リスク要因、遺族への介入プログラムの効果、死別の社会的ネットワークへの作用（またその逆）などを含む、対人関係に関わる諸問題に研究が広げられた。この時代の特徴は、（精神分析の伝統にもかかわらず）理論によって動かされるというより、まだ実証的研究が主たる問題であったことである。たとえば、20世紀中盤以降の研究の多くを駆り立てた主たる実践的問題は、遺族の高リスクグループを識別しようとするものであった。愛する人の喪失に適応するパターンには膨大な個人差があることを考えれば、遺族のどの下位グループが最も脆弱かとか、どの特定の健康被害を受けやすいかといったことを証明することは可能なのだろうか。

こうした展開と、ストレスとトラウマの広範囲にわたる研究の前進が、複雑性悲嘆の本質のさらなる探究に導いた。パークス（1965）、パークスとヴァイス（Parkes & Weiss, 1983）は、きわめて大きな影響を及ぼした研究で、

リスク要因の視点に基づいて悲嘆の複雑化を分類した。ヤコブス（Jacobs, 1993）は後に、複雑性悲嘆とDSM体系（cf. *DSM-IV*; American Psychiatric Association, 1994）とを関連づけ、将来のDSMにいわゆる「病理的悲嘆」を位置づける可能性を示唆した。この期間にボウルビィ（Bowlby, 1980）も、彼の愛着理論の見地から、慢性的な形の悲嘆と欠如した形の悲嘆を研究した。

20世紀後半の数十年までに、悲嘆への適応の段階モデル（たとえば、Bowlby, 1980）と課題モデル（たとえば、Worden, 1982）によって悲嘆理解の道筋が敷かれ始めた。これらは、遺族をカウンセリングしている人々にとってのガイドラインとして歓迎された。不運なことに、特にボウルビィ（1980）の段階モデルについては解釈の誤りが起こった。ボウルビィの考えは、特定の遺族が悲嘆のある時点でこの段階になければならないといった意味で悲嘆段階の規範を設けるものではなかった（他の段階理論家は実際そうしたと言えそうだが）。提案された段階の中に、症状にかなりの重複がある。すべての遺族が、それぞれの段階や課題、あるいは示唆された順序を経て徴候を見せるわけではないし、明白な終点がないのが通例である。少なくとも西洋文化では、遺族が喪失の悲しみから単純に回復したり「乗り越え」たりして正常に戻るのではない。本質的に解決や完結はなく、代わりに、遺族は順応し、適応し、そしてある程度は永遠に変化してしまう（Weiss, 1993）。

ここ数十年で研究は、理論が先導する方向にますます焦点が当たっている。特に認知的ストレス理論と愛着理論がこの分野の心理学者に影響を与え、死別体験の複雑さにますます焦点が当たっている。また研究計画、方法、統計技法もよ

---

4 訳者── ここに予告されているDSM-5は、2013年5月に発行された。死別に関して次の2点が重要である。①第4版まで、うつ病の診断基準に「死別反応は除外」という記述があったが、これが削除された。つまり、死別後のうつ症状もうつ病と診断されるようになった。②「病理的悲嘆」に相当する概念は診断基準として採用されなかった。継続的に研究が必要な重要主題として第3部に「遷延性複雑性死別障害」の概念が挙げられている。本書18頁および第11章も参照。

第1章 死別研究──現代の視点

り洗練されたものになってきている。悲嘆の現れの下にある過程にいっそうきめ細やかに迫るために、前向き多変量デザインが用いられつつある。実験研究も頻繁に行われるようになっている。

世紀の変わり目

私たちの先の『死別研究ハンドブック』（M. Stroebe et al. 2001）は、死別研究の分野における理論的、経験的進歩の概観を提供して、世紀の変わり目頃の状況を示したものである。その際には、「帰結」「対処法」「ケア」という3テーマで構成された。この3テーマは、いっそう探求していく価値があり、本書のどの章にも十分記述されている。

最初のテーマである「帰結」について考えてみよう。精神的、身体的健康という観点からして、死別によるコストはきわめて高いものになりうることがよく知られており、生物学的連関がかつてよりずっと明確になっている。しかし、受け止め方の文化差については（頻度、強度、持続期間、レジリエンス、さらには症状の性質と意味についても）、まだまだ研究すべきことが多数残されている。研究者ないし実践家は、復元力をよく理解し、ある人々が他の人々よりずっとたやすく喪失を乗り越えることを可能にする個人的、環境的要因を同定する必要がある。視野を健康面における帰結の範囲の外まで広げる必要もある（たとえば、社会的意味合いや機能不全や障害のタイプの相違まで）。

対処法は、死別が個人を陥れる状況を管理する（緩和、支配、許容）過程、方策、スタイルを意味している。他でも述べたように（M. Stroebe et al. 2001）、対処法と症状の間の境界は薄いとしても、理論的、実践的理由からそれらを区別することはやはり重要である（たとえば、過程と帰結の変数を区別することで研究計画が明確になる）。さらに、対処法への関心の多くは、成果の大きな方略と小さな方略を見定めようという関心によるものだが、個人の対処方略で完全に帰結が決まるわけではない。対処法より、パー

12

第3のテーマである「ケア」は、

　死別研究が、精神衛生専門家や、遺族の周りの私的ネットワークのメンバーたちに、悲嘆過程が複雑化する性質や、現在利用可能な心理学的、薬物的介入、またそうしたプログラムの効果評価の情報などを伝える方法 (M. Stroebe et al., 2001, p.10)

に焦点を当てる。

　私たちを含む死別研究者は、悲嘆は、愛する人が亡くなったことへの正常な反応であり、ほとんどの人は時間経過とともにその喪失と折り合いをつけることを強調したいと考えている。悲しみの期間に関係なく、ほとんどの人は、専門カウンセラーやセラピストの助けを普通必要としない（たとえ遺族が介入の必要を感じたとしても、援助可能かどうかを決定するためにアセスメントの手続きを取ることが大切である）。とはいえ、少数の人にとっては、精神的身体的帰結は強烈で、永続的な場合さえある。ここ数十年の進歩によって幅広い遺族へのケアサービスを企画したり実行したりできるようになった。本書の各章が示すように、多くの初期研究に欠けていた研究デザインの統制を行いながら、援助プログラムの有効性確認という難しい課題に取り組みつつある。

　今どの地点まで来ているのだろうか。2001年の『ハンドブック』の最終章で私たちは、将来の研究の方向を示唆し、それまでの章に現れた中核的な主題を取り上げた (M. Stroebe et al., 2001)。また本分野の主な論争点に光を当てた。多くの点で、この最新刊は、前書が終わったところから出発して、新しい方向性と放置されてい

13 ｜ 第1章　死別研究――現代の視点

た主題を取り上げ、論争点の議論を引き継いでいる。

本書の視野と内容

本書を構成する各章の主題を説明する前に、私たち独自の理論的立場について少し述べておいた方がよいだろう。死別研究についての私たちの見解は、すでにある部分は明らかになっているいくつかの根本原理に基づいている。おそらく最も根幹にあるのは、死別は、理論的立場と実証的に導かれた知識からなる確かな基盤から理解される必要があり、熟練者によるものであっても、主観的・記述的説明だけに基づいて理解してはならないという信条である。臨床報告にも、研究計画や死別に関連する現象を理解する上で相当の有効性があるものの、私たちは方法論的に説得力のある実証的研究を可能な限り参照し、理論的にせよ、臨床的にせよ、なされた主張を厳密に検証する方法を提案するよう努めている。遺族個人や集団が経験した喪失が与えた衝撃への真摯な関心が、本書の著者たちの仕事の基礎になっている。

私たちはまた、死別への広範な科学的アプローチを提唱している。本書は、医学、公衆衛生、社会学、宗教学、老年学、人類学、社会心理学、臨床心理学など多様な学問分野を含んでいる。私たちはこれらのさまざまな視点が、死別経験のより大きな総合とより深い理解のために不可欠と考えている。また、本書と先の『ハンドブック』(M. Stroebe et al., 1993, 2001)で、多様な国の科学者の仕事を収録するよう努めた。しかし、それ以外の国々からもすばらしい研究が現れ始めてはいるものの、残念ながら、洗練された一連の研究を生み出すような確立されたプログラムは、今のところ、工業化された西洋諸国に限られている。

14

おわりに、本書の特徴は、死別における文化的、民族的問題の範囲を拡張し深化しようとしているところにある。特に現代社会の人口動向のために、文化的問題は終わることのない懸念である。異なった文化の人々が悲嘆する方法について、悲嘆経験を形作ったりそれに意味や表現を与えたりする信条制度や、喪に服する慣習についての、包括的でかつ差異化された知識が必要である。死別分野における実証的レベルの異文化研究はまだ揺籃期にある。他分野のような成熟したレベルに死別の異文化研究が達するにはまだ時間がかかるであろう。

さて本書の構成に移ると、ここで扱われる研究の視点は六つのテーマからなっている。本書の主要部を構成するテーマである。

現代の科学的アプローチと諸問題[5]

本書第2部の各章は、理論的背景を説明し、現行の死別研究における主たる概念的、方法論的、測定の問題を検証し、残りの章のための概念的基盤を与える。一般的に言えば、これらの章は、基本的問いについて解説している。悲嘆とは何か、その諸症状を最もよく説明する理論はどれか、時間経過によって、また社会システムの機能として、理論的理解はどのように変化してきたのか。より専門的に言えば、それらの問いは、次のような問題を検討することを意味する。理論的観点のさらなる統合が有用とすれば、それはどうやって証明されるのか。たとえば対人関係の喪失という理論は、遺族で誰が一番苦しんでいるかをよりよく理解することができるのか。悲嘆や悲嘆過程をどのように評価できるのか、異なった民族や文化集団を越えた研究の試みはどうすれば有効か。

第2章では、ロバート・S・ヴァイスが、20世紀を通じた悲嘆理解の発展をたどり、悲嘆のプロセスや質、死

---

[5] 訳者──翻訳にあたり、部による章の区分は割愛した。

者およびその心的表象との絆の機能などの本質的問題についての今日の考え方を検討し、悲嘆の起源と性質を探っている。ヴァイスは、死別分野だけでなく、情動などの関連分野で蓄積された豊かな研究成果を紹介し、視野にそれに収め、今日の理論化に科学的裏付けを与えている。

第3章でジョン・アーチャーは、進化論から社会構築主義まで、あるいは分析的アプローチから全体論的アプローチまで、過去と現在の研究に影響を与えた理論を幅広く概観、注釈している。悲嘆作業の研究と理論に批判的なまなざしを向け、悲嘆作業という概念の有効性と、遺族が悲嘆と折り合いをつけるには、実際にそれに直面し反芻処理（ワークスルー）する必要があることを示す既存の実証データを吟味している。

一般理論に関する三つの章の最後になるCh 4で、ロバート・カステンバウムは次の問いを投げかける。悲嘆と喪のパターンは、21世紀がさらに進むにつれ、あるいはさらに後の世紀になったとき、どのように変わるのだろうか。21世紀に発展しつつある社会にある個人に悲嘆が与える影響を見極めるために、死、臨死、死別の分野における彼の豊富な経験が生かされている。特に重要なのは、個人内だけでなく社会的な死のシステムの文脈における悲嘆に関する彼の考えである。彼は、個人の経験、文化的環境、社会の影響力という3者の相互作用を検討している。変わりつつある死をめぐる環境がどのように人の悲嘆の仕方に影響するかも調べている。そして、個人の死別という観点だけでなく、経験され理解されてきた世界の喪失という観点から悲嘆現象を考えている。

第4章でマリオ・ミクリンサーとフィリップ・R・シェイヴァーは、一般的問題から目を転じ、近年の死別研究において非常に影響力のある特定の理論に注目する。死別研究における愛着理論の影響は、過去20年間で驚くほど増大した（前の『ハンドブック』の主たる話題でもある。M. Stroebe et al. 2001）。この分野の研究が鍵を握ると考えるに足る十分な根拠がある。愛着理論は、大切な人との別離への反応に焦点を当てる関係論である。この視点は、愛着対象の人物が亡くなったときに何が起こるのかを理解することにつながる。ミクリンサーとシェイ

16

ヴァーは、革新的な方法を用いて愛着パターンに関連する基礎的過程を検証した。第4章で彼らは、愛着理論の視点を概説し、自らのものも含めた諸発見を再検討している。

また喪失した関係に関する一般的主題のなかに、継続する死者への愛着は、悲嘆過程で持ち続けるべきか手放すべきかという問題がある。これは当分野で激しい論争になっている。20世紀初頭には、喪失に適応し人生を続けていくためには、死者との絆を絶つ必要があると強調されていたが、近年の論争では、死者との絆を継続させる必要性を強調する方向に移行している。近年の研究者は、絆の維持および放棄と、悲嘆への適応との間の結び付きを検証することで、実証的にも理論的にもこの議論と取り組み始めている。第5章では、ナイジェル・P・フィールドが継続的絆の研究を概観し、彼自身の見解を紹介している。絆を維持する方法と、その適応にとっての意味を検討する自身の実証的研究が提示されている。

測定の問題にも取り組む必要がある。2001年版『ハンドブック』(M. Stroebe et al., 2001) では、ロバート・A・ニーマイヤーとナンシー・ホーガンが、悲嘆研究に使用され利用可能な量的、質的測定法を批判的に概観した。しかしそれ以後新たな測定法が現れ、悲嘆の複雑な経験を検証するための新しい革新的な技法も発達した。Ch 7では、ニーマイヤーはアンナ・ロウリーとともに、以前の量的、質的測定手法を最新情報で改訂し拡張した。焦点は、次のような基本的問いに当てられる。死別への適応度の測定は、近年どの程度まで、計量心理学的厳密さと識別能力の向上に至ったのか。この章の特に重要な点は、比較文化的な視点をもって計測の方針と問題を評価していることである。多様な文化的、下位文化的環境で使用するために、測定法をどのように適用すればよいのだろうか。

17 第1章 死別研究——現代の視点

現代の社会的、実践的課題

　第3部の各章では死別に関連した現代の実践的、社会的課題を探求する。読者はこの部で、いくつかの中核問題をめぐってかなりの論争があることに目を引かれるだろう。たとえば、悲嘆のどの部分に専門家の介入が必要なのか、多岐にわたる社会の構成要素の中で死別を文化的に適合する形で扱うにはどうすればよいのか、孤立した遺族あるいは悲嘆を剥奪されている遺族を確実に援助するにはどうすればよいのか、などである。

　死別の研究者や実践家が直面しているおそらく最も重要な（そして議論を呼ぶ）最近の問題は、複雑性／遷延性悲嘆を次版DSMの精神障害カテゴリーに含めるかどうかである。この問題の重要性に配慮し、二つの章をさいて精神障害カテゴリーとしての複雑性悲嘆状態について考察している。Ch 8では、ホーリー・G・プライジャーソン、ローレン・C・ヴァンダーバァーカー、ポール・K・マチジェウスキーという新カテゴリー導入に熱心な人々が、多数の実践的研究を提示し、遷延性悲嘆障害（prolonged grief disorder：PGD：従来は複雑性悲嘆と呼ばれていた）はDSM体系に含めることを要する確固とした精神障害を構成していると主張している。彼らは、遷延性悲嘆障害の特徴を詳細に述べ、発生に関わる固有のリスク因子を同定し、治療の可能性を記述している。また、信頼性のある有効な遷延性悲嘆障害の診断基準を提案し、DSMに含めるに足る基準か否かを評価する彼らの試みを紹介している。

　複雑性／遷延性悲嘆をDSM体系に含めようという提案には、それによって専門的援助を最も必要としている人々に援助を提供できるようになることをはじめとして、議論に値する十分な根拠がある。しかし、それに反対する議論もある。たとえば、悲嘆を不必要に医療化する恐れがあるだろうし、もし悲嘆下にある人が専門的支援を必要とし援助を受け入れると見なされると、自然な家族の支援ネットワークに手を引かせる結果となるかもし

18

れない。Ch9では、サイモン・シムション・ルービン、ルス・マルキンソン、エリーザー・ヴィッツムが、複雑性悲嘆をDSM内に分類しようとするには多くの難題があることを論じている。彼らは複雑性悲嘆のために生じる概念の錯綜について述べる。そして、かつてPTSDの分類から学んだ教訓に目を向け、トラウマと死別の相互関係のために生じる概念の錯綜について述べる。そして、徴候論的現象学的アプローチ（たとえば、個人の死者との関係の査定）の採用に伴う困難に光を当てている。

死別、悲嘆、服喪に関する民族研究、異文化間研究を展開する意義についてはすでに述べた。Ch10では、ポール・C・ローゼンブラットが、文化の影響パターンを概観し、あらゆる研究者が自覚しなければならない問題を挙げ、文化に対する敏感さがなければならないと指摘している。死別理論と研究の進歩のためには、文化によって「悲嘆が生み出され、影響され、形成され、制限され、限界づけられるのであって、ときにその程度はきわめて深いレベルに達する」（p.208）という信念を含む文化的観点に敏感になり、それに関する知識を持たねばならない。理論の発展において文化的視点に注意を払うことで、さまざまな形で悲しむ人々へのサービスとサポートを強化することにもなる。ローゼンブラットは、死別の異文化研究を今後行いたいと考えている。

死別研究に強い影響を与えたものに、剥奪された悲嘆という概念がある。これには、Ch11の著者ケネス・J・ドカの研究の影響が大きかった。この言葉は、悲嘆が認識されないままに置かれていたり、周辺に追いやられていたり、援助を得られていないような場合を意味する（たとえば、亡くなった親族が臓器提供者となった場合が初期に注目され、現在は、ハンティントン病のDNA陽性結果による死の予感や、それに続く死別などの問題がある）。この見方からすれば、遺族は、標準的な服喪や支援のプロセスから排除され、喪失を認識し、経験し、それに適応する力を制限されていることになる。ドカは、剥奪された悲嘆という現象とその類型を説明し、さまざまな分野から生まれた研究（たとえば心理学的、社会学的、スピリチュアルな視点）を概観し、悲嘆過程を複雑化させる過程とともに、カウンセリングへの指針も論じている。

もう一つの基本的問いは、悲嘆の概念は、愛する人や親密な人の喪失にのみ適用されるべきかである。そうであれば、たとえば一度も会ったことのない有名人への悲嘆や、国内外のトラウマ的な出来事への反応といった、メディアを通して頻繁に目にするようになっている一般大衆の悲嘆表出はいったい何を意味し、どのような意義があるのだろうか。Ch 12では、実際に会ったことのない人への喪を意味する新型公共的喪（new public mourning：NPM）の概念をトニー・ウォルターが導入し、その激増と変質の様を検討しながら20世紀における個人ないし公の服喪について詳しく論じている。彼はさらに、出現しつつあるこの現象の諸原因を検証している。メディアに原因があるのか、あるいは変化しつつある社会の中に、より広範な文化的、政治的、心理的起源があるのか。最後に、NPMに関する臨床上および政策上の方針を検討している。

悲嘆のパターンと帰結──現象と徴候

先の『ハンドブック』（M. Stroebe et al. 2001）の出版以来、愛する人を喪失する経験やその帰結について、重要な理解の進展があった。長期的研究によって死別以前の測定データが得られたことや統計学的な進歩から、情動の神経相互関係の成立過程を特定できたことまで、多数のレベルでの科学的進歩がそこに反映されている。第4部でこうした進歩については、悲嘆のパターンと因果関係に焦点を絞り、第4部、第5部に記載されている。第4部では、各章の担当者が、悲嘆反応の経過、症状、そして心理的および生理的レベルにおけるその多様性について詳しく検討している。

他の学問分野にもあることだが、死別の問題は流行と衰退の波を経験しており、死を予感しての悲嘆の存在も含む、喪失前の介護期間の与える影響は、何十年もの間あまり研究者の関心を集めてこなかった。しかし死別前経験はきわめて重要である。リチャード・シュルツ、カティリン・ボエルナー、ランディ・ヒーベルトは、Ch 13

で、長期間にわたる広範な研究成果と、パートナーの死別前介護とその後の死別への適応について述べている。主たる焦点は、介護の負担が後の死別への適応に与える作用である。また慢性疾患や身体障害の後、あるいは介護の後に訪れた死別の影響に関する先行研究を概観するとともに、自身の研究と発見について述べ、死別前の死の準備期間は、どの時点で誰のために助けになり、あるいは有害になるのかを明確にしている。また、介入と治療の手法も提案している。

近年、研究者は、遺族が通過すると考えられてきた悲嘆のステージとか段階といった考え方を越えて、きめ細やかに精錬された悲しみのパターンを仮定している。死別以前に集められたデータを含む長期間のデータ集成のおかげで、喪失以後の適応パターンとの比較が容易になり、悲嘆の軌跡と、異なったパターンを導く喪失以前の予測因子の検討が可能になった。ジョージ・A・ボナンノ、キャテリン・ボエルナー、カミーユ・B・ウオルトマンというCh14の著者たちは、この研究の最前線に立っている。彼らは、喪失に対する異なった反応と処理に結び付いた、それぞれ異なった死別後軌跡を分別した。Ch14で彼らは、歴史的概観を提示するとともに彼らの発見を要約して、悲嘆の段階、否認の役割、遺族の復元力に見られるさまざまの限界という長く受け入れられてきた概念を再検証する機会を提供している。

ジョージ・A・ボナンノと同僚たちが復元力（レジリエンス）の理解を大幅に向上させている一方、クリストファー・G・デイヴィスは、喪失の破壊的性質を前提としながらも、死別の間に起こる個人的成長という驚きに値する現象に関して大きな貢献をしている。デイヴィスは第6章で、この主題に関する彼の理論的、実証的研究について述べている。彼の見方によれば、喪失は、自己への挑戦だけでなく個人の目標体系への挑戦であるため、変化への潜在的触媒になる。成長には、人生の方向と人生の目標における重要な変化が含まれ、それが再調節過程を通じて、本質的に意味のある新しい目標や優先事項の確立に導く。成長は利益と区別すべきであると彼は主張しており、外傷後の成長を見ていくための、より洗練された新しい観点となっている。

今までに紹介した研究プログラムは、死別後の復元力(レジリエンス)を高め成長を促す対処方略や知覚メカニズムの性質の理解に寄与してきた。しかし、意味形成のシステム一般および特に宗教による対処の役割に関しては、まだ難題が残る。宗教的信条は、遺族が喪失を説明し、受け入れ、折り合いをつける助けとなるのだろうか。Ch 16では、ジュディス・C・ヘイズとクリスティーナ・C・ヘンドリクスが、死別における宗教的意味づけと宗教的対処方略の役割を検討している。彼らは、信仰伝統のさまざまな研究を渉猟して、適応との関連について見出されている知見を概観し、宗教的対処のタイプを詳細に記述している。そして実践家と介入法研究者にそれらが持つ意味を検討している。

先の『ハンドブック』(M. Stroebe et al., 1993, 2001)では、悲嘆に付随する生理的状態にかなりの注意を払った(たとえば介入に伴う免疫系などの変化、生理的変化)。しかし近年になって、脳システムの検証において顕著な発展が見られた。脳の機能磁気共鳴像は比較的新しい技術だが、たとえば恋愛の魅力のような情動─動機システムに結び付いた神経回路を調べるのに広く用いられている。Ch 17でジョン・アーチャーとヘレン・フィッシャーが、失恋と死別後に経験する感情の共通性という視点で、失恋の基盤にある神経メカニズムを含む近年実施された心理学的研究について述べ、死別の心理生物学にどのような意味を持ちうるかを検討している。このレベルの研究が、悲嘆と悲嘆過程の性質と機能の解明に貢献することが示されている。

悲嘆のパターンと帰結──関係の観点

死別の帰結にとってのリスク要因研究には長い歴史があるものの、遺族のうち誰が最も苦しみ、最も助けを必要とするかを予想するのは今でも難しい。その上、研究の手が伸びていない脆弱性の下位グループが存在するため、社会にはそれらのグループに特有のリスクや必要性に関する情報が不足したままである。特殊なタイプの喪

失に続く特別な反応や必要性に関してさらに学ぶ必要がある。そのため、本書の第5部は、さまざまの環境下で悲嘆を経験している遺族の下位グループについて行われつつある研究を扱っている。愛着理論と継続的絆に焦点を当てた章（4、5）の概略を述べる際に、喪失した関係に対照的な4タイプの喪失に焦点を当てることが重要であるとすでに強調した。

第5部でこの主題を取り上げ、遺族との関係が対照的な4タイプの喪失を記述する。この章で取り上げる諸研究は、さまざまの集団の悲嘆と悲嘆過程の力学と、研究と実践的援助においてそれらをどのように考慮すべきかについて新しい洞察を与えている。

いかなる理由であれ、子どもの死は両親に極度の衝撃を与えることが明らかにされてきた。それは、他のいかなるタイプの死別よりも深刻なものである。子どもの死は母親と父親の死亡率まで増加させる。特に死別の数週間から数カ月後に顕著である (Li, et al. 2003)。したがって、研究者は親の死別体験への理解をさらに深めていかねばならない。暴力的な原因で亡くなった子どもの両親の方が死の危険が高いかという問いは、特に興味深い。若年層の殺人や自殺率が増えている現状で、適切な介入を最も必要としている親たちがそれを得られるようにするために、この基本的問いに早急に答える必要がある。第7章では、シャーリー・A・マーフィーが、暴力的死（たとえば、事故、自殺、殺人による死）に襲われた親の下位グループに特有の死別体験を研究するプログラムを詳述している。こうした死を比較対象にするために、彼女は、慢性疾患の後に亡くなった子どもの親が、別の原因より深く両親のその後に影響を与えるかどうか、自殺による死は両親を特に苦しめるものかどうかといった、困難で、議論の的にもなる問題について彼女は論じている。

親の死を経験した子どもへの長期的影響については、科学的文献における長年の議論がある。ある研究による と（青年期に至るまでの）否定的な作用を見出しているが、そのような連関は認められないという研究もある。第8章でリンダ・J・ルーケンは、近年多くの研究がなされている、幼児期に親を亡くす経験に関わる短期的お

23　第1章　死別研究──現代の視点

および長期的な心理的作用と、特に重要なものとして、生理的な帰結を概観している。環境と後の人生でのストレッサーに対する、生化学、ホルモン、情動、行動における反応の発達における変化を彼女は調べている。重要な問いは、長期的に見て復元力(レジリエンス)を持つ子もいれば、人生初期の喪失に傷つきやすい子もいるのはなぜかということである。ルーケンは、リスク因子と保護因子の両者を含む、ありうる衝撃の緩衝力の存在を実証するために、死の前と後に存在する社会的、環境的影響を調査している。

この数十年で寿命は一貫して長くなっているため、高齢者の精神衛生と介護にまつわる問題がますます関心を集めている。さまざまな社会が、高齢者のニーズに適切に対応しようと努力しているため特にそうである。高齢者の死別研究で際立った情報源は、高齢者夫婦人生変化(Changing Lives of Older Couples：CLOC)研究によって得られるようになった。これは配偶者との死別に関する、複数回にわたる大規模前向き研究である。第9章でデボラ・カーは、配偶者を失った高齢者の体験を形成する歴史的、社会的、心理的の要因についてまず概観している。次に、高齢者夫婦人生変動研究の包括的概観を行いながら、人生後半の死別に特に見られる現象に焦点を当て、その時期に死別が起こる文脈を考察している(たとえば、体力低下に関わる因子だけでなく、個人および個人間の資源の優れた有効利用に関わる因子も)。理論、実践、今後の研究への示唆も論じている。

死別を経験した祖父母は、自身が深く悲しんでいるだけでなく、亡くなった子の親である自らの子どもも深く悲しんでいるというリスク要因を抱えるにもかかわらず、死別研究の文献でほとんど顧みられてこなかったグループである。その場合、祖父母自身が衰弱している時期に重なるため、喪失が特に重い負担となる。Ch21では、バート・ヘイスリップ・ジュニアとダイアナ・L・ホワイトが、孫を亡くした祖父母の悲嘆経験とその帰結を考察している。二つの概念枠が、祖父母における喪失経験に関する彼らの分析を導いている。彼らは、①世代間関係と家族システムに関するライフコースの観点と、②悼む権利を剥奪された悲嘆、である。離婚が孫との関係に及ぼす影響、および孫の養育に関わる喪失体験を、死別体験を、離婚が孫との関係に及ぼす影響、および孫の養育に関わる喪失体験と比べている。これらの異なった喪失に共通す

る要素を見出し、それぞれの要素がどのような形で祖父母の死別体験の理解を助けてくれるのか説明している。

介入プログラムの発展と有効性

先の『ハンドブック』(M. Stroebe et al., 2001) の各章から引き継いだものも含め、遺族に対する専門的援助および私的援助の提供について議論が続いている。この論議では、そのまさに中心部に多くの疑問が残されている。そもそも介入は必要で役立つものなのか。もうそうだとすれば、誰のために最も有益なのだろうか。悲嘆過程自体が介入によって緩和されるのだろうか。どの下位グループに援助が必要だろうか。現在どのような種類の介入を用いることができるのか。どの種の援助が有効と見なされているのか。大規模なトラウマと人命損失に際して、遺族への援助をどのようにすればよいのか。本書の最後になる第6部では、各著者が、介入に関する重要な問題について最新の概説を行っている。この各章は、遺族の異なる下位グループのための異なるタイプの介入についても評価している。

大惨事によって引き起こされた死別は、規模が小さいときも巨大なときも、悲嘆過程が複雑になることが知られている。多くの要因が適応困難のリスクを高める。死体の行方不明や切断、子どもの喪失、恐ろしい出来事の目撃、サバイバーズギルト、加えて自宅や生活設計の喪失などである。惨事の後に、専門家やボランティアは、どのようにして遺族のために心理的ケアを施せるだろうか。第10章では、コリン・ムレイ・パークスが、小規模惨事、地域的惨事から国際的惨事に至るまでの遺族たちへのケアを組織したり供給したりしてきた重要な経験に基づいて論じている。惨事の範囲と強度の違いが、惨事の衝撃と対処、遺族個人の期待など、反応に影響する他の要因についても詳しく述べている。彼はまた、出来事の持続期間、文化的要因、惨事に対応すべき地域社会および国家的組織のた

25 | 第1章　死別研究──現代の視点

めの指針を示している。

死別研究の近年の展開で最も重要なものは、（悲嘆にある個人の）内部の視点から、より広範な対人関係的視点への焦点の移行である。結局のところ、人は一人で悲嘆過程を進むことはなく、同じく悲しんでいる家族や友達との間で進み、悲嘆の強さや道筋に互いに影響を与え合う。家族を含めることや、集団的視点への配慮はより治療にまで拡張される。過去にはほとんどの介入が悲嘆にある個人を扱うよう考案されていたが、現在の趨勢はより家族に焦点に移っている。この拡張された視点の重要性を考慮して、家族介入に関する2章を設けた。Ch23で、デビッド・W・キサーンとウェンディ・G・リヒテンタールが家族に焦点を当てた悲嘆治療モデルとプログラムについて語っている。家族に焦点を当てた悲嘆治療は、家族の機能を強化し、家族間での悲嘆共有を促進するために、家族が末期の病床にいるときから始める予防的介入であり、死後も続けられる。キサーンとリヒテンタールは、治療の効果を測定するコントロール治験についても説明している。彼らは、家族アプローチ一般を支える原則と、遺族のタイプが異なることで生まれる帰結の相違を描写し、自身の研究を、家族に焦点を当てた他の介入プログラムの中に位置づけている。

Ch24では、ジャニス・ウィンチェスター・ナドゥーが、非常に異なった家族の視点を取り上げている。ナドゥーは、死別を経験する間に、家族間で、そして家族の中で何が起こっているのかを詳細に検討し、家族の意味構成に関する自らの研究に焦点を当てる。どんな過程によって家族は死を意味づけるのか。ナドゥーは、家族理論、家族療法の理論と技法、そして幅広い臨床経験に依りながら、この基本的問いに迫っている。彼女は、家族理論、家族療法の理論と技法、そして幅広い学術分野からの関連概念を統合し、死にゆく人の家族と遺族を理解し適切に介入する方法を提供しようとする。この章でも、研究と実践を結び付ける必要性が浮き彫りになる。死に結び付けられた意味が、死別の帰結に相当の影響を及ぼすであろうと仮定する家族意味づけモデルが提示される。ナドゥーは、悲嘆セラピストがこのモデルを使う方法を紹介し、今後の研究の指針を示している。

26

死別にまつわる研究領域と離婚にまつわる研究領域は、互いにほとんど関わったことがなく、両専門分野が相互に知見を学び合ったことがない。しかし、両人生経験の比較は理論においても実践においても、効果的に介入するための広範囲の実証研究を提供している。アーウィン・サンドラーと同僚たちは、死別か離婚を経験した家族についての広範囲の実証研究を行った。Ch25では、彼らが理論に基づいて生み出した家族死別プログラムの発展と評価について述べている。プログラムは、親の死を経験した子どもの精神衛生上の問題を防止するために考案されている。まず親を亡くした子どもたちのリスクと防御因子を調査し、家族死別プログラムの目標になる変化可能な因子について述べている。喪失経験をしている子どもや青年を援助する介入の有効性を示す実証データを提示し、プログラムの効果を媒介したり調節したりするものを評価している。遺児たちに見出されたものが、離婚家庭の子どもとの研究から見出されたものと、一致する部分、相違する部分について議論している。

Ch26は第6部の最終章で、マーガレット・S・シュトレーベ、キャロリン・ヴァン・デア・ホウエン、ヘンク・シュトが、現代の技術的進歩がはたして死別援助の新しい可能性を開くことができるのかについて批判的に吟味している。遺族間で援助を提供したり求めたりするために、インターネットを使う今後の可能性とその欠点はどのようなものか。著者らはまず、インターネットで入手可能な援助（例：オンライン追悼サイト、チャットルーム、サポート・グループ、特殊な死別タイプのためのメイリング・リスト）が近年広がっていることを詳しく述べている。インターネットを介して行う研究と介入の可能性も概観している。その種のサイト使用の有効性について問題を提起し、評価する必要があるのかどうか（それをいかに行うのか）という問題を考えている。当分野の研究不足や、インターネット死別援助から必ず利益が得られると仮定することに警鐘を鳴らす必要性、それらが引き起こしうる害に注目している。

最終章の第11章は、前回の『ハンドブック』（M. Stroebe et al., 2001）と同様、概説である。この章の主たる目的は、今後の研究目標を立てることである。本書で扱った主題

27　第1章　死別研究——現代の視点

結論

　この本の目的は、過去数十年にわたって私たちの死別理解を拡張し深化させてきたアイデアや研究を提示することである。今や、重要な仮定は実証的に検証され、理論的統合が進められ、洗練された研究設計や方法論と、進歩した統計学的技法が用いられ、新しい複雑な洞察が提示され、議論をさらに呼んできた。本書の各章は、さまざまな立場からそれらの問題に言及している。近年の研究によって、死別体験そのものが、社会的、文化的な力に反応して変化してきたことも示された。本書が、死別研究者や実践家双方に専門的知識を提供し、遺族と関わる仕事に携わる人々のお役に立てることを願っている。

　　　　マーガレット・S・シュトレーベ（ユトレヒト大学）
　　　　ロバート・O・ハンソン（タルサ大学名誉教授）
　　　　ヘンク・シュト（ユトレヒト大学）
　　　　ウォルフガング・シュトレーベ（ユトレヒト大学）

と各章をまとめ、議論や論点を取り上げて私たち自身の見方を示し、さらに注目しなければならない可能性のある追加的話題に触れ、将来の研究の道筋を提案する。

第2章

悲嘆の本質と原因

ダーウィン (Darwin, 1872/1998) は、『人および動物の表情について』において、悲嘆には互いにはっきりと異なったいくつかの状態が存在することを観察し、悲嘆を伝達する顔の筋肉の細部を詳細に記述した。

心が悲嘆の急性発作に襲われたのち、そしてその原因がまだ続いていると、私たちは生気の低い状態に落ち、あるいはすっかり力を落とし、落胆する……苦しみを予期すると、私たちは不安になる。慰めの望みがないと、私たちは絶望する。(p.176)

ダーウィンはここで、悲嘆の段階理論を導入した。最初に「急性痙攣」が起こるが、それはおそらく自己制御がきかなくなる発作的感情表現であろう。「原因がまだ続いていると」、生気の低い状態が持続するか、二つのより激しい苦痛状態のいずれかとなる。その一方では不安になり、他方では絶望する。
ポール・エクマン (Paul Ekman) は、ダーウィン (1872/1998) の観察に言及し、ダーウィンは、喪失の後のすべての状態を「悲嘆」と見なすことによって、それぞれが表す感情の違いを分かりにくくしたのではないかと言う。

ダーウィンは、悲嘆 (grief) という言葉を、……より限定的な苦悩 (distress) と悲しみ (sadness) のいずれの感情も指す一般用語として使用している。私たちは、苦悩という言葉は、悲嘆の暴力的でほとんど狂気じみた働きとしてダーウィンが記述したものを指す言葉として用いる方がよいと主張した。悲しみという言葉は、苦悩の次に訪れることが多く……、もはや行動を起こす気になれず、悲嘆の感情に受動的に身を任せてしまう状態のためにとっておきたい。(Ekman, in Darwin, 1872/1998, p.176)

30

ここで問題は、悲嘆を包括的なものとして定義し、喪失によって起こるあらゆる苦悩状況を指すことにするのか、より狭義にとって、悲嘆と認められて、他の何物とも異なる感情状態だけを意味するものとするのかである。

悲嘆は、明確に区別されるさまざまな異なった形で表現される。包括的な見方は確かに役立つ——実際、包括的な見方を採用しても、悲嘆の段階理論を採用してもそれが必要であるのはないように思われる。なぜなら段階理論は、悲嘆が、ある現れ方から非常に異なった現れ方に移行すると見なすからである (Bowlby, 1980; Shuchter & Zisook, 1993)。たとえ段階理論が否定されたとしても、悲嘆にさまざまな形があるととらえることができるので (Ch 8 も参照)、時間とともに和らぐことのない徴候においても、悲嘆を包括的に見ることによって、強度や持続時間、そしておそらく徴候を一つのカテゴリーで表すこと、つまり悲嘆の包括的見方は、喪失への反応の軌跡に関する議論を促進する。

一般に、人間関係上の喪失の影響を一つのカテゴリーで表すこと、つまり悲嘆の包括的見方は、喪失への反応の軌跡に関する議論を促進する。

死別研究の文献における悲嘆の定義は、決まって、悲嘆を多くの状態を包含する一般的用語とする包括的見方を採用している。次に掲げる定義が代表的なものであり、かつ信頼されているものである。「この死別への通常の反応 [たとえば極度の苦悩] は悲嘆と名付けられ、主として、愛する人の死による喪失への情動 (情緒) 反応として定義されている。それは多岐にわたる心理的 (認知的、社会行動的) および身体的 (生理的—身的) 徴候と合体する」(M.S. Stroebe et al., 2001, p.6)。

別の悲嘆の定義は、悲嘆のうちに含むことができるいくつかの異なった情緒的、認知的状態を列挙している。「悲嘆には、抑うつ気持ち、渇望、孤独感、故人を探し求める気持ち、死者が生きているかのような感覚、今もその人と交流しているかのような感覚が含まれる」(Goodkin et al., 2001, p.672)。

ボナンノ (Bonanno, 2001) は、悲嘆は情動そのものというより、広範なそれぞれ異なった情動がその中で表現されうる複雑な状態であるという見解を支持して、本当の情動と呼ぶべきものの性質と悲嘆の性質の違いを挙げている

31 | 第2章 悲嘆の本質と原因

ている。彼は三つの相違点を記している。①情動は急に湧き起こり急速に収まるが、悲嘆は数カ月も数年も持続する、②情動は直前の事態への反応であることが多いのに対して、悲嘆は人生の混乱に持続的に気付いている ことの表れである、③情動は普通出来事に対して考えることなく起こる反応だが、典型的な悲嘆はむしろ過剰な意識を伴っている (p.494; Ch 14も参照)。悲嘆は、喪失への反応であるあらゆる形の苦悩を指す用語と考えるのがよいとボナンノは結論する。

このように悲嘆を包括的に見る視点は、悲嘆概念を、情緒状態の諸概念という世界の中でユニークな存在とする。包括的に解釈された悲嘆は多くの情動を含むことができるので、ある状態を悲嘆だと認識するためには、悲しみ、不安、絶望などといったその性質を知る必要がなくて、それが喪失によって生まれたと知ることが必要である。情緒状態の概念化のうちで、それだと判断するために、どのようにそれが表れているかを知る必要がなく、その原因の方を知る必要があるようなものを私は他に思いつかない。退屈、胸騒ぎ、いらいら、喜びなどは、いずれもその表れの特徴から識別される。どれも、その状態になったのはなぜかをまず知らねばならないわけではない。しかし、動揺、悲しみ、心痛など、悲嘆のために引き起こされた情動や情動状態は (ボナンノ〈2001〉の言葉を用いると)、喪失の結果であれば悲嘆と言うことができる。さらに言えば、どんな否定的情動状態でも、喪失の結果である場合のみ、悲嘆の表現と言うことができる。

悲嘆という用語は、一般的にも使われているとおり、喪失に出来する特有の情緒状態を指す方法に存在しないのだろうか。それがいつかにかかわらず、躊躇なく悲嘆と性格づけられる特有の情緒状態は存在しないのだろうか。ダーウィン (1872/1998) が唱えた「悲嘆による急性痙攣」はどうだろうか。その状態は、私には、躊躇なく悲嘆と認めてよいように思える。加えて、私の見るところ、その状態は、先立つ出来事を知らなくても、後に続く動揺、苦悩、悲しみ、その他のさまざまな情動状態とははっきり異なっている。この状態の性質を明らかにするために、私自身の経験を述べてみよう。

32

私の妻は卵巣癌の手術を終えたばかりだった。私は術後の待合室にいた。外科医がやってきて手術はうまくいったと告げた。「最善の腫瘍減量」を達成し、生命に関わる臓器には侵食が認められなかった。つまり卵巣癌が発見されるときによくあるように、すでに癌は転移していたのだ。医師は2、3年の生存を保証した。

その医師の評判は良く、同僚から畏敬されているほどだった。彼は手術の成功を信じていたが、断言できる。そのとき私は、「最善の腫瘍減量」が予後にとってどれほど重要か十分に理解していなかったが、医師がその達成を喜んで報告していることは分かった。しかし、確実に2、3年はもつという言葉を聞いても、私はそれを受け入れなかった。私はそのとき、妻は治療と幸運によって平均余命を通常の範囲に縮小させた今もそう信じている（それから数カ月が経って、化学療法がもたらした酵素が妻の癌を通常の範囲に縮小させた今もそう信じている）。

私が意識した感情は感謝だけであった。そして、突然、号泣した。涙は全く予期しないものであった。私は涙に困惑した。話すことも、すすり泣きをやめることもなかった。私の頭は真っ白だった。考えが何も浮かばず、感謝以外の感情を感じることがなく、泣きじゃくっていることに当惑していた。

私の涙は感謝を表していたのだろうか。そうは思えなかった。もし、術後の待合室で、腫瘍は良性で再発の恐れもないと医師が伝えてくれていたら、私の反応はおそらく、とてつもない安堵感と、途方もない歓喜であったろう。そのとき起こったことはこうだと思う。外科医からの余命2、3年という保証が、意識されていなかったものの、私の心に刻み込まれたのである。涙は近い将来の喪失を確信した悲嘆を表していた。

この場合悲嘆の引き金をひいたのは、現実的な喪失ではなく、喪失に対する予期せぬ突然の恐れであったことに注目しよう。この例の悲嘆の原因を考えると、喪失の概念はより広く解釈すべきである。

この発作的な悲嘆の例は、悲嘆を情動の一つと考えない方がいいというボナンノ（2001）の意見を免れているように見える。つまり、それは突発的で、今そこで起こっていることへの反応であり、何らかの考えを全く介していない。エクマン（1999）が挙げる基本情動と見なすための条件のうち、私は三つが最も意味あると考えていて

33　第2章　悲嘆の本質と原因

るが、そのうち二つに相当する。①状況が、普遍的に認められる特有のシグナルを生み出す、②自動的に自発的に表れる。

発作的悲嘆が表現されることは、文化にかかわらず、喪失に対して起こりうる反応という意味で普遍的なものではないか。ある情動を文化を越えて認識することができれば、その情動の表現が文化を越えて類似していることにもなると思われることが多い。悲嘆はこのテストに合格したことになる。確かにダーウィン(1872/1998)は、情動が普遍的かどうか判断するための基準として写真に映された情動を用いることについては多くの問題が存在するが(Russell, 1994)、エクマンら(1969)は、西ヨーロッパ人の顔写真に写る悲しみの表現が、西洋文化にほとんど触れたことのないニューギニアおよびボルネオ生まれの人々のほとんどに正しく認識されることを見出した。少なくともはっきりと表れる発作的悲嘆は容易に認識されると予想してよいだろう。

発作的悲嘆は予期せず起こると先に述べた。しかし、発作的悲嘆は、エクマンの情動基準(1999)の3番目に挙げられている。引き金となる特定の状況と密接につながっていないことがある。発作的悲嘆は、その外見的なもので起こることがある。このように考えると、発作的悲嘆は、たとえば何らかの被害のような、親族の喪失に際して常に起こる反応ではない。発作的に泣きじゃくること（ないしボウルビィ(Bowlby, 1980)の言うショックや麻痺のような関連する状態）は主張する。その代わりに彼は、悲嘆の表現の範囲に入れるような悲嘆の定義は好ましくないと考えようとする。家族の喪失は、たとえば心拍数が示すように、生理的に顕著でも、最小限の悲嘆症状しか引き起こさないこともある(Bonanno et al. 1995)。さらには、発作的悲嘆は、たとえば何らかの被害のような、親族の喪失以外のものでもあると考えると考えると考える(Parkes, 2005)。

「私の見方では」「悲嘆の」本質的構成要素は、喪失体験と、失われた対象に対する激しい思慕と渇望の反応である」(Parkes, 2005, p.30)。しかし、発作的泣きじゃくりを悲嘆の情動表現と見なさない方がよいという反論は、悲嘆

34

の前提条件の範囲を広げて喪失の予期も含めるようにするとともに、別離による苦悩の他の形も含むように悲嘆表現の範囲を広げることで乗り越えられるのではないだろうか。

悲嘆の段階理論

時間経過とともに悲嘆は和らいでいくと一般に思われている。理論的な必然性はともかくとして、その過程はいくつかの段階を経て進むように見える。先述したダーウィン (1872/1998) による悲嘆の描写は、段階理論を構成していた。ボウルビィ (1980) は、概ね寡婦と寡夫の研究に基づいて、ダーウィンの段階理論と似た説を発表した。ボウルビィ説における麻痺と拒絶（信じようとしないこと）という最初の反応は、ダーウィンの言う最初の発作的反応に似ている。ボウルビィ説でその後に続く、切望と探索、混乱と絶望の段階は、ダーウィンの不安と絶望の段階によく対応している (Bowlby, 1980, p.85; Bowlby & Parkes, 1970 と Parkes, 1970 も参照)。

1960年代と1970年代に出版されて以来約20年間、ボウルビィの段階理論 (1961; Bowlby & Parkes, 1970) が悲嘆過程の考察を支配していたが、最近になって、次の二つの理由で批判を受けるようになった。①段階が必ずその順で進むという主張は経験的に支持されていない。②ボウルビィによる段階の主張は、悲嘆のさまざまな表現の間に、経験的に見出される以上の相関を想定している。

喪失後の悲嘆の各段階には決まった順がないことから、ワートマンら (Wortman et al. 1993) は、段階モデルは、喪失後に経験する情動状況は人それぞれである点を低く見積もりすぎていると主張する。彼らは、段階理論が提供する個々の死別反応の記述を高く評価するものの、死別研究の文献にも自身による縦断研究にも、段階を時間

順に並べる考え方を実証的に支持するものを見出せなかった。それを踏まえ、段階概念を使用することで悲嘆経過に対する不適切な期待を促進する恐れがあることを医学研究所の報告書 (Osterweis et al., 1984, p.48) に記した。

悲嘆がそれぞれ異なる複数の情緒状態という形を取るとする、より基本的な考え方は、それらの状態が段階を踏むかどうかという問題とは別個のもので、それ自体綿密な検討を要する。動揺や思慕といった悲嘆の構成要素間に関連が見られるかどうかを、因子分析を用いて判断する試みが多くなされた。そうした研究のレビュー論文によると、悲嘆の要素の因子構造は研究間でほとんど一致を見ていない。さらには、時間経過による低下率は、悲嘆を構成する各要素で異なるようである。たとえば、苦悩はかなり速く減少し、没頭や情動不安はそれより遅く減少する (Archer, 1999, p.99)。これらの観察を総合すると、悲嘆の表現には限られた数の群しか存在しない。

しかし、段階が存在し、悲嘆はある規則的な仕方で段階から段階に移行するという考え方は、データが示す何かをとらえるために繰り返し用いられている。これはボウルビィの段階理論を用いる研究者だけでなく、別の段階理論を用いる多くの研究者にも同じである。シャクターとジスーク (Shuchter & Zisook, 1993) は、「悲嘆は、はっきりとした境界のある直線的過程というよりも、重なり合い流動的な段階からなる複合物であり、その段階は人によって異なる」(p.23) と警告した上で、死別経験は、衝撃と不信から、社会的引きこもりを伴う身体的、感情的苦痛へ、そして最後には回復に移行するという段階理論を提示した。また、マルキンソンとバーター (Malkinson & Bar-Tur, 2005) は、戦争で息子を失った親が経験する悲嘆が長期的にどのように変化するか記述し、「若い悲嘆」「熟した悲嘆」「老いた悲嘆」と段階を分けるのがよいと考えた。

個々の事例によって、順序が違ったりその段階に固有の情緒状態まで違うという観察にもかかわらず、いくつかの悲嘆状態に順に移り変わるという考え方は、時間の経過とともに悲嘆に起こる変化を考えやすくする。だとすれば、段階理論は、ウェーバーの理念型 (Hempel, 1963) として見るのが一番よいかもしれない。理念型としての段階理論は、理論、観察、予想のための枠組みを提供する限りにおいて役立つ概念装置なのであろう。重要

なことは、悲嘆過程が進むなかで、何を予想すればよいかを考える助けになることである。

悲嘆の種類

激しい状態から始まって最終的に解消するという動きを示さない悲嘆への関心が長く寄せられてきた。そのような悲嘆に三つの形があるとする解釈がある。①改善の見られない慢性悲嘆、②初期の悲嘆がないまま何週も何カ月も経過した後に激しい混乱が起こる遅発性悲嘆、③強い罪悪感と怒りのために複雑化した葛藤性悲嘆、である (Parkes, 1991)。慢性悲嘆の存在は十分に確認されている。研究によって、悲嘆に打ちのめされたまま非常に長期間が経過する人があることが明らかにされている (Lehman et al., 1987)。遅発性悲嘆と葛藤性悲嘆の存在はそれほど確定されていない。そのような例を経験したという臨床家があるが、遺族の調査研究では見出されていないようである (以下を参照: Bonanno et al., 2002; Bonanno & Kaltman, 2001; W. Stroebe et al., 2005)。

近年、マーディ・ホロウィッツとホーリー・プライジャーソンがそれぞれ率いる二つの研究チームが、強度、持続時間、付随する行動、支配的な症状や訴えなどによって病的と見なされる悲嘆の形を同定することに関心を向けた (Horowitz et al., 1997; Prigerson & Jacobs, 2001: Ch 8を参照)。プライジャーソン (Ch 8) は、時間の経過とともに軽減しない悲嘆に対して、遷延性悲嘆という用語を提案した。

遷延性悲嘆障害を研究する主な目的の一つは、『精神疾患の診断と統計マニュアル』(DSM-IV: American Psychiatric Association, 1994) の診断カテゴリーとして認められることであり、つまりは遷延性悲嘆を精神疾患とする考えを支持することである (Horowitz, 2005)。遷延性悲嘆を他と区別される精神科的状態として扱う根拠は、この症候群を抱える患者に非常に望ましくない結果を導くリスクがあること、その状態像が抑うつなどの他

37 | 第2章 悲嘆の本質と原因

遷延性悲嘆障害は、他の障害と弁別可能な臨床的対象と思われるが、通常の悲嘆との違いは、別種のものというより程度の問題であろう。死者への渇望の持続など、遷延性悲嘆を同定するために提案された症状の多くは、通常の悲嘆にも見られるが、遷延性悲嘆と同定するにはその持続期間にある。病理的不安や他の多くの精神科診断のように、病理的悲嘆は、連続体の一方の端の性格を表すもののように見える。遷延性悲嘆が臨床的な介入をして然るべき状態と認識されていることは全く望ましいことだが、他から区別可能な症状として概念化すべきかどうかには議論の余地がある（遷延性悲嘆の概念化の有用性、アセスメントの判定基準、DSMに含めることの正当化についての議論は、遷延性悲嘆を指して以前使われていた複雑性悲嘆について特集を組んでいる号の『オメガ——死と死にゆくことの雑誌』〈Parkes, 2005-2006〉を参照。Ch 9 も参照）。

何が悲嘆を引き起こすのか

人を圧倒する発作的悲嘆を引き起こす条件に、喪失の質と悲嘆を被る人の性格が含まれるのは疑いない。外的条件も役割を演じるだろう。たとえばもし他者に対して責任がある場合、悲嘆反応を制止することがあるだろう。しかし、発作的な表出へと導く条件を検討した系統的研究はほとんどない。どんな情動状態に関しても、喪失の意識からその情動への移行を基礎づける生理的な道筋の理解はそれほど得られていない。

対照的に、喪失後何カ月にも及ぶ後の悲嘆の表出を説明する、実証研究に基づいた理論構築はかなり存在する。これに関しては主として三つのアプローチがあるように思われ、それぞれが種々の実証的発見と結び付けられている。その一つ目は絆に焦点を当て、二つ目は意味に焦点を当て、三つ目は、人生を分かち合った人の表象喪失に由来する調律不全を考察している。

絆とその心的表象

悲嘆の原因は故人となった人との絆であるという考えが、長い間悲嘆理解における中心的役割を演じてきた。

しかし、持続的悲嘆を生み出す可能性のある近親者との絆は三つしかない。①養育者に対する子どもの絆、②配偶者間の絆、あるいはより一般的には、婚姻に類した情緒的パートナーシップを確立した人の絆、③子どもに対する養育者の絆である。なぜこれらのつながりが確実に悲嘆を生むのかを説明するにはジョン・ボウルビィ (1969, 1973, 1980) の愛着理論を用いる必要がある。

ボウルビィの悲嘆理論は、三つの部分からなると考えられる。まず、その人への接近可能性が安全感を促進するような人、つまり愛着対象を失ったときの反応として悲嘆が現れている。この考えは何より、故人の存在を取り戻す必要性にたえず考え続ける形で悲嘆が現れることも、故人が永遠に失われたことを認めて絶望として現れることもあるのを説明する。第2に、ボウルビィはメアリー・エインズワースとともに、それがなければ偶然に支配されているとしか見えない喪失への反応の個人差を説明する強力な関係型理論を開発した (Fraley & Shaver, 1999, pp.739-742)。第3に、悲嘆が時間経過とともにどのように変化し減衰するかを説明する理論をボウルビィは開発した。ほとんどの場合、以前の機能水準に戻るには喪失を認識し受け入れる必要がある、というボウルビィの考えには疑義が唱えられてきた。ボウルビィの主張は多くの人に当てはまるもの

第2章 悲嘆の本質と原因

の、感情認識への防衛が強い人には当てはまらないことを研究が示している (Bonanno et al., 1995; Fraley & Shaver, 1999)。喪失感情を完全に認識することで悲嘆を扱う人がいるのと少なくとも同じ程度に、悲嘆を最小限にとどめたり否認したりすることでなんとか対処できる人もいると思われる。

悲嘆研究においてボウルビィは、ペアの絆——配偶者関係はもちろん、他の深いカップル関係も意味するだろう——も愛着の一つの形であると認めたが、基本的には親に対する子どもの絆に関心を持っていた。今ではこれら二つの絆のいずれも同等に愛着と見なされている (たとえば次の文献を参照。al. 2005)。他方、親を子どもに結び付ける絆は、養育の絆 (caretaking bond) とされ、前二者とは異なったものと見なされることもある。自分自身の安全より他者の安全に関わるものだからである (Main, 1999, p.203)。ただし、これも愛着の情動システムを用いており、ただ、自身を安全の供給と結び付け、他者を安全の必要性と結び付ける心的表象を伴うところが異なると主張することもできるだろう (Weiss, 2001; Mason & Mendoza, 1998 も参照)。

ボウルビィ (1980) は、愛着像の喪失があれば、その喪失の受容が悲嘆軽減に必要であると信じた (p.18)。しかし、もし受容が、記憶が悲嘆の諸要素の一部の引き金をひくことが一度もないという意味だとすれば、愛着対象の喪失は完全に受容できる範囲を超えることが多いと思われる。十分有効な機能を完全に取り戻したように見える遺族でも、たとえば命日など、愛着対象が亡くなって何年も経った後に、愛着に結び付いた情動が誘発されることが観察されている。事実、失った人への継続的な絆は、遺族にとって有効な機能回復を妨げるものというより、むしろそれを維持する働きをもつのではないかと論じられている (本書第4章；Klass et al. 1996; Klass & Walter, 2001 を参照)。

親が死んだ子どもと、子どもが死んだ親の観察から、そのような喪失があると、失った人との継続的な絆の維持が強化されるという考え方が支持されている。ただし関係の質が重要であろう。夫ないし妻が5年以上前に亡くなった人々の研究では、遺族が持つ故人の記憶の強度と悲嘆が治まる程度には関連が見られなかった (Field et

40

継続的絆という考え方は、死別者が故人の心的表象を継続的に維持していることを意味する。アーチャー (Archer, 1999, p.7; 本書第3章も参照)は、継続的表象の概念に置き換えることのできる表現を列挙した。ワーキング・モデル (Bowlby, 1969, 1973)、図式 (schemas, Horowitz, 1990, Horowitz et al., 1993; Janoff-Bulman, 1989, 1993)、想定世界 (assumptive worlds, Parkes, 1971) などが挙げられている。近年記憶に関する脳機能研究が進んだことで、そうした心的表象の基盤かもしれない神経メカニズムが明らかになりつつある。約8カ月前に死別した人の小規模調査では、死者を思い出させる表現を提示すると、情緒、認知、想像、記憶に関連することが研究によって知られている脳部位が活性化されることが分かった (Gundel et al. 2003)。この世にない人との関係が持続している感覚を生み出すために、こうした連結が前頭葉にまで到達し、前頭葉の働きによって情緒にしっかり結び付いた故人の像が、それらのつながりから構成されるのであろう。連想と構成の複雑な過程によって生み出されるものではあるが、その結果が、一貫性のある心的表象として経験されるのであろう。

意味ある世界の維持

悲嘆が、亡くなった人に永続的に心を投入し続けることを意味するのは明らかだが、配偶者の喪失が、死別した人の人生の基盤となっている前提を損傷したり、あるいは破壊すらしてしまうことも同じく明らかである。悲嘆の性質についての第2の理論的アプローチは、悲嘆症状の多くを生み出すのは、基盤をなす前提の混乱が遺族にもたらす影響であると提起する。死別した人の世界観が、情動的に決定的な形で、根本的に異なったものにな

人生の状況が混乱すると重篤な心理的ないし社会的なストレスを生み出し、次にそのストレスによってうつ病へのリスクが高まるという考えを強く支持するデータが存在する。さらに、重要なのは、客観的傷害よりもむしろ傷害に個人が与える意味である。混乱が何の前触れもなく起こったため、それに備える機会がなかったばかりか、予期せぬときに再び災難が降りかからないとは限らないと感じられるとき、混乱の影響はいっそう重大なものとなる (Parkes & Weiss, 1983)。

悲嘆を主観的世界像の崩壊への反応とする見方には、死別、家の喪失、失業、恵まれた自己像の喪失などによる苦難を、同じ枠組みで説明するという大きな利点がある (Marris, 1974)。家や仕事、自己像への反応が、悲嘆と言って差し支えないような状態をいつも生み出すとしても、それらの反応を、悲嘆は絆の切断によってのみ生み出されるとする見解に組み込むことは難しい。そうするなら、家や仕事についてまで、(ボウルビィの意味での)情緒的絆や愛着の概念を用いることになってしまう。そうした例は、基本的だがあって当たり前とされる人生の側面の喪失と表現する方がよさそうである。

他方で、悲嘆は悲嘆者の主観的世界像の混乱から生まれると考えてはどうか、という案にはいくつかの問題がある。どのような混乱でも悲嘆を生み出すのだろうか、それとも否定的な混乱だけなのだろうか。宝くじの当選は、当人の機能を支えている前提に重大な変化が続いて起こることで、悲嘆へと導くと言って差し支えないような状態をいつも生み出すことは難しい。そうするなら、悲嘆の種類を特定することが必要と思われるが、その際、単に人生の基本的理解が崩壊するというにとどまらないものを基準とせねばならない。

加えて、悲嘆は複雑な情緒状態に見えるが、意味深さと知覚された現実を強調すると、悲嘆を説明するにあたって情緒よりも認知と知覚を優先することになるだろう。これは、悲嘆の解決過程の描写や、解決促進を目指す介入の提案にこの見解が用いられるときに特に顕著である。たとえば、ニーマイヤーら (Neimeyer et al., 2002) は、

42

「死別は……喪失の結果として、私たちに〈自己の再学習〉と〈世界の再学習を促す〉」（p.239）と書いた。認知の変化によって、情動の変化を導くプロセスが開始される例であろうが、ここで情動は認識に比べて二次的なものと捉えられているようである。

ここで述べたような悲嘆理解の現状は、次のように評価しておくのがよいだろう。当然のこととされている現実理解の破綻は、悲嘆において一定の役目を演じるが、正確にどの種の破綻が悲嘆を生み出すのか（すべてが悲嘆を引き起こすわけではないことは明白なので）、悲嘆に欠かせないと思われる情緒的傷とそれらの破綻がどのようにつながっているのかを特定する必要がまだある。

人間関係による支えの喪失

情緒的絆が継続していることの表れと、遺族の人生を支える前提の崩壊という2要素に加えて、死別のもう一つの顕著な要素は、遺族が機能するための支えとなる人間関係が奪い去られることである。配偶者の喪失は、残された者から、知覚、思考、感情の吟味と修正、生活のリズム、社会参加のためのサポートを奪い去る。子どもの喪失は、援助者を親から奪うことにはならないとしても、自分の能力、信頼性、存在意味などを疑わせることで、親の自己調律を妨害する（本書第7章も参照）。親の喪失は、手の届く愛の対象を感じることで得られる安心感を、成人後の子どもから奪う（本書第8章も参照）。

マイロン・ホッファー（Myron Hofer）は、幼児の機能調整における母親の役割にとりわけ注目した。その研究成果を敷衍して彼は、伴侶を亡くして遺族となった人の絶望的悲嘆状態は、パートナーの不在から発生する調整不全の表れと考えることができるのではないかと述べた（Hofer, 1984）。パートナーのそうした喪失は、彼の見解によれば、睡眠や食事の時間を定めたり、満足すべき社会生活と満足すべき自己感覚の維持を助けていた人間

43 ｜ 第2章　悲嘆の本質と原因

関係を遺族から奪う。「日常的な務め、注意力、集中力、睡眠、食事摂取、心的状態などが断片化する。こうした変化は、広範囲の機能システムの調整不全と表現するのが最も正確である」(Hofer, 1996, p.578)。婚姻関係にある2人は、生活の細部についての異なった見方を互いに提供しているので、パートナーの不在は、自らや他者の評価の調整不全を生み出しうる。人生の伴侶の存在は、会話がないときでさえ、その反応が自分の考えへの賛成や反対を伝えるし、議論をすれば、自分の見方が正しいことを保証されたり反論されたりするので、伴侶なしでは、誤解したり間違った判断を下したりしやすく、また間違った判断を疑わないままその妥当性を確信しやすくなる。

孤独と社会的孤立は、伴侶を亡くした人が陥る恐れのある状態である。孤独は、主たる愛着表象の喪失によって陥りやすい状態であり、社会的孤立もまた、同じ喪失体験を持たない友人や家族から遠ざかりたいという願望を死別が促進しやすいために起こる恐れがある。人生の伴侶を失うと、遺族は、社会的コミュニティーにおける居場所を失う危険にも曝される(本書第9章; W. Stroebe, et al. 1996; Wenger & Burholt, 2004 を参照)。

遺族のなかには、人生を再構築するための援助を家族や新旧の友人に求めることができる人もいる。友人や家族は、遺族の話し相手となるだろうし、一部の人は物質的援助まで提供するだろう。社会的援助があればあるほどよいわけではないとしても、複数の個人的報告によれば(たとえば、Lewis, 1961)、遺族には一定の最低レベルの社会的援助が必要と思われる。どれだけの援助が必要か、どの種のものか、どのように援助を提供するのが一番よいのかなどについて長く検討されてきたものの、完全に適切な答えは今なお存在しない。

44

悲嘆理論の比較

悲嘆を説明する三つのアプローチはすべて、動揺と苦痛という喪失後の情緒状態に最大の関心を払っている。意味づけや調律不全に焦点を当てるアプローチでは、喪失後の情緒状態こそが唯一の関心事である。愛着理論は、ボウルビィ（1969, 1973, 1980）の構想では、喪失の認識に伴う最初の衝撃というものがあるという可能性に注目する。愛着理論（本書第4章を参照）はまた、悲嘆が、ときには不安に駆られて探索する形で現れ、ときには絶望の中に引きこもる形で現れるのはなぜかをよく説明している。

意味に関心を持つことは、悲嘆を生み出す広範囲の喪失において有益である。このアプローチは、自らに起こったことに意味を見出したいという遺族の要求を、一つの重要な問題として、しかし混乱の表現の一つとしてではなく扱う。そしてこれは、現在と未来の人生に関心を寄せる力を再獲得するための遺族の努力の中に認知的要素があることをよく説明している。

調律とサポートを強調することで、悲嘆に伴う特徴的な症状のいくつかを説明しやすくなる。睡眠困難、食欲の変化、社会的引きこもり、自信喪失などである。また、他者がどうすれば援助的になるのかを示唆することで、非公式なものにせよ公式のものにせよ介入プログラムを立てるために役立つ。ただし、理論の実践的側面についてはさらなる発展を待たねばならない。

悲嘆を説明する三つのアプローチを総合すると、きわめて主観的なアプローチからきわめて客観的なアプローチまでを包含している。死別の意味に焦点を当てるものは、遺族が外界を把握する方法にのみ関心を持つ。反対の極では、調律不全に焦点を当て、何より遺族の内部の機能変化に関心を抱く。安全を維持する絆の妨害に焦点

を当てるアプローチは、絆の経験という主観的な方向のものと、その行動的表現の両方を扱う点で、中間に位置するだろう。

先駆的仕事である『寡婦とその家族』を著したマリス (Marris, 1958) は、若い寡婦から繰り返し報告される深い悲嘆を理解するための導き手として、精神分析的思弁しか頼るものがなかった。今では、失われた関係の性質、その関係が遺族に持っていた意味、その関係が調律機能を司っていた方法などが、悲嘆とどのように関係しているかを説明する良い理論がいくつもある。研究者はこれらの理論をまだ統合できていないし、それらの理論の基盤となっているはずの心的過程および情動過程を完全に理解することもできていない。しかし、悲嘆の完全な理解にまだ達していないとしても、マリスの報告から50年間で大きな進歩を遂げたことに間違いはない。

ロバート・S・ヴァイス（マサチューセッツ大学名誉教授）

46

第3章

悲嘆の諸理論――過去、現在、そして将来の展望

ダーウィンは、悲嘆理論を展開しなかったものの、悲嘆に結び付いた顔の表情があること、そして動物にそれがあるという彼の観察 (Darwin, 1872/1904) は、人類の悲嘆の起源は動物にあり、自然淘汰の観点からそれを理解できると考える彼の後の悲嘆理論の展開の基礎となった。悲嘆に関する理論的理解で歴史的に最も重要なものは、フロイト (Freud, 1917/1957) が「喪とメランコリー」ではじめて行った考察である。それによれば、悲嘆には特別な機能があり、それは思考と感情を亡くなった人から切り離すことで、死別した人が彼/彼女自身の人生を前に進めるようにすることである。これは、後に悲嘆作業(グリーフ・ワーク)と名付けられた自発的過程によってのみ到達することができ、そこでは、喪失に関する記憶や思考との継続的な直面を通して、亡くなった人への愛着が断念される。フロイトはまた、病理的悲嘆は、悲嘆作業の回避から故人へのアンビヴァレンスからも発生すると考察した。悲嘆過程の性質とその病理的側面というフロイトの見方は、現在に至るまで理論と実践に影響を与え続けている。

フロイトとほとんど同時期に発表した論文で、シャンド (Shand, 1914, 1920) は、彼が悲しみの法則 (laws of sorrow) と名付けたものを記述した。この法則は、悲嘆過程における個人変数、経年変化、ソーシャル・サポートの重要性、突然死がもたらす付加的苦悩を扱っている。特に重要なのは、考えや感情を表現し、他者に打ち明けることは利益を伴うものの、否定的情動を表すことは、より激しい悲嘆につながるというシャンドの記述である。そのような区別は悲嘆作業に関する文献で行われていないものの、近年の実証研究 (たとえば、Bonanno & Keltner, 1997; Bonanno et al. 2005) によれば、悲嘆作業の初期段階における否定的情動の表現はのちの良くない結果に結び付いており、シャンドの区別の少なくとも一部を支持している。シャンドの悲しみの法則は、一貫した悲嘆理論を構築するには至っていないものの、フロイト (1917/1957) の報告より広範な悲嘆の側面を包含しており、実証研究のためにより信頼性の高い基盤を提供できたはずだが、その後の研究者、実践家に受け継がれなかった。

1950年代に興味深い研究がいくつか行われたが (Archer, 1999 を参照)、時の流れに最も耐えた理論的貢献はボウルビィ (Bowlby, 1961, 1973, 1980) のものである。彼は、愛着理論を分離反応と悲嘆に適用して、それらを一貫した生物学的枠組みに結び付けている。ボウルビィは、悲嘆の源は動物の世界にあると言い、悲嘆が自然淘汰によって生まれる過程を示唆し、後に起こる悲嘆を理解するためには愛着の絆を理解することが重要であることを示し、悲嘆が子どもの分離反応からどのように発達したかを示した。進化論的、生物学的な側面を強調しているにもかかわらず、ボウルビィの理論形成は精神分析訓練に源があるため、悲嘆作業の重要性、病理的な形の悲嘆の性質と源など、いくつもの鍵となるアイデアをフロイトの著作から引き継いでいる。パークス (Parkes, 1972a) は、ボウルビィの悲嘆に関する著作を拡張して、先駆的な実証研究を成し遂げた。

1980年代まで、理論に基づく悲嘆治療は、主に精神分析の枠内で働く臨床家によって行われていた。その なかで確立された概念の多くは、批判的検討や実証的検証に曝されてこなかった。それらが行われたのは、後になって実証的方法論に基づく心理学者が悲嘆に関心を抱いてからである。シャクルトン (Shackleton, 1984) は、当時の主な悲嘆理論を吟味し、論理的一貫性と実証的基盤が欠けていることを指摘した。ワートマンとシルヴァー (Wortman & Silver, 1989) は、遺族が苦悩や抑うつを表さないのは遅れてくる悲嘆の兆しであるとか、時間が経てば必ず回復するとか、悲嘆の解決には必ず悲嘆作業が必要であるなどの信念のような、「喪失への対処の神話」があると述べた。

シュトレーベ (Stroebe, 1992-1993) の議論は、フロイト (1917/1957) が最初に提案して以来、悲嘆に関する多くの文献で中心的役割を果たしてきた悲嘆作業理論を批判的に吟味しながら発展したものである。シュトレーベはまず、概念を定義する際の問題点を示し、いずれも改善の障害と見なされていた反芻思考と思慕からも、否定的な属性をも含みうる「意味の発見」(Stroebe & Stroebe, 1991) からも、悲嘆を切り離した。シュトレーベの悲嘆分析は、この概念のはじめての実証的検討 (Stroebe & Stroebe, 1991) を伴うもので、悲嘆解消の基盤となる過程に関する数多くの研究に

道を開いた。それらの研究と関連して、認知的ストレス、トラウマ、愛着 (Bonanno & Kaltman, 1999; Janoff-Bulman, 1993; Stroebe et al., 2005) から、進化論的原理 (Archer, 1999, 2001b) までに至る、さまざまの心理学分野の理論が導入された。

悲嘆の進化論的起源

　フロイト (1917/1957) の悲嘆作業理論に基づくことで、悲嘆の解消過程が、理論および実践のいずれにおいてもこの15年の中心的関心事であった。ボウルビィ (1961, 1973, 1980) の生物学に基づく悲嘆理解に発するさまざまの議論において、悲嘆の解消は悲嘆の包括理論の一構成要素にすぎない (Archer, 2001a)。悲嘆の包括理論には次の六つの側面があり、それぞれを本章の残りの部分で述べる。①悲嘆の進化論的起源。他の種にも同じような過程があること、悲嘆が適応のために意味を持つことによる。②喪失した関係のタイプの相違による悲嘆の違いを進化論的原理を用いてどう理解するか。③悲嘆過程の引き金をひくメカニズム。愛着理論と認知心理学理論が用いられる。④これらの概念枠が、喪失の背景にある文脈による悲嘆の違いを理解する上でどう役立つか。⑤悲嘆の解消。⑥愛着型の違いが悲嘆の個人差をどう根拠づけるか。

　進化論的歴史における悲嘆の起源に関するあらゆる理論の背景にあるのは、悲嘆が、人類史を通じ、また文化の違いを越えて起こってきた人類の普遍的反応であるという考えである (Archer, 1999, 2001b)。さらに、ダーウィン (1872/1904) が記したように、悲嘆に類した過程は、社会性のある鳥や哺乳動物にも起こる。ボウルビィ (1961)、ポロック (Pollock, 1961)、アヴェリル (Averill 1968) は、動物に起こる悲嘆に注目し、ボウルビィ (1980) とパーク (1972a) は、その進化論的機能という根本的問いへの答えを求めた。悲嘆を経験する個体は、苦悩し、生

50

存するための日常活動から離れることで、亡くなった友人や子どものことを即座に忘れて生存上の課題を効果的にこなす個体に取って代わられてしまわないのか、という問いである。

このような表現を見ると悲嘆の存在は謎だが、直接の利益という観点から悲嘆を説明しようとする試みが、納得はいかないながらもなされてきた（Archer, 1999 を参照）。悲嘆がどのように始まり、維持されてきたかという点については、ボウルビィ（1969）の愛着理論による方が理解しやすい（本書第4章も参照）。愛着は、重要な他者と情緒的なつながりを形成する過程である。愛着はもともと、子どもと親の絆という文脈で研究されたが（Bowlby, 1958, 1969）、のちには拡張されて、重要なすべての生物学的関係（親族、親機能を果たす人、同族）まで含むようになった。その過程には、愛着を保持するという包括目標を持つ動機づけシステムが関与する。このシステムでコントロールされる行動は、したがって、愛着表象への近接を維持したり、（人間の場合は）他の方法（たとえば手紙や電話）で接触を維持したりする形で機能を果たすものである。一時的な離別は、強烈な情緒反応と、接触を取り戻そうとする動機を誘発する。愛する人を抱きとめるなどの再会時の行動は、絆が維持されているという安心感を提供する。分離反応はだから、愛着対象との接触を取り戻そうとする強い意志の表れである。その反応は人間でも人間でなくても、大人でも子どもでも共通する。分離の苦痛と呼ばれるこの中心的反応は、動物でも人間の子どもでも人間の大人でも、愛着対象と離別するときにはいつも起こる。

ボウルビィ（1973, 1980）は、愛着対象が不在のときに適応的だが、悲嘆反応はそうではないと主張した。悲嘆反応は、再会の可能性が明らかに愛着の絆を維持するために適応的だが、悲嘆反応はそうではないと主張した。悲嘆反応は、再会の可能性が明らかにない場合にそうした反応が起こったときの避けられない結果を表している。分離は死別よりはるかに頻度の高い出来事であり、ここで働くメカニズムが反応を2種類持つほど可塑性に富んだものではないので、悲嘆は全般的に適応的な分離反応が存在するために支払う対価と見ることができる。人類の進化過程の比較的最近に至るまで、おそらく死の永遠性が明確に理解されていなかったという判断をこれに付け加えれば（Archer, 1999, 2001b）、分離反

応から切り離して悲嘆の適応性を理解する試みは明らかに方向違いである。愛着に基づくこの見方で、悲嘆の進化論的起源を説明できるように見えるが、ネッセ（Nesse, 2000）は、悲嘆には直接に適応的な利益があるのではないかという代案を提案している。彼は悲嘆を、目標を変え、他者へ信号を送り、優先順位や計画や人間関係を再検討することによって愛する人の喪失を扱おうとする特殊な状況と見なした。悲嘆は、社会的喪失に必要な反応であり、その機能は解決を助けると見なすのである。悲嘆作業理論の延長と見なすことのできる見方である。この理論に関する実証データを議論する際に明らかになるように、この立場を支持する実証データはほとんどない。

進化論から見た悲嘆の個人差

悲嘆の個人差を理解するために、さらにいくつかの進化論的原理が用いられてきた。それらの原理すべての基礎にあるのは、私たちの祖先とその近い親族の生存と再生産の可能性を高めてきたメカニズムによって、親密な関係が生まれたという、自然淘汰の原理から派生する仮説である。子どもや親をはじめとする近い親族、長く友人であり続ける見込みのある人、信頼できる仲間などに最も愛着が形成されやすいのは、そうした過去の淘汰圧力の結果である。親族の場合、血縁係数（Wright, 1922）の原理が、人口全体としては稀な2個体間の遺伝子共有度の尺度である。三つの研究によって、血縁係数1と0.5にそれぞれ対応する一卵性双生児と二卵性双生児では、前者の方が一方を失ったときの悲嘆が強いことが示された（Segal & Ream, 1998; Segal et al., 1995）。シーガルとブシャール（Segal & Bouchard, 1993）はまた、一卵性双生児では、配偶者を失ったときより双子の一方を失ったときの方が悲嘆が強いとしている。これらの双生児が、血縁係数0.5の親族に対して示す悲嘆と0.25

の親族に対して示す悲嘆を比較した研究では、両者に大きな差が見られ（Archer, 2001b）、また、子どもを亡くした親が自らにについて報告する悲嘆と、叔父叔母のようにもっと離れた親族が示す悲嘆の比較でも同様の結果が得られている（Archer, 2001b）。

悲嘆と血縁係数の関係は、愛着の密接度に媒介されているだろう（Tancredy & Fraley, 2006）。そして愛着の密接度は、血縁の程度に従う可能性が高く、双生児の場合に特に著しいだろう。それでは親族関係の影響とは、近い親族に長く曝されていること（それゆえより強い愛着）のような変数の間接的効果だろう。とすれば、進化論的原理の導入は、愛着に関する分析に何ら付け加えることがない。実際、この二つを分離するのは難しく、養子の例のように、血縁係数は違うが同居の程度は等しい例の両者の違いを検証しなければならない。

悲嘆研究に用いられている第2の進化論的原理は生殖価（Fisher, 1930）であり、これは近い親族（普通は子ども）が個体適応度（子孫を残す能力）に対して期待されている貢献度を意味する。幼児期、児童期の死亡率が高いため、人生の初期のそれは低いのが一般的で、生殖が始まる時期最高度に達し、それを過ぎると低下する。この原理からの予測として、子どもの死に対する親の悲嘆は、妊娠から子どもの青年期に至るまで上昇し続け、それから徐々に低下する。周産期の悲嘆に関する研究でトゥーターら（Toedter et al. 1988）は、対象となった年齢幅に限ると、悲嘆と年齢の間に.47の相関関係を見出した。つまり、生殖価曲線の上昇部分では悲嘆が上昇を示す。子どもが亡くなった年齢の異なる遺族カップルの研究で、ワインガーズ＝デ＝メイら（Wijngaards-de-Meij et al., 2005）は、死亡後、6ヵ月、13ヵ月、20ヵ月の悲嘆と抑うつを測定した。予想されたように、いずれの測定結果も時間の経過とともに低下した。生殖価原理によって予測されるとおり、死亡時の悲嘆と子どもの年齢には曲線的関係があった。つまり、悲嘆は17歳まで上昇しその後下降する。これらの報告や、さまざまな年齢の人に喪失に対する予想される悲嘆を尋ねた研究（Crawford et al. 1989）から、子どもを失った後の悲嘆は亡くなった人の生殖価に対応することが示唆される。

53 | 第3章 悲嘆の諸理論

悲嘆反応の直接的原因

　ボウルビィ（1961, 1973, 1980）の愛着理論は、悲嘆の進化論的起源を考えるのに適した枠組みを提供している。愛着の観点から見ると、悲嘆の基本的因果関係、つまり悲嘆の引き金をひくものは何かに関しても示唆している。愛着対象の近接性を維持する目的とともに、愛着対象からの分離によって動き始める欠乏反応である。そしてその反応は、愛着対象の鮮明な表象を組み入れている統合的な行動システムによって生み出される。外界がもはや愛着対象の近接性を持たないとき、欠乏に駆り立てられた反応が動き出す。
　クリンガー（Klinger, 1975）は、悲嘆を引き起こす過程は、愛着対象の喪失に限らず一般的な現象に働くと考えた。期待された報酬的出来事が起こらないときはいつも、怒りと苦痛、続いて活動性の高まり、目標志向行動、そして無活動（あるいは諦め）という流れを必然的に伴う微小悲嘆反応がある。したがって悲嘆は、強化が与えられなくなった状況への関わりから動物が離れる一般的過程の一例と見なされる。つまり、コピー機が詰まるか交通の予定がくるうなどの小さな失望も微小悲嘆経験であるが、それらはすぐに忘れ去られる。
　クリンガー（1975）の理論によれば、悲嘆は、刺激の源に近づける機能を持つ一連の反応である。不成功に終わると、抑うつ的な反応が起こり、個体が特定の刺激から解放されるのを促す。失望を引き起こす出来事への反応と悲嘆反応は、明らかに相似的である。ルイス（Lewis, 1961）は、悲嘆を、「習慣的となっているきわめて多くの衝動の欲求不満から起こる」と記している（p.39）。それでは悲嘆とは、愛着対象を喪失したときに起こる相互に関連しない一連の欲求不満とは、ある決定的な側面において異なった意味ではそうである。しかし悲嘆は、相互に関連しない一連の欲求不満とは、ある決定的な側面において異なっ

54

悲嘆の場合、挫折したすべての衝動がすでにこの世にいない愛する人に集中し、喪失を思い出させるものを常に提供し、遺族を喪失の現実に連れ戻す思考を生み出す。愛着の視点には、個々の分離反応を思い出づける中核となる組織化原理があるという考えが明確にあり、クリンガーが示唆するような互いに関連のない一連の反応ではなく、愛着対象の内的モデルがそこに関わっている。

悲嘆の起源に関する認知理論は、およそのところ愛着理論を補うものと見なすことができるが、ただし強調点が異なっている。その違いは、ボウルビィ (1969, 1973) が内的ワーキング・モデルと名付けた内的表象の性質に集約される。パークス (1971) は、他の種の喪失、つまり家や身体の一部の喪失のようなもの、に対して悲嘆に似た反応がいかに起こるかを理解しようとして、想定世界の観点から内的モデルの性質を精緻化した。それは、自らが生きる世界についての人々の期待や想定の総和である。その世界には、愛着対象や人間関係だけでなく、所有物、自己についての想定、未来について育んできた信条や期待など、人がそこに生きている世界の他の側面も含まれる。人の想定世界の大部分に関わる突然の変化が起こると、欠乏に駆られた、悲嘆に似た反応が起こる。想定世界というこの枠組によって悲嘆反応の幅を広くとることができるので、失業 (Archer & Rhodes, 1993, 1995) や、身体の一部や機能の損傷 (Parkes, 1972b) など、人生における幅広い否定的出来事も、死別と同様の観点で見ることができる。

トラウマ理論という別の理論的背景の下で、ホロウィッツ (Horowitz, 1976, 1988) とジャノフ＝バルマン (Janoff-Bulman, 1989, 1993) も、トラウマ的変化によって粉砕された内的モデルを強調した。ジャノフ＝バルマン (1989) では想定世界という用語も用いられているものの、彼らはその一部、人の個人的世界の重要な部分に関する内的モデルであり、そこには、人、場所、生活様式などへの愛着だけでなく、個人の基本的想定もある。たとえば、自らが生きる世界は予測可能で安全であるという基本的想定がこの基本的想定と食い違ったとき、トラウマ的なストレス反応が起こる。死別の文脈では、殺人、外界の出来事が

事故、災害による死別でストレス反応が最も現れやすい。死別の文脈に関する私たちの理解を広げてくれることに加え、想定世界の概念は、典型的悲嘆過程を一般的に記述しようとしてきた傾向を、個人変数を認識する方向に移してくれる。そうした個人変数は、人によって人生の異なった領域に異なった程度の愛着を持つことや、喪失が起こる文脈から発生する。次節では、悲嘆発生の認知理論が、文脈が悲嘆に及ぼす影響をいかに理解させてくれるかを述べる。

悲嘆過程への文脈の影響

悲嘆発生の認知理論は、悲嘆との関連で研究されてきた二つの主たる文脈変数の理解へ私たちを導くだろう。①先立つ警告の程度、②死に関わるトラウマ、の二つである。前者に関しては、死の警告がない場合、ある場合より悲嘆が強くなるといういくつかの研究結果がある（たとえば、Parkes & Weiss, 1983）。ただし、否定する結果もある（Bonanno & Kaltman, 1999 を参照）。警告は、死が起こる前に個人の想定世界の変化を促進するという観点からしてこれらの報告は予想できる。逆に、突然死は個人の外界の大きな変化を意味し、それゆえその世界と想定世界の間のより大きな不一致を生み出す。

死が突然でトラウマ的状況を伴うとき──たとえば、事故、自殺、殺人の結果である場合──は、個人的世界についての仮定だけでなく外界に関する基本的想定、たとえば世界が安全であり信頼できるという想定にも不一致が生まれる（Janoff-Bulman, 1993）。そのような場合、トラウマ理論に由来する諸概念を死別に適用できる。フロイト（1914/1958）の著作を基盤に、ホロウィッツ（1976）は、トラウマ的出来事への反応に関するフロイトの出来事への二つの基本的反応を記述した。①出来事を反復する強迫傾向、②その記憶を回避し抑制する試み、で

56

ある。これらは、相互に入れ替わり、個人のコントロールが効かない傾向がある。これが外傷後ストレス障害（PTSD）の核心である。ここに関わる認知過程についてホロウィッツは、図式に組み入れることのできない不一致の情報を統合しようとする試みは不成功に終わり、侵入と否認のサイクルを生み出す。PTSD反応は、殺人による死別のようにトラウマ的な死別に関する多くの研究で見出されている（たとえば、Masters et al. 1988）。暴力的な死によって死別を経験した親のサンプルにおいて、そのような状況に意味を見出すことは、心的苦痛を和らげ身体的健康を高めたが、PTSD得点にはわずかな（または有意ではない）低下しか見られなかった（Murphy et al. 2003、本書第 7 章参照）。

悲嘆作業理論の実証的評価

本章の最初の節に示したように、近年の悲嘆研究の多くが、悲嘆の解消に関して長い間認められてきた観念、特に悲嘆作業の概念の再検討に取り組んできた。死別した人は、典型的には、日常的活動の中断と極度に否定的な影響を伴った苦悩状態から出発し、苦悩の水準が低下するとともに日常機能が有効な水準に戻るという改善過程をたどる。たとえばカルフォルニアのサンディエゴで寡婦に行われた調査において、涙を催す人の割合は、2 カ月後には 73％、13 カ月後には 35％、49 カ月後には 17％となった (Shuchter, 1986)。ここに見られるような悲嘆の解消には、喪失に結び付いた思考および感情に直面する能動的過程を通してのみ到達できると、悲嘆作業理論は主張している。

これを検証しようとした最初の研究でシュトレーベとシュトレーベ (1991) は、死別した男女が悲嘆に直面し

たり抑制したりする程度に照らして悲嘆作業を評価した。直面の例は、「彼/彼女のことをよく考える」であり、抑制の例は、「思い出させるもので苦痛すぎるものはすべて避けている」である。両者を予測変数、抑うつと喪失受容を評価基準として長期研究が行われた。全般に、男性の抑うつレベルは最初の測定時から女性より低く(喪失から4～7カ月後)、続く2回の測定を通して下がった(14カ月後と24カ月後)。女性の抑うつレベルはその2年間ではわずかしか下がらなかった。この研究で中心となる問題は、4～7カ月での(あるいは14カ月での)悲嘆作業が、二つの評価基準において後の改善を予測したかである。答えは、寡婦(全体を通して抑うつ低下が見られた)にとっては肯定的だが、寡夫(抑うつ状態にほとんど変化がなかった)にとっては否定的だった。

研究当時の解釈は、男性は、女性ほど否定的な感情や思考に向き合わない傾向にあるため、悲嘆作業に取り組む必要がより大きいというものだった(Stroebe & Stroebe, 1991)。この解釈は他の実証結果(Bonanno, et al. 2005; Pennebaker et al. 2001; Schut et al. 1997)と一致しているものの、元の研究データの解釈としては不適切と思われるいくつかの根拠がある。まず、男女間で、回復に関係した悲嘆作業得点にほとんど差がない。それゆえ、男女間で異なったコーピング・スタイルがあるとする仮定を維持するのは困難である。次に、悲嘆作業を測定する6項目のうちたった二つだけが男性の改善に関係しており、他の測定結果では関連性が少なかった。他の研究(たとえば、Videka-Sherman, 1982; Wegner & Zanakos, 1994)では、抑制と混乱は、悲嘆作業尺度と結び付けると、異なった結果を示し、混乱の方が強い効果を持った。

ボナンノら(2005)は、意図的悲嘆回避の測定値と悲嘆処理の測定値に相関がないことを明らかにした。合衆国のサンプルにおいて、最初の苦悩レベルにかかわらず、最初の悲嘆過程の程度を表す指標は、低い長期的苦悩ではなく、むしろ高いそれを予測した(ただし、中国のサンプルでは影響がなかった)。悲嘆作業の観点からおそらくさらに説明不可能なのは、米国のサンプルで、悲嘆回避の値(悲嘆処理と関係しなかった)も強い長期的苦悩を予測したという結果である。

58

喪失その他のトラウマ的な出来事についての感情や考えを他者に開示することが、悲嘆の解消とのちの心的および身体的な健康に有益かどうかという問題は、矛盾した報告が見られている分野である。ペンネベイカーとオハーロン (Pennebaker & O'Heeron, 1984) の後ろ向き研究においては、自殺者および事故被害者の配偶者のその死について友人と話し合うと報告した人ほど、健康問題や喪失についての反芻思考の報告が少なくなる。しかし、レンジら (Range et al. 2000) は、死別した人に、喪失について書くか、些細なことについて書くかのいずれかを依頼したところ、書いた直後でも 6 週間後でも、二つの条件間に回復値の差が見られなかった。それまで明かしたことのない情動的題材についてこのように書くという方法は、健康に良い効果を生み出すことが多くの研究で報告されてきた。それについては後に検討する。

シュトレーベら (Stroebe et al. 2002) は、128 人の寡婦と寡夫のサンプルにおいて、自発的な情動開示 (5 項目の尺度で測定) が死別後の適応を予測するかどうかを検討した。予想されたように、開示も苦悩も、死後 4 〜 25 カ月の研究期間中、減少していき、期間中の測定値に個人内の一貫性があった。第 2 の研究では、誘発された開示 (レンジら 〈Range et al. 2000〉 によって使われた方法) が、死別した人のサンプルにおいて適応を改善させるかどうかを評価した。参加者には、日記に、最も奥深いところにある情動を書く、喪失に関する考えを書く、その両者を書く、いずれも書かない、のいずれかを依頼した。シュトレーベたちは、抑うつや不安、侵入的思考の程度、喪失に関わる思考の回避、を測定した。書く内容に関する条件差によって、測定されたその後の適応に差が生じなかったことが見出された。また、喪失が突然である程度、開示の程度、当人が報告する開示の欲求、などの影響がないことが見出された。

二つの研究が、他者への開示や文字化によってではなく、より直接的に情動の回避と表出を測定した。一つ目の研究 (Bonanno et al. 1995) は、自律性覚醒と報告された情動状態の間の不一致度によって、人々が否定的情

59 ｜ 第 3 章　悲嘆の諸理論

動を回避する程度を評価した。その結果、心拍数が速く否定的情動を低く報告する人は、情動状態の回避レベルが高いと推測された。喪失6カ月後にそう評価された人は、8カ月後には、心拍と自己評価の不一致度が低かった人に比べて、悲嘆のサインと身体症状が少なくなった。悲嘆作業理論からの予想とは反対に、この研究は、根底にある情動状態を知ることの回避は、悲嘆と取り組む有益な方法であることを示している。

二つ目の研究で、ボナンノとケルトナー（Bonanno & Keltner, 1997）は、喪失6カ月後の遺族グループの顔の表情を観察し、14カ月と25カ月後に、悲嘆、健康、幸福感を評価した。6カ月後での否定的情動表現（怒り、侮辱、恐怖など）は、15カ月と25カ月後のより強い悲嘆と関係していた。初期に苦悩の強い人は後にも苦悩が強いので、これは予想できることである（Bonanno, 2004; Wortman & Silver, 1989）。しかしこれは、参加者が最初に自己報告した苦悩をコントロールしたときにも起こり、比較上の彼らの回避は、表現の中に否定的情動の程度が低かった参加者より乏しいことを示している。これと一致して、6カ月における肯定的表現（笑いや微笑み）は、後の良い適応に関係していた。したがって、この研究の初期の肯定的で否定的ではない情動表現が、後の良い結果につながることが見出された。これは因果的関係によるものかもしれないし、その人の人格やコーピング・スタイルが、初期には表情に、後には良い結果の中に表れていたのかもしれない。

こうしてみると、死別後に他者に情動を開示することが、より良い適応に導くという証拠はほとんどないように見える。目立った否定的情動を示すことは、絶対値においても悲嘆の初期レベルとの比較においても良くない結果と結び付いている。さらに言えば、個人の根本的情動状態を回避することが、実際に後の適応を助けるのかもしれない。ただし、悲嘆作業に関係して開示を考える場合、この主題のより広い背景を認識する必要がある。なぜなら、ペンネベイカーとベル（Pennebaker & Beall, 1986）によって始められた多くの研究で、情動に関わる話題について書くことが、身体的健康と、心理的幸福の増進につながることを示しているからである（Pennebaker, 1997; Pennebaker et al, 2001; Sloan et al. 2005）。

60

ペンネベイカーら (Pennebaker et al. 1997) は、彼らが行った六つの研究における参加者の書いたものを分析し、後の健康向上につながったものは、時間経過による言葉の使用増加によって評価された思考パターンの変化、洞察のレベル向上であるという仮説を検証した。洞察レベルあるいは因果関係に関する言葉の使用増加によって評価された思考パターンの変化が、後の健康増進を予測したことを彼らは見出した。表現された否定的情動も彼らは測定し、それらは改善を予測せず、実際、健康状態の悪化につながる可能性があることを見出した。ペンネベイカーたちは、開示が生理的調整と健康に意味を持つためには、否定的なライフイベントの認知的再解釈（リフレイミング）が必要であるとしている。つまり、出来事の中に意味を見出すことがその決定的である。話したり書かれたりした言葉はこの再構成や再同化を助長するが、単に情動を表現することにその働きはなく、開示それ自体は必ずしもその働きをしないであろう。ペンネベイカーたちはまた、エイズでパートナーを失った男性たちのインタビューの書き起こし原稿における認知的変化度を調べ、その数値が死別から1年後の苦悩を予測することを見出した。

乳幼児突然死症候群で子どもを亡くした両親をサンプルにした初期の研究 (McIntosh et al. 1993) は、認知処理の自記式測定法を用いた。親が喪失と取り組み続けようとした程度、また赤ちゃんについて、あるいはその死について意図的に考え話そうとした程度ほど報告された悲嘆は大きかった。しかし最初の幸福度をコントロールすると、はじめの高い認知処理レベルは、喪失18カ月後のわずかに少ない苦悩を予測した。これはペンネベイカーたち (1997) による認知処理の強調をいくらか支持している。ただし、この研究では、喪失における意味の発見については測定していない。はじめ（死後3カ月時）の、認知処理が高いほど侵入的思考についてどの程度話したか、また、そうすることを抑制しようとする社会的環境を彼らがどう見ているかを調べた。彼らが受け取る社会的圧迫が高いとき、喪失3週後の多い侵入的思考は、その時点および15カ月後での強い抑うつを予測した。受け取られた社会的圧迫が低いときは、喪失3週後の侵入的思考は、18カ月後の

低い抑うつを予測した。したがって、侵入的思考を自分だけにとどめることは悪い結果を予測し、侵入的思考を他者と共有することは良い結果を予測する。ペンネベイカーたち（1997）の枠組みの観点からこれを解釈すると、社会的圧迫は個人が喪失について話すことを禁じ、そのことで喪失の認知処理を妨害し、効果的な認知の再構成を妨げ、高レベルの抑うつに導く。しかし喪失に関する考えや感情を共感的な他者と共有することは、支援的な新しい関係を育み、ひるがえってそれがより大きな幸福感を生み出す。対照的に、一人で抱え込んだ不幸な考えは、孤独感を生み出す。この代替的解釈は認知再構成を必ずしも含まないであろう。

喪失と折り合いをつけようとして人々が見出した意味を直接評価した研究が、デイヴィスら（Davis et al., 1998）によって実施された。彼らは、従来の研究が、喪失から利益を見出すことと喪失から意味を見出すことの二つを一つにしてしまっていると主張し、この二つの形の意味を測定する尺度を構成した。配偶者、親、他の家族員を失った、主として中年成人からなるサンプルでは、信仰を持っている人と故人が年長者であった場合に意味づけが大きくなり、他方、利益を見出すことは楽観的性向に関係していた。両方の値が高いと、喪失後6カ月での低い悲嘆を予測したが、利益を見出すことの方が強くのちの適応に関係していた。この研究は、意味の発見が良い適応につながっている明確な証拠を提供しているようだが、（ボナンノとケルトナー〈1997〉の研究に関係してすでに述べたように）、信仰心を持つ人や楽観的性向の人は、否定的な人生の出来事によりうまく対処できるのかもしれない。

この実証データは、悲嘆作業理論に関して私たちに何を提供しているのだろうか。悲嘆作業理論の見解に一致する変化を示す証拠がいくつかあるが、それは次の三つに限られている。①喪失について考えることに意図的に取り組むことと、思考パターンの変化のいずれかに特定された測定値、②侵入的思考について話すことができることとの関連。これはソーシャル・サポートがあることの副次的な結果かもしれない。③意味を見出すこと、ただしこれには個人差の観点から喪失を理解することあるいは喪失に利益を見出すこととして測定された場合。

の代替的解釈が存在する。全体として、悲嘆作業仮説はこれらの実証研究によって十分支持されていないが、ペンネベイカーらが概説したように、認知再構成の形でなお機能している（たとえば、Pennebaker et al., 1997, 2001）。

理論的ギャップの補完

ボナンノとカルトマン（Bonanno & Kaltman, 1999）は、悲嘆作業理論に異議を唱える証拠が積み重ねられた結果、「理論的真空」が残ったと述べた。彼らはこのギャップを埋めるために、いくつかの心理学的視点を検討した。その一つは、認知的ストレスの視点である。この理論の焦点は、ストレスに満ちた出来事の認知的評価と、それに続いてさまざまな方法でストレス作用に対抗するコーピング方策を用いることにある。そのような方策は、喪失の衝撃を回避または調整したり、喪失が自らに持つ意味を変化させようとしたり、喪失の最も苦しい効果を避けたり対抗できるよう環境を変えたりするよう働く。（悲嘆作業理論のように）これらの方策のうちどれが一番有効かという前もっての想定は存在しない。回避性のコーピング方策が悲嘆作業理論が想定した暫時的で苦痛に満ちた引きこもりの代わりに、死を勘定に入れるよう愛着の絆を組織し直すことであると述べた（Klass & Walter, 2001; Stroebe et al., 2005 も参照）。次の視点、情動への社会 - 機能的アプローチは、肯定的な情動表現の適応的役割と否定的情動表現の不適応的役割を強調するという点で、悲嘆に適用することができるだろう。最後に、悲嘆反応の原因と否定的に触れたトラウマの観点は、悲嘆を、他の大きな否定的な出来事に続く反応に類似した一まとまりの反応と見なし、その出来事が、人々が自らの個人世界に関して持っていた確立された信念に対してどのような挑戦となるかという点を強調する。

63 | 第 3 章 悲嘆の諸理論

ボナンノとカルトマン (1999) は、これらの異なった見方を統合することで、悲嘆作業の観点が残したギャップを埋めようとした。ただし、彼らがそれを適用しようとした範囲は、悲嘆の解消より広く、悲嘆の発生から文脈的変数 (本章の先の節で述べた)、そして個人差までが関係する過程を含んでいる。悲嘆解消のための悲嘆作業理論に代わって彼らが主として提示するものは、愛着の絆の再組織化も含みうる認知的ストレス理論の視点からのいくつかの見解である。しかし、十分検討された代替理論とは言えず、むしろペンネベイカー (1997) の思考の再構成の概念とつなげることでもっと良いものになったのではないだろうか。

より組織的な認知的ストレスの視点の適用は、シュトレーベとシュト (Stroebe & Schut, 1999) の二元過程モデル (dual-process model：DPM) である。彼女らは、悲嘆作業 (認知再構成) の強調は、死別の一つのコーピング・スタイルだけに関わるものと考え、それを喪失志向と呼び、喪失から意識を遠ざけ新しい目標や人間関係に従事することで喪失に対処する、回復焦点化コーピングと区別した。これら二つは、個人差はあるものの、人によっていずれを使うかが異なるような代替的コーピング・スタイルではない。両者は、交代する (あるいは振動する) 過程として、同一人物の中でも起こる。いずれもが、最終的な悲嘆解消にとって重要である。回避や緩和は、人を世界の中で活動できるようにし、自らの人生を再建できるようにする。他方、内面で喪失と直面することは、失われた関係の心的表象の再構築を可能にするだろう。この二つの間を揺れ動くことで、均衡の取れた回復が可能になる。悲嘆作業理論やペンネベイカー (1997) の認知再構成と同じく、二元過程モデルは、解消を助ける過程に関する機能モデルである。

二元過程モデルに関する以前の議論で (Archer, 1999)、私は、新しい人間関係を築くこと (極端に回復に向けた方策) が悲嘆の過程を短期化するかという問題を取り上げた。ある (集団主義の) 文化圏では、寡婦に新しいセックスパートナーが提供されるか、可能であれば夫の兄弟と結婚させる。死別後数日から数週間以内にこれが実行される。カルフォルニアで実施されたシャクター (Shuchter, 1986) の長期的研究によると、参加者の19%が死別

64

後10カ月で同棲か再婚し、19カ月後でその数は30％に上昇する。デートへの関心は調査期間（喪失後1～22カ月）を通して高く、調査期間中にも性生活を営んでいる人の数は、参加者のうち40～70％を推移した。再婚した人の方がしなかった人よりも健康状況が良く、苦悩が少なかったと報告された研究がある。しかし再婚した人たちは、新しいパートナーと出会う前に、すでに苦悩状態が低く、より活力があったと考えられ、ある長期的研究（Burks et al., 1988）では、再婚した人はしなかった人に比べ、時の経過とともに調整機能が高まった。

悲嘆解消の理論の基礎を支える経験的根拠は15年前よりはずっと前進したものの、人が初期の高レベルの苦悩状態から喪失以前の状態にまで戻る道筋を説明するような実証データに基づく統合的理論はまだ存在しない。二元過程モデルでは、一つの可能性を打ち出したが、これもまだ包括的に検証されていない。認知再構成や認知的再解釈の理論は賛否両論であり、おそらく悲嘆作業理論に最も近いのだろう。ただし、ペンネベイカーの理論（1997）が、関与する過程を特定しているという点でより正確である。

愛着から見た悲嘆の個人差

悲嘆を解消するためにすべての遺族が必ず進まねばならない一つの過程があるわけではないことを認めると、悲嘆過程における個人変数の源が特に重要になる。悲嘆の個人差についての検証可能な仮説を得るために使われてきた。この文脈で重要なのは、ボウルビィ（1961, 1973, 1980）の愛着の枠組みが、そのような悲嘆の個人差についての検証可能な仮説を得るために使われてきた。この文脈で重要なのは、愛着の絆を形成したり破壊したりする過程より、愛着型である。乳児と親の絆の研究を基礎に（Ainsworth et al., 1978）、ハザンとシェイヴァー（Hazan & Shaver, 1987；本書第4章も参照）によって成人へと転用された三つの愛着型は、①安全、②不安－アンビヴァレント（または、とらわれ）、③不安－回避である。とらわれ型の愛着スタイルは依存概念に類似し

ており、ボウルビィ（1980）の非典型的悲嘆の分析において、あるいは死別後の依存評価を用いたいくつかの研究（Parkes &Weiss, 1983; Prigerson, Shear, Bierhals et al. 1997; Prigerson, Shear, Frank et al. 1997）において、長引く強い悲嘆に結び付けられた。不安－回避型は、ボウルビィ（1980）の表出的悲嘆の欠如を意味する遅延する悲嘆のパターンを示した実証的研究は存在しない（Bonanno, 2004）。

フレイリィとボナンノ（Fraley & Bonanno, 2004; Ch 14 も参照）は、死別後 4 カ月と 18 カ月で、構造化臨床面接で、不安、抑うつ、悲嘆、PTSD を評価し、四つの愛着型（最初のアセスメントの 2 週間前に測定）で、そのレベルと時間経過による変化がどう異なるかを評価した。排除－回避型の人は、安全な愛着を持つ人と同様、喪失に直面して復元力（レジリエンス）の徴候を示し、喪失の 4 カ月後も 18 カ月後も、不安、抑うつ、悲嘆、PTSD のレベルが低かった。とらわれ型の人は、両時点とも四つの測定値のいずれも高かった。対照的に、恐れ－回避型の人は、悲嘆と PTSD においては恐れ型の人より低かったが、復元力（レジリエンス）を示す二つの型一つにおいて恐れ型に類似し、悲嘆と PTSD の異なる悲嘆のパターンを示すことは明らかである。二つの回避型の根本的な違いは、恐れ型の人は喪失から受ける影響が比較的少ない一方で、恐れ型の人は喪失から大きな影響を受ける。不安感が高い人は、最も喪失の影響を受ける。根本的な違いは、喪失から受ける影響が比較的少ない一方で、愛着への不安レベルにおける各グループの位置である。フレイリィとボナンノによれば、そのような人には、特に元気づけや慰め、そして存命の場合はパートナーとの接触が必要

成人愛着型の 3 型モデルは、バーソロミューとホロウィッツ（Bartholomew & Horowitz, 1991）の仕事で、4 型モデルに発展した。彼らは不安－回避型愛着を二つの型に区別した。①恐れ－回避、②排除－回避の二つである。はじめこの二つは、自己の評価、他者の評価という直交する次元としてとらえられていたが（Griffin & Bartholomew, 1994）、その後、愛着に関する回避の高低、愛着への不安の高低によって性格づけられるようになった（Fraley & Shaver, 2000）。

66

であり、死別後にそれらのニーズが満たされないことに大きく影響される。

臨床実践、研究、理論の関係

　悲嘆の解消は、包括的悲嘆理論の一側面にすぎないが、フロイトから現在に至るまで、主たる関心事であり続けてきた。もし悲嘆作業理論が正しければ、それに従って実践されることで回復を促す介入があるだろう。悲嘆の只中にある人には、直面や開示を促進したり、彼らの喪失に洞察や意味づけを与えるように設計された手続きに従うよう助言し、また、喪失について考えるのを避けたり他の活動に気持ちを逸らすことは逆効果になると考えることを勧めるだろう。悲嘆作業と呼ばれるさまざまな活動のうち、正確にはどの部分が適応に最も効果的なのかを見極めることに研究目標を絞るのが望ましいだろう。

　実証データは、概ね、単純な悲嘆作業の立場を支持していない。確かに、いくつかの研究では喪失に意味を見出すことと認知再構成が有益であるとされているが、認知再構成を正確な方法で定義する必要があると思われる。それは、単に遺族が故人について考えたり話したりする程度 (Bonanno et al. 2005) や、情動表現の程度 (Bonanno & Keltner, 1997) ではない。それはそこで働く洞察や意味の程度という観点から性格づけなければならない (Pennebaker et al. 1997)。この見方は、意味を見出すことが低レベルの悲嘆に結び付いていると報告した研究と見解を一にしている (Davis et al. 1998; Murphy et al. 2003)。しかし、喪失と折り合いをつけるときに意味づけが果たす役割に関して存在する三つの信念を実証データが支持するかをデイヴィスら (2000) が検証したとき、いずれの役割に関して存在する結果もほとんど見出されなかった。とすれば、人は必ずしも喪失に意味を見出すよう動機づけられているわけではなく、多くの人が時間が経過するうちにそのような意味を見出すわけでもなく、人が意味を見

出したか見出さなかったかは回復に関係していない。

混乱させ矛盾する発見のいくつかは、本章の前半の節に記したように、悲嘆解消の単一理論を見つけ出そうとする試みから、個々人と文脈による変動性の研究に移ることで理解できそうである。愛着理論の悲嘆過程への適用が特に大切な前進である。なぜならその理論は、故人とのつながり方が、遺族の喪失への反応の仕方に重大な意味を持つことを示しているからである。一つの興味深い理論的展開は、愛着型を二元過程モデルと統合することである。シュトレーベたち（2005）は、安定的な愛着を持つ人は、喪失志向から回復志向のコーピングへも、またその逆にも移動しやすく、つまりより大きな柔軟性を示すと述べている。回避型の人は、喪失志向コーピングに集中しがちで、かつそこから離れることが難しい。とらわれ型の人は、喪失志向コーピングに集中しがちで、またその逆にも悲嘆を避けやすい。最近この型が、喪失に直面したときの復元力（レジリエンス）と見なされたことがある（Davis et al, 2000, Fraley & Bonanno, 2004）。シュトレーベたちは、恐れ−回避型（無秩序型）愛着の人は、悲嘆に問題を抱えやすいと述べた。このような人は、喪失から回復志向のプロセスへの移行をほとんどコントロールできず、トラウマ的出来事への反応に典型的に見られるようなパターンを示すことが観察された。この見方を支持する結果が、フレイリィとボナンノ（2004）の研究に見られる。愛着型とそのコーピング・スタイルとの関連に関するこれらの最近の研究は、実践家が死別した人々と付き合う方法を変化させる力を秘めている。それによって実践家は、人は必ず悲嘆作業に従事しなければならないと考えるのではなく、個人の性格や環境にふさわしい幅広い介入を提供できるであろう。

ジョン・アーチャー（ランカシャー中央大学）

第4章

愛着から見た死別

彼女は、[亡夫からの]贈り物で、夫が亡くなる1年前に動かなくなった薄型目覚まし時計を捨てる決心がつかない。……彼女は食べられない、眠れない、思い出すことなしに考えられない、痛みを感じることなしに思い出せない、半年もの間、夢を見ることさえできない……彼女は生まれてはじめて、「あの川のイメージ、忘却の川と竿を手にしマントを着た渡し守のイメージが持つ力」、悲嘆の燃えるいかだ舟の意味を理解した。（ジョーン・ディディオン著『魔術的思考の年』〈Joan Didion, 2005〉より）

34歳で乳がんで亡くなった妻を偲び、伝記作家デビッド・コリンズ（David Collins）は、感情の底にある根本原理をぎりぎりまで切り詰めてこうまとめた。「私も死にたかった。そうすれば一緒にいられる」。彼はこう説明する。「彼女はあまりにも鮮やかにそこにいたので、私はこう考えた。彼女の後を追えばいい」。そして付け加える。「彼女が逃げないように、後をついて行きたかっただけだ。もう一度見つけたかった。見つけられなかったことが[かつて]あったろうか」（Gilbert, 2006, p.3）。

40歳の夫の急逝が、ジョーン・ディディオンのように冷静で分析的で明晰な女性から何カ月も「正気」を奪うとはどういうことだろう。このすばらしい不可知論者の作家は、現代社会を正確に、感情に左右されず観察することで知られており——夫が死を宣告されたニューヨーク病院の雑役婦から「すごくクールな客」と名付けられたが——、「もし帰ってきたらいるだろうから」、履きものがなくて困らないように彼の靴を何カ月もクローゼットに保管していた（Didion, p.37）。同じような「魔術的思考の年」を生き抜いた人は、誰にでもそうした反応は根強く彼らの中に残る。死別した人は、以前は死から生を——「冥府」から「現世」を——隔てていた堅固なドアが、突如としてあまりにも薄く、あまりにもはかないものになるので、それまで理性的だった立派な大人が、愛する故人が今そこに生き自分を再び抱きとめよう

70

ジョン・ボウルビィ（John Bowlby, 1980）が、『喪失——悲しみと抑うつ』を発行して以来、悲嘆を解明するために愛着理論が用いられてきた。愛着と喪失に関する有名な3部作の全体を通して、ボウルビィ（1969, 1973, 1980）は、人類が持つ「愛着対象」との深い情緒的絆と、分離と喪失に対する人類の強烈な情動反応、つまり不信、恐怖、怒りの抗議、絶望などに、新しい光を投げかけた（第2章、第3章も参照）。現在までに、子ども時代の愛着を専門とする発達心理学者と、恋愛関係や婚姻関係を専門とする社会心理学者や臨床心理学者によって、このような反応の詳細な実証研究が重ねられてきた。

ボウルビィは、分離や喪失に対する予備的理論も提供した。単一の理論的枠組みの中で愛着と悲嘆を理解するだけでなく、機能不全型における個人差に対する反応に対する予備的理論も提供した。臨床実践を通して、彼は、愛着における機能型および不安がある人、回避的な人によって、悲嘆の経験や過程に何らかの違いがあることに気付いた。

愛着と喪失に関して集められた実証データに基づき、私たち（Mikulincer & Shaver, 2003; Shaver & Mikulincer, 2002）は、ボウルビィのアイデアを拡張して、成人の愛着行動システムと彼が呼ぶ心理力動モデルの現代版を構成した（Bowlby, 1982）。このモデルに基づく仮説は、さまざまな相関研究、実験研究によって検証され、私たちと協力者たちは、神経科学的研究も始めようとしている（Gillath et al., 2005）。本章では、標準的ないし病理的悲嘆に関わる心理力動過程を概念化するための枠組みとしてそのモデルを用いる。本章の目的は、私たちの一連の研究に発する初期の理論的理解（たとえば、Fraley & Shaver, 1999; Shaver & Tancredy, 2001）を改良し更新することである。死別について述べた先の章では、理論的議論と論争の一部が概観されたが、私たちのモデルの要約をすることから始めたい。その後、システム機能の標準的特徴と個人差による変異体を記述する。その際、愛着における安全型と二つの形の非安全型を

71 　第4章　愛着から見た死別

区別する。後者は、①愛着システムの過活性化（不安型愛着）と、②システムの不活性化（回避型愛着）である。次に、愛着システムが、重要な関係喪失にどのように反応するか、そしてシステムの役割を扱う。本章には理論的な部分があるが、それは理論が研究文献を刺激し組織化するからである。ただし、ボウルビィが議論した心理力動過程のいくつかについて、実験や臨床観察に基づくかつてないほどの良い根拠が得られているため、最近の研究から多くの例も紹介する。

愛着の理論と研究における基本概念

　愛着理論の中核的教義 (Bowlby, 1969, 1973, 1980, 1982) は、人類は、霊長類や哺乳類の仲間と同様、ある心理生物学的システム（愛着行動システム）を生まれながらに持っており、そのシステムによって、脅威から自らを守り苦痛を軽減する方法として、必要なときに、重要な他者（愛着対象）との近接を求めるよう動機づけられるということである。人間の乳児や幼児は、時間経過とともに第一愛着対象に情緒的に結び付くようになり、一度それが起こると、その対象を他より好むことを明確に表し、見知らぬ人に恐怖や警戒を見せ、第一愛着対象から分離すると苦痛を感じ、必要なときにその対象または他の重要な愛着対象が身体的、情緒的に十分に慰められ、それが人生を通して働いており、必要なときに近接性を求める思考と行動にそれが最も重要であると考えていたが、愛着システムが人生初期において最も顕在化することも主張した (Bowlby, 1988)。さらに、あらゆる年齢の人が、兄弟姉妹、友人、恋愛の相手など、親密な関係を持つさまざまなパートナーとの間に愛着の絆を形成することができる（他者に情緒的に密着し、その人をより強く賢い

愛着対象として――つまり、必要なときの安全な避難所や安全基地として――用い、その人との分離や喪失によって苦痛を感じる）。それらの人は、ボウルビィ（1969, 1982）が言う、個人の「愛着対象の階層」を形成する。ボウルビィは、主として母-子ども関係に焦点を当てたため、幼い子どもにとって母親がはっきりとした第一愛着対象である場合は、彼がモノトロピーと呼んだものの存在を信じた。モノトロピーとは、ほとんどの子どもは、単一の第一愛着対象を階層の最上部に持ち、子どもが強い苦痛に陥ったときには、誰もその対象の代わりはできないという考え方である。近年の工業化-デジタル化社会では、子どもが複数の養育者を持つ傾向にあるだろうが、ほとんどの幼い子どもが、今なお母親を他に匹敵するもののない愛着対象と見ていると言ってよいだろう。しかしこれは、父、祖父母、兄姉、そして家庭デイケアワーカーたちが、多くの家族や状況において重要な愛着対象になることを否定しない。

ボウルビィ（1969, 1982）によると、愛着行動システムは、脅威と危険が感じ取られることで作動し、恐怖に襲われた人に、守ってくれる他者に近づこうとさせる。近接性と保護を手に入れることは、安心感と安全感を結果として生み出す。それは、世界は概ね安全な場所で、愛着対象が必要なときに助けてくれるという感覚であり、そのため、興味と自信を持って環境を探索することができ、他者との実りある関係を築けるのである。ボウルビィ（1988）は、安全感のある愛着の感覚を、情緒的安定を維持し、確固とした信頼に足る自尊心を育み、互いに満足し長続きする緊密な関係を他者と築くために、必須の要素と見なしている。さらに言えば、愛着システムが最適に機能するとき、ボウルビィが、探索、協力、養育など、他の行動システムの特性とした、愛着ではない活動に余裕と自信を持って関わることを促進する。

愛着行動学的システムの普遍的な側面と機能を描き出したのに加え、ボウルビィ（1973）は、愛着システム機能における重要な個人差を記述している。彼はそれらの違いは大きく言って、愛着対象が子どもの愛着行動（たとえば、近接を求める、愛着対象を安全な避難所や安心できる基地として用いようとするなど）に対して示す反応と、

自らと他者に関する愛着のワーキング・モデル（つまり、情動、行動の傾向と結び付いた複雑な心的表象）の中にその反応を内在化すると考えた。必要なときにそばにいて助けになる愛着対象との相互関係は、愛着システムの最適な発達する方法に由来すると考えた。必要なときにそばにいて助けになる愛着対象を促進し、安心と安全の感覚を増進させ、苦痛の調整方策としては愛着対象との相互関係に、保護と慰めの源としては愛着対象に、自信を持って頼ることができるようにする。対照的に、愛着対象が信頼できず、援助的でない場合、安心感は得られず、近接の探求よりは、感情調整（回避と不安によって特徴づけられる二次的愛着方策）を発達させる。

ボウルビィの考え方の、成人を対象とした実証検証は、主として個人の愛着型——愛着経験の積み重ねによる個人史の内在化から発生する、人間関係への期待、情動、行動の組織的パターン——に焦点を当ててきた（Fraley & Shaver, 2000）。エインズワース（Ainsworth et al. 1978）によって始められ、社会心理学者や人格心理学者による最近の研究（私たちによるレビュー〈Shaver & Mikulincer, 2002〉で継続された研究は、愛着型の個人差が、二つの直交する次元の上に位置づける自記式尺度で測れることを示している。①愛着に関する不安、②回避、の二つである（Brennan et al. 1998）。回避（または回避型愛着）の次元における個人の位置は、彼／彼女がパートナーの善意に不信感を抱く程度と、行動上の独立と他者からの情緒的距離を維持しようとする努力の程度を表している。不安（不安型愛着）の次元における個人の位置は、彼／彼女が、必要なときにパートナーが側にいないのではないか、助けてくれないのではないかと心配する程度を表している。両次元で低スコアを示す人は、安定して安全愛着型を持っている、両次元で高スコアを示す人は、「恐れ—回避型」と呼ばれる（Bartholomew & Horowitz, 1991）。

広範囲の文献レビューを基にして、私たち（Mikulincer & Shaver, 2003, 2007a）は、成人における愛着システムの活性化と力動の三相モデルを提案した。ボウルビィ（1969, 1982）に従って、私たちは、経験と環境内の出来事の比較的継続的なモニタリングによって、脅威の可能性や突然の脅威が感知された場合に愛着システムの活性化

74

が起こると想定した。愛着システムが一度活性化されると、「愛着対象は、身近にいて、私の必要に応えてくれるのか」という問いへの肯定的な答えが、安全感に基づく支持的な親密な関係の適用を促進する(Shaver & Mikulincer, 2002)。そのような方策は、苦痛を引き出し、苦痛を緩和すること、快適で支持的な親密な関係の維持、自らの適応の向上を目指している。いずれも、苦痛への対処、他者の善意への信頼、脅威への対処に関わる自己効力感についての、楽観的信念からなる。それらはまた、個人的混乱のない苦痛の認識と表現、援助探索、問題解決という、建設的なコーピング方策からなる。これらは、安全型愛着を持つ個人が表す特徴の代表である。

愛着対象が近くに得られないと感じ取られると、非安全型愛着につながり、防衛方策としての近接性探求の実行可能性の判断を迫られる。近接性探索が成功しそうだと見なされると、十分な努力が払われるとだが、人はきわめて精力的かつ執拗に、接近、愛、保護を求めようとする。こうした激しい努力は、過活性化方策と呼ばれる(Cassidy & Kobak, 1988)。なぜなら、その方策は、愛着対象が身近にあって安全と安心を進んで与えようとしてくれると感じ取られるまで、愛着システムの強い活性化を必要とするからである。過活性化方策には、しがみついたり支配したりする反応によって相手の関わり、世話、援助を引き出すまで努力し続けることを含む。つまり相手の肯定的ないし否定的な態度（賛同、受容、否定、無関心、批判）に過剰な注意を向けたり、相手が発するほんのわずかな否定や拒否のサインに対して強烈な抗議や苦痛を示したりする(Shaver & Hazan, 1993)。こうした術策は、保護の源であり、また、個人的価値や愛される価値への、さらには人生の要求や脅威に一人で対処する能力への深刻な疑いの根拠である相手への過剰依存に導く(Mikulincer & Shaver, 2003)。愛着システムの過活性化のこれらの諸側面は、愛着−不安尺度において高得点を示す人の実証データに現れる特徴を説明している(Mikulincer & Shaver, 2003, 2007a)。

近接性は苦痛を軽減してくれそうにない、おそらく苦痛を悪化させるのではないかと評価すると、援助を求めることを妨げ、苦痛を一人で処理しようとさせ、しばしば感情の抑制と高揚した自己肥大によってそれが達成さ

れる。調律に作用するこうしたアプローチは、不活性化方策と呼ばれる (Cassidy & Kobak, 1988)。愛着対象に感受性が欠如していたり利用できなかったりする場面が繰り返されることが原因で起こる欲求不満や怒りを回避しようとして、愛着システムを不活性状態にとどめることが何より優先されることの目的だからである。こうした方策は、愛着欲求の否定、親密な関係に不活性状態に関わったり依存したりすることの回避、愛着に関する思考の抑制、そしてボウルビィ (1973) が強迫的自己依頼と呼んだ極端な自己依頼の姿勢などが含まれる。また、自己を脅威に対して脆弱であると認識すると、不活性化されている愛着システムを自動的に再活性化させる可能性があるため、脅威に関わるサインを無視したり、脅威に関わる思考を抑制したりもする。不活性化のこうした諸側面は、回避型愛着の測定で高得点を示した人の特徴である (Mikulincer & Shaver, 2003, 2007a)。

愛着から見た喪失と死別

愛着理論によると、愛着対象の喪失は、(ボウルビィ (1969, 1982) が分離の苦痛と呼ぶ) 激しく広範な苦痛の引き金をひく破壊的出来事である。なぜなら、その人が近くにいて、応えてくれなくては、安全感、援助、保護、愛を再び得られることなど想像できないからである。分離の苦痛に関するボウルビィ (1969, 1982) の最初のアイデアは、バーリンガムとフロイト (Burlingham & Freud, 1944) が報告し、ロバートソンとボウルビィ (Robertson & Boulby, 1952) が撮影した観察に刺激されて生まれた。彼らは、乳児と幼児が第一養育者から相当期間分離されると、最初ボウルビィが抗議、絶望、脱愛着と名付けた、予測される一連の状態を経過することに気付いた。子どもは、接触を取り戻そうとして泣いたり、呼乳児期では、愛着対象からの分離の最初の反応は抗議である。このような反応は、不安と怒りんだり、探したり、しがみついたりすることで、きわめて活発に分離に抗議する。

りで特徴づけられるが、保護と安堵の主な源の喪失を防ぐこと、あるいは、ちょうど手が空いていなかったり気持ちがそこになかったりすることで一時的に脅威を与える養育者の行動をうまく変化させることを目的とした、一般に適応的な反応と思われる（Bowlby, 1969, 1982）。激しい抗議によって愛着対象は、子どもが慰めようがないほど苦しみ、不当な扱いを受けたと感じ、落ち着くのを拒否していると感じて、近接性を取り戻そうとすることが多い（経験豊かな親なら、幼い子どもをなじみのない親戚やベビーシッターに託した最初の数回がどんなふうだったかよく覚えているだろう）。

抗議が近接性を回復するのに成功しなかった場合、愛着対象が亡くなった場合から明らかなように、このような激しい反応がついには消失していき、不安と怒りが退く代わりに、抑うつ気分、苦痛の表現、食欲減退、睡眠障害などを含む絶望にすべてが覆われる。ボウルビィ（1969, 1980）は、長期にわたる分離や永久的な喪失によるこの絶望段階を、抗議が、愛着対象の行動に望ましい変化を引き起こしたり、安心感を取り戻したりすることに失敗することで起こると考えた。ロバートソンとボウルビィ（1952）は、長期入院中に第一愛着対象と分離した子どもを撮影した映像で、絶望は普通、時間経過とともに治まって、ボウルビィ（1969, 1982）がはじめ脱愛着と名付けた分離の苦痛の第3段階に道を譲ることに気付いた。この段階は、明らかな回復と、他の活動や新しい関係を築くことへの関心を次第に再生していくことで特徴づけられる。しかし、脱愛着は、中立的に愛着の絆に終止符を打つわけではなく、失われた愛着対象に関わる情動や思考の防衛的抑制を意味すると思われる多くの徴候があった。ボウルビィ（1980）は、喪失した愛着対象との再会は強い反応を呼び起こし、泣いたり、愛着対象を身体的に後追いしたり、過度の警戒と必死のしがみつきが混ざり合った怒りを示したりすると記した。

ボウルビィ（1979, 1980）は、成人の恋愛関係、あるいはペアの絆の関係を、成人期の主たる愛着の絆と見なし（Shaver et al. 1988 も参照）、長く連れそった恋愛関係のパートナーの喪失や分離を経験した大人は、幼児に観察されたものと類似した一連の反応を経過すると想定した（Fraley & Shaver, 1999; Parkes & Weiss, 1983; Vormbrock,

77　第4章　愛着から見た死別

1993; Weiss, 1993)。こうした反応は、主として、パートナーと十分成熟した愛着をすでに形成し、彼／彼女を、自らの第一愛着対象であり、主たる避難所や安全基地と見なしているときに見られる（Hazan & Zeifman, 1999）。幼児と同じように、大人も、強い抗議、パニック、怒り、呼びかけ、再会への憧れなどで反応する。喪失が長期化したり永続的なものであったりすると、抗議段階には、もはやいない人や絶え間のない苦痛にとらわれたり、他の活動に興味を持てないなどの現象を伴うことが多い。パートナーが二度と戻ることがないと十分に認識したとき、絶望と混乱がそれに続き、睡眠と摂食の障害、社会的引きこもり、激しい悲しみ、他の人では癒されない寂しさなどが起こる（Weiss, 1933）。

この絶望段階の強さと広がりについての死別研究には、豊かな実証データが存在する（シュトレーべらのレビュー〈M. Stroebe et al. 2001〉を参照）。親密な関係にあるパートナーの死は、人が経験しうる出来事のなかで、最も苦痛に満ち、情動的に深く関わり、心をとらわれる出来事の一つであり、典型的には、亡くなった人への孤独、執着、不安、怒り、罪悪感の混合となって現れることが示している（たとえば、Parkes, 1985; Raphael, 1983; Zisook et al., 1994）。強さにおいても広がりにおいても苦痛があまりに大きくて、長期にわたって心理的機能を妨げることもある（ディディオン〈2005〉が、突然で予期せぬ死で夫を失った後、自身がいかに狂気に近かったか気付いて、死別後の1年を「魔術的思考の年」と呼んだのは有名である）。抑うつ障害、PTSD、健康障害をもたらすこともある（たとえば、Futterman et al., 1990; Murphy et al. 1999; Zisook et al.1994; Ch 8も参照）。文化差研究によると、喪の儀式や悲嘆の表現に違いはあるが、親密な関係のパートナーの死は世界のどこでも深刻な苦痛を生み出す（たとえば、W. Stroebe & Stroebe, 1987）。

成人の死別の場合、ボウルビィ（1980）は、分離の苦痛の最終段階を脱愛着ではなく、再組織化と呼ぶのを好んだ。成人は、近接性探求および安全な避難所と安全基地の探索（エインズワース〈1991〉）が愛着機能と呼んだもの）

を、失ったパートナーを愛着対象の階層から外すことなしに、少なくとも部分的には、新しいパートナーに移し替えることができるからである。ボウルビィ (1980) によれば、成人は、失った愛着対象から防衛的に距離を取ったり、すべての感情、思考、故人の記憶を抑制したりする必要がない。むしろ大人は、自らや故人についての表象を位置づけ直して、彼/彼女が保護、慰め、愛の象徴的な源として働き続けるようにしながら、他方で、おそらく新たな基礎の上で、他の人との生活を続けることができる。もちろん、宗教的な信条や儀式や、あらゆる種類の記念品の確保も、生活と愛着階層の再構築をしながら関係を持続する過程を助けることができる。

ボウルビィ (1980) によれば、再組織化は愛着対象の喪失に対する最適な心理的解決策である。日常活動に戻り、そして新しい愛着の絆を形成すること、② 故人との何らかの象徴的愛着を維持し、失われた関係を新しい現実の中に統合すること、の二つである。これらの課題は、青年期や成人期初期で、第一愛着対象としての親を友人に置き換えるのと似た過程を通して、愛着対象の階層を再編することを必要とする (Hazan & Zeifman, 1999; Weiss, 1982, 1991)。青年期から成人期初期への移行における現実の近接性の探求はその現実における大きな喪失後の再組織化は、故人を新しいパートナーで次第に置き換えることを含むので、現実の近接性の探求はその現実における大きな喪失後の再組織化は、故人を新しいパートナーで次第に置き換えることを含むので、青年や若い成人が両親を「予備的愛着対象」(Weiss, 1982; 本書第2章、安全、慰安の主要な源となる。さらに、青年や若い成人が両親を「予備的愛着対象」(Weiss, 1982; 本書第2章、第5章も参照) にすることが多いように、成人の遺族は故人となったパートナーに向けられ、そのパートナーの機能を変化させることができ、新しい現実に統合でき、故人との愛着の絆と、生きている仲間との新しいそれらの両方を維持しながら、一方で現実的環境に適応し、そして、故人との愛着の絆と、生きている仲間との新しいそれらの両方を維持することを基盤として、安全感と幸福を取り戻し、さらにはより高めることもできる。

愛着の再組織化には、ある程度の過活性化方策と不活性化方策の両方が含まれる (正常な部分としての一時的非

安全性であり、愛着に関する文献で二次的愛着方策と見なされているもので、永続的な形の適応不全になることもある）。

愛着システムの過活性化は、人々を喪失の深い痛みの経験に駆り立て、その人は永遠に去ったという気付きとともに故人に関する記憶を繰り返し再活性化させ、彼／彼女の近接性と愛を切望させることで、喪に服する人が、失った関係の意味や重要性を探求し、愛したパートナーとの再組織化された絆、多くは象徴的な絆を維持する方法を探すことを可能にする。この形の過活性化が圧倒的、麻痺的、破壊的ではないとき、個人的ないし社会的なアイデンティティに関わる壊れた愛着の重要な断片を切り離すことなく、過去を建設的な形で現在に組み入れることが可能になる。

不活性化方策は、故人から一時的に距離を置き、苦痛に満ちた感情や思考を禁止し抑制することを可能にすることで、再組織化過程に生産的に貢献しうる。ある程度の回避や否認を効果的に使用することで、遺族は葬儀を執り行い、故人のクローゼットを整理し、新しい現実を探求し、日常行動に戻り、失われた関係が意味を持ち続け、人生は喪失の後も新しい機会を提供し続けると認識することができる。不活発化が、あらゆる形の近接性探求や社会参加を断ち切るのではなく、主として故人に関する思考に向けたものであるとき、新しい愛着の絆の形式と、愛着機能の適応的移動が促進される。

愛着システムのある程度の過活発化なしには、死別した人が自らの新しい状況のあらゆる局面について考えたり経験したり、喪失した愛着対象の新しい意味や機能を見つけることは不可能であろう。これは、愛する故人の心的象徴への過剰備給と脱備給に関してフロイト（1917/1957）が議論したものと同じ過程だが、それは、故人の記憶を激しく情緒的に喚起することで、故人に関わる感情がいくらか緩和される現象についてのフロイト流の表現であった。同様に、（故人を対象にした）愛着システムのある程度の不活性化がなければ、失った関係についての記憶や感情にとらわれたままになり、新しい環境に適応できない。愛着の再組織化には、力動的変化における2種の二次的方策の活性化——シュトレーベとシュト（M. Stroebe & Schut, 1999）が振動と呼んだ過程——が必

80

要である。シュトレーベら（M. Stroebe et al., 2005）によると、振動は、短期的（ある日の中での一時的不安定）にも、時間経過の中でも起こる。なぜなら、死別への適応は、何が失われ何が残っているかを、ゆっくりと、苦しみながら探索し発見することである。つまり、何を回避し何を手放さなければならないか、逆に、何を保持し創造し拡大できるのか、である（p.52）。

愛着システムの再組織化に成功すると、この振動は軽減され、人は、故人となった愛する人の像と、継続している新しい関係のパートナーの像とによって守られ、安全と感じ始める。

愛着と死別に関する他の二つの理論は、今述べた死別過程に関するボウルビィ（1980）の見方と重要な相違がある。①失われた対象の表象への脱備給というフロイト（1917/1957）の考え方。これは、再組織化より脱愛着に近い。②故人との絆の継続性を強調したクラースら（Klass et al., 1996）の考え（本書第5章も参照）。フロイトの見方は、完全な脱愛着を強調しすぎており、おそらく故人からの完全な脱愛着ではなく、再組織化のことであり、それに伴って、ゆっくりとしたも情緒的投資の回収が関わっている。そこには故人との絆が質を変えることと、喪失と悲嘆に関する新しいボウルビィ（1980）の主著から数節を引用し、ボウルビィが、再組織化はされるが継続している喪失した愛着対象との象徴的絆と、新しい安全提供者をはじめとする他者に頼る方向への移行との間に、弁証法的相互作用があることを明確に理解していたことを示している。

ボウルビィ（1980）の推論は、死別のさまざまな二元過程モデル（たとえば、Rando, 1992; Rubin, 1991; M. Stroebe & Schut, 1999）によく当てはまる。たとえば、シュトレーベとシュト（1999）は、喪失への適応を、喪失志向と

回復志向の間の力動的振動と見ている。喪失志向は、概念的に愛着システムの過活性化に似ており、ある意味ではフロイトの過剰備給の概念にも似ており、渇望、反芻思考、分離の苦痛、そして喪失の意味と意義の再評価を含む。回復志向は、愛着システムの不活性化と同じ機能を果たす。つまり、人生の変化への対応、新しいことをすること、悲嘆から自らを遠ざけること、悲嘆の否定や抑制、新しい関係の形成などの機能である。このモデルでは、両傾向の間の振動によって、生活と心の再組織化が次第に進み、アイデンティティの中に故人が統合され、死別した人は、他の関係の機能を拡張し、新しい関係を築き、そして人生に新しい意味を見出す。ディディオン(2005)の著作が好例である。魔術的思考（夫の死後に彼女を飲み込んだ奇跡に近い美文を展開し、全米図書賞を受賞したということに挟まれる自らに向けたユーモアを含む）、ほとんど奇跡に近い美文を展開し、全米図書賞を受賞した年に焦点を当て彼女の著書そのものが立証している。ディディオンは、作家である夫と2人の娘との深い関係に思いを巡らせ、並はずれた知性と繊細な均整人生の構造を再組織化し、批評家ジョン・レオナール (John Lonard, 2005) に、『ニューヨーク書評誌』で、残りの人生をこの本なしに終えるなど想像できないとまで言わせた芸術作品を創造しえたのである。

喪失への対処と適応に関するボウルビィの考えは、論理的説得力があり、他の死別モデルにも取り入れられているものの、過活性化-不活性化の振動と、その精神的健康と適応への意義の愛着型の相違に焦点を当てた長期的な組織的調査研究は行われていない。ほとんどの調査は、喪失への対処と適応に関する過活性化、不活性化の双方が重要であるという主張を支持する実証データが増加している。たとえば、シュトら (Schut et al. 1997) は、悲嘆と対峙することを習慣的に避けている男性にとって、否認されてきた喪失の側面を扱うようカウンセリングが役立つとしている。彼らはまた、日常活動への対処法を学ぶことに焦点を当てたカウンセリングが有効であると指摘している。

82

配偶者の死に続く悲嘆反応の長期調査において、シャクターとジスーク (Shuchter & Zisook, 1993) は、寡婦や寡夫が、故人への象徴的愛着を断念することなく、死別した人がその絆を維持するために行う変化は、喪失後2カ月、7カ月、13カ月で、新しい現実に適応していることを見出した。シャクターとジスークによると、

　現実的な、象徴的な、内面化された、想像された、という関係性の各レベルで動いていた関係から、現実的（生きて呼吸していた）関係は失われるものの、他の形式は残り、より洗練された形に発展することもあるような関係への変化である (p.34)。

そのような象徴的形式には、配偶者が天国にいることで慰められること、日々の生活や夢で配偶者の存在を体感すること、いつも配偶者に話しかけること、（ジョーン・ディディオンが亡くなった夫の目覚まし時計や靴を持っていたように）故人の遺品を持っていることなどが含まれていた。概念的に類似した結果が、高齢女性の親友の死に対する反応の研究で、ロベルトとスタニス (Roberto & Stanis, 1994) によって報告されている。

これらの例は、愛着の再組織化と、複数の二次的愛着方策の間の適応的振動を追跡するために、洗練された査定技法と分析方策を用いた長期的研究がさらに必要であることを私たちに知らせている。そうした研究は、愛着スタイルによる情動調律の相違に関してすでに得られた知識の上に、より一般的なものを積み重ねていく必要があり (Shaver & Mikulincer, 2007)、その個人差が、再組織化と、調律の過活性化方策と不活性化方策の間の振動に及ぼす影響について、より深い理解を探求しなければならない。次節では、これに関連する理論的問題点を扱う。

非安全型愛着と障害型の喪

親密な関係にあるパートナーの喪失に対するコーピングと死別の標準過程を記述するだけでなく、ボウルビィ(1980)は、障害型の喪を概念化するための枠組みを提案した。そのような非典型的な形にボウルビィが行った分析によると、通常は愛着の再組織化と非適応化につながる二次的愛着方策のいずれもが起こりうる。つまり、二次的愛着方策から、適応的結果と非適応的結果のいずれもが起こりうる。そうした方策が幼児期初期に起こったとき、はじめは適応的だが、適応的結果と非適応的結果の間に過活性化方策と不活性化方策の間の振動が、愛着の再組織化を助けることができず、個人の安心感を回復させることができず、二次的愛着方策に継続的に依存することになると、それは、効果的コーピングや喪失の解消も、自らと世界に関するワーキング・モデルの再組織化も妨げる。成人愛着面接 (Adult Attachment Interview : AAI) (George et al. 1996) を用いて「愛着に関する心の状態」を査定する愛着研究者は、これを、数々の深刻な臨床的問題をもたらす「未解決型または無秩序型」愛着と呼ぶ (Hesse, 1999; Lyons-Ruth & Jacobvitz, 1999 によるレビューを参照)。

過活性化と不活性化の間の振動が持つ効果は、主に二つのことに左右される。どの程度、①故人が安全の源であったか、②継続中の、あるいは新しいパートナーが安全と安心を与えようとしているか、また与えることができるか、である。失われた対象が生前に、そばにいなかったり、拒絶的であったりした場合、過活性化は遺族を苦痛や両価的感情によって打ちのめし、故人との想像された関係に安心を得ることがほとんどできない。さらには、情緒的に距離があったり、近接性や安心を得ようとしたときに無反応な新しいパートナーと出会うと、愛着機能をそのパートナーに移動することが妨げられ、安全性を高めたときに新しい愛着の絆の形成が妨害される。い

ずれの場合も、もし継続する過活性化が、失った関係の意味を再建しようとする努力や、中断された愛着の絆の象徴的継続を妨げると、再組織化は失敗に終わるだろう。影響の仕方は異なるものの、それにちょうど対応して、愛着システムの不活性化が過度に一般化されると、愛着の必要性を認めたり、愛着行動を取ったりすることへの大きな障害となりうる。

ボウルビィ（1980）はまた、愛着の再組織化は、個人の愛着システムが発達過程で組織化された仕方、つまり、結果としてもたらされる愛着の性向に依存すると述べた。私たちをはじめ同様の研究を進める研究者が、愛着型と呼ぶものである。ボウルビィは、自己や他者の否定的モデルを持ち、慢性的な非安全型愛着に苦しむ成人は、悲嘆時にしばしば特別な困難を抱え込むことを見出した。愛着に不安を抱える人は、通常程度の自律性を維持できず、生活上の多くの課題に一人で対処できない人だが、パートナーとの死別に関する感情、思考、記憶を不活性化したり抑制したりすることが困難である。そしてそのことが、二つの二次的方策の間の正常な振動のうち不活性化の側を不可能にする。回避的な人は、悲嘆していないときでも、愛着に関する思考や感情を常に抑制し、苦痛の源から認知的に距離を置く人で、亡くなったパートナーに関する考え、感情、記憶を経験しようしなかったり、できなかったりして、喪失から意味を生み出すことを難しくする。いずれの場合も、愛着に関わる心配や防衛が、過活性化と不活性化の間の適応的振動を妨げ、一方を犠牲にして他方の二次的方策の使用だけに固執したり、すべてに適用しすぎて、悲嘆過程を複雑化させる。

対照的に、安全型愛着は、それが一般的なものでも性向的なものでも、自らとパートナーに関するワーキング・モデルの再組織化を促進し、喪失に適応する可能性が高くなる。安全に愛着を形成した人は、それほどの困難なく、亡くなったパートナーについて思い出したり、考えたりすることができるし、愛と悲嘆の感情を認め、その喪失について一貫性を持って話すことができる。それは、成人愛着面接（Hesse, 1999）において、子ども時代の両親との関係について、良い記憶も悪い記憶も含めて語るこ

とができるのと同じことである (Shaver & Tancredy, 2001)。さらには、その建設的なコーピング方策によって、彼らは、悲嘆、怒り、苦痛を、それらの情動に圧倒される感覚も、通常の機能の全面的な崩壊もなく、経験し表現することができる (M. Stroebe et al. 2005)。加えて、安全感のある人が持つ肯定的な他者モデルは、喪失に対処し、新しい関係を形成し始めることを可能にする。彼らはそれゆえ、先の情緒的絆を完全に切断することなく、新しいパートナーや活動に情緒的に投資することができる。

この線に沿って推論することで、ボウルビィ (1980) は、愛着に安全感がないと、病的な喪の二つの主な形を生み出すのではないかと述べた。①「慢性悲嘆」、②「意識的悲嘆の長期にわたる欠如」である (p.138)。慢性悲嘆は、圧倒される不安と悲しみ、通常機能を取り戻すことの長期にわたる困難、失ったパートナーについての反芻思考、故人となったパートナーへの強固な愛着を喪失後何年も持ち続けること、により特徴づけられる。対照的に、長期的な悲嘆の欠如は、悲しみ、怒り、苦痛の顕在的な表現を欠くこと、失ったパートナーとの脱愛着、大きな障害のない普通の生活の継続、により特徴づけられる。ほとんどの臨床家は、喪の障害をこの二つの形で理解するボウルビィの考えに同意するが、悲嘆の欠如を、遅発性悲嘆、制止された喪、喪の欠如などの名前で表している (M. Stroebe et al. 2001 を参照)。ボウルビィによると、愛着不安や全面的な愛着システムの過活性化が、慢性的喪の基盤であり、愛着の回避や、愛着の要求や絆の防衛的否認が、悲嘆の欠如の原因である。

不安を伴う愛着と慢性的喪

たとえ愛着対象が生存していても、愛着に不安を抱える人は、愛着対象がそばにいるか、反応性を持っている

かにとらわれ、より密接な近接性をしつこく求める傾向があったり、泣き出しやすかったり、愛と保証を欲しがったりする (Mikulincer & Shaver, 2003; Shaver et al., 2005)。愛着に不安を抱える人は、自分には十分な資源がない、パートナーの注目や愛情を引き出すスキルを持たないと自分を責める傾向があり、2人の関係に多くを投資して、パートナーに極端に依存する (たとえば、Alonso-Arbiol et al., 2002)。そのため第一愛着対象を失ったときに、強烈な不安、怒り、悲しみを経験することが多いことに驚くまでもない。失ったパートナーを慰めようもないほど思慕し、喪失を受け入れることも、新しい人生の構造を確立するのが困難である。これらは、慢性的喪の中心的特徴のいくつかである。

慢性的喪の特徴には、他にも、故人についての思考、感情、記憶の引き金を不意にひいてしまう幅広い刺激や状況によって、故人のことを頻繁に思い起こすことがあり、また、このような侵入的で破壊的な心的過程をうまく処理できないことが挙げられる (Boelen et al., 2006; Lichtenthal et al., 2004)。悲嘆感情の流れを制御できないことが当人を圧倒し、人生の新しい可能性を穏やかに探求することや、愛着に関するワーキング・モデルの再構造化を妨げる。科学的立場から言えば、ここで認識すべき大切なことは、愛着に不安を抱える人のこうした傾向は、死別がなくても軽度の形で存在していることである。

情動記憶の実験的研究で、ミクリンサーとオーバック (Mikulincer & Orbach, 1995) は、参加者に幼児期の怒り、悲しみ、不安、または幸せに関わる経験を想起してもらい、記憶を取り戻す可能性および接近不可能性の指標と考えた。参加者は、想起した出来事ごとに、焦点を当てた情動の強度を評定した (つまり、想起の対象にされた情動と、惹起された他の情動)。記憶課題において、愛着に不安を抱える人は、対象にされた記憶に最も速く到達した。さらに、安全感のある人が肯定的な情動を伴う記憶を思い出すのにより時間がかかったのに対し、不安を抱える人は否定的な記憶よりも肯定的なものを思い出すのに時間がかかった。情動評定課題では、安全感のある人は、焦点を

87 | 第4章 愛着から見た死別

当てた情動（たとえば、悲しい記憶を思い出すよう教示されたときの悲しみ）を、焦点を当てなかった悲しい記憶を思い出すよう教示されたときの怒り）より強度に評価する傾向がある。対照的に、不安を抱える人は、不安、悲しみ、怒りの例を思い出すようにいわれた焦点を当てたものも当ててないものも強度な情動を報告した。否定的な情動記憶は、まるで記憶システム全体に広がる鬼火のように見え、特に喪失や悲嘆に関する考えに限って起こるわけではなかった。

ロイスマンら（Roisman et al., 2004）は、成人愛着面接の際にこれと連関のある報告をした。安全型愛着を持つ人の表情は、彼／彼女が描写している子ども時代の出来事の情動誘発性に合致していたが、愛着に不安を抱える人は、描写した子ども時代の経験の質と表情の間に顕著な不一致が見られた（たとえば、中立的ないし肯定的な子ども時代の経験を話している間、表情に悲しみや怒りが見て取れる）。ロイスマンたちによれば、このような不一致は、不安を抱える人が情動経験を語るように、個人に関する侵入的なイメージ、思考、感情、記憶に襲われるときに混乱したり取り乱したりするのと同じような類のものと思われるが、悲嘆の際にはより強烈なものになる可能性が高い。

さらに、否定的気分と認知過程の結び付きを検証する二つの実験で、ペレグとミクリンサー（Pereg & Mikulincer, 2004）は、愛着に不安を抱える考えが起こったときに活性化の広がりをコントロールできなかったことを記録している。両研究において、参加者は、否定的気分条件（交通事故の記事を読む）か、コントロール気分条件（趣味の模型の説明書を読む）に振り分けられ、その後で、そこで偶然思い出した内容と、それが起こった原因をどう考えるかが測定された。コントロール条件に比べると、否定的気分の誘発は、安全型の参加者により肯定的情報を想起させ、否定的出来事の原因を世界的で永続性のあるものに帰する割合が低く（フォーガス〈Forgas, 1995〉が気分不一致と名付けた認知過程型）、愛着不安が高得点であった参加者は、誘発され

88

た否定的気分に、強い否定的情報の想起と、否定的出来事の原因を世界的で永続性があるものに帰する傾向で反応した。この認知の気分一致型は、記憶全体に否定的感情を広げるように働き、苦痛を引き起こす考えに接近しやすくさせる。死別した人の場合、この情動調律型が、故人に関する侵入的記憶を取り扱うことを困難にする。

慢性的喪のもう一つの特徴は、自己、人生、未来に関する否定的信念の充満である。「愛する人のいない私は無価値だ」とか、「喪失以来、私の人生は無意味だ」とか、「将来に望みはない」などである（たとえば、Boelen et al., 2003; Neiymeyer et al., 2002）。こういった否定的信念は、抑うつの発生を招き（Beck, 1972）、たとえ抑うつまで達しなくとも心理的機能を損ない、喪失へのこだわりや、かつて故人が提供していた安心や意味に憧れる傾向を強める（Boelen et al., 2003）。フォアとロスバウム（Foa & Rothbaum, 1998）によると、こうした否定的信念は、否定的自己像、絶望的信念、喪失以前にあった破滅的認知を喪失が強固にするとき、特に変化に抵抗を示す。これは、すでに愛着に不安を抱えていたり、自己への否定的イメージを抱いていたり、恐ろしい出来事を制御不能な原因や個人的欠陥のせいにする場合にいっそう起こりやすい（詳細なレビューについては以下を参照。Mikulincer & Shaver, 2003, 2007a; Shaver & Mikulincer, 2007）。

回避型愛着と悲嘆の欠如

回避的な人は、愛着の必要性を否定し、愛着に関する考えや情動を抑制し、近接性や援助を求めようとする都合の悪い衝動を制止しようとする（Mikulincer & Shaver, 2003）。ボウルビィ（1969, 1982）が「強迫的自己依頼」と呼ぶこのような人は、たとえ長い付き合いの友人とでも、深い情緒的相互依存を避けるほどまでに自立に価値

89 | 第4章 愛着から見た死別

を置く。愛着対象の喪失後、このような人は、十分確立された防衛で不安や悲しみを抑制し、喪失の重要性を低く見積もり、故人に焦点を当てた思考や記憶を迂回する進路を取ろうとする。これは、ボウルビィ (1980) が「悲嘆の欠如」と呼んだものである〈防衛的排除〉、および、故人の記憶を隔離し解離することだと考えた。それにもかかわらず、その方向を逸らすことの記憶は、その存在や影響を意識しないまま、情動や行動に影響を及ぼし続ける。

ボウルビィ (1980) によると、悲嘆の欠如が長期化すると、結果的に精神的、身体的な健康問題をもたらし、おそらく、さらなる喪失が重なったときは特に深刻になる。喪に失敗する人は、喪失を有意味にワーキング・モデルや個人の物語に統合することに困難があるとボウルビィは考えた（これはまさに、成人愛着面接〈Hesse, 1999〉において、「喪失やトラウマに関する未解決」と分類される現象である）。死別した人は、故人となったパートナーと行っていた多くの日常活動に一人で従事せねばならないが、活動に携わった場所のそれぞれが、個人の意思に反して喪失を思い起こさせ、新たな苦痛の源になったりする。フレイリィとシェイヴァー (Fraley & Shaver, 1999) によれば、「説明のつかない、部分的に抑制された情動が、繰り返し活性化されることで、結果的に、心理的幸福と身体的健康に否定的作用を及ぼす」(p.743)。

ボウルビィ (1990) は、最後の著書『チャールズ・ダーウィン――新しい人生』の中で、抑制された悲嘆がもたらす否定的な驚くべき例を挙げている。その本で彼は、8歳で母親を亡くした後の悲嘆の抑制（回避的な父親に要求された抑制）と、成人後の「過呼吸症候群」（胃痛と動悸の遷延）の出現を関連づけた。

もちろん、悲嘆の欠如による否定的な情動的および身体的な後遺症は、喪の過程で失った人に深い愛着を持ち、そのパートナーが唯一の安全な避難所で安全な基地であった場合に最も起こりやすい。もし回避的な人が、パートナーの存命中に、近接性の探求、深い相互依存、パートナーに対する広範な愛着を避けることができれば、死別した人は、喪失の後の不安や悲しみが少なく、強い抑制や精神的隔離もしなくて済むだ

ろう。そのような例の悲嘆の欠如は、意味のある喪失の苦痛への防衛反応であるよりは、苦痛が本当に欠如していることの表れだろう（他のタイプの死別した人が経験するものに比べてのことだが）。この考え方に矛盾しない実証データは、パートナーの死後すぐに悲嘆の徴候をほとんど表さない人の多くが、何カ月も、何年も経ってからも、強度の苦痛や不適応を表さないというものである（ボナンノのレビュー〈Bonanno, 2001〉を参照）。個々のケースについて、抑制が活発で成功している場合と、抑制するものが何もない場合の違いを示すのは困難だろう。私たちの研究において、この相違の存在について明確な答えは、何年もの間得られなかった。しかし今では、回避的な人たちが、分離と喪失に関わる記憶、思考、感情を防衛的に抑制するというボウルビィ（1980）の考え方は、私たちの実験室で行われた一連の実験でよく支持されている。

ウェグナー（1994）の思考-抑制パラダイムを用いて、フレイリィとシェイヴァー（1997）は、被験者に、パートナーがあなたを置いて他人の元に去ったことについて以外は何を考えてもよいと言い、そのときに浮かんだ考えや感情を何でも書くように求めた（すべての被験者が、長期間にわたりカップルの関係を持っていた）。一つの研究では、そうした思考を抑制する力を、抑制の努力の後の時期（ウェグナー〈1994〉がリバウンド期と名付けたものの間）に、被験者の意識の流れにそれが現れた回数によって測定した。別の研究では、この力を、抑制課題中の生理的覚醒水準（皮膚伝導力）によって測定した。結果は、回避型愛着は、抑制課題後の喪失思考の少ない頻度と、課題中の低い皮膚伝導力と関係していた。これは、回避的防衛が、望まない思考を締め出し、そうでなければその思考が引き起こすであろう情動的覚醒を防ぐことを示唆した、近年行われた、機能的MRI（functional magnetic resonance imaging）研究（Gillath et al. 2005）は、このような回避的防衛が、人が別れや喪失に関する考えを抑制しようとしているときの脳の活性化と不活性化のパターンにも明瞭に表れることを示した。

回避的防衛の基盤となる調律メカニズムをさらに探索する間に、フレイリィら（2000）は、そのメカニズムが、

91 第4章　愛着から見た死別

先取りする形で——たとえば、愛着に関する情報から注意を逸らすか、あるいは表面的方法で符号化することによって——機能するのか、それとも「後取り」する形で（素材が符号化されてから抑圧して）機能するのかを問うた。被験者は、親密な関係にあったパートナーの喪失に関するきわめて情動的なインタビュー録音を聞き、直後（研究その1）、あるいは30分後から21日後までのさまざまな期間後（研究その2）に、インタビューの細部を想起するよう求められた。時間軸に沿った忘却曲線の分析から二つのことが明らかになった。①回避的な人は、最初に、インタビューについて少ししか情報を記さなかった、そして、②記された情報の忘れ方は、愛着型によって差がなかった。つまり、回避的防衛は、脅威を及ぼす素材が完全にコード化される前に意識から締め出されることによって、先取り的に働くことがあるのである。

しかし、このような研究が、回避的防衛が分離や喪失に関する記憶や思考を抑制するのに効果的なことを示唆しているものの、抑制された思考が意思に反して再起することによって混乱に陥ることを、最近、ミクリンサーら（2004）が見出した（「抑圧されたものの回帰」とフロイトが呼んだ現象〈Freud, 1926 /1959〉）。ある研究では、参加者はパートナーとの辛い別れについて考えるように指示された人とされなかった人に分けられた。ミクリンサーたちは続いて、その分離に関する抑制された思考の再発を調べた。それによって、回避的防衛が、他の認知的要請に心理的資源を奪われたときでも抑制後再発効果を制止できるのかどうかを確かめることができるからである。先に抑制された思考の潜在的活性化は、ストループ色彩呼称課題の実行でどこまで影響されるかによって測定された。参加者は、低い認知的負荷または高い認知的負荷（1桁または7桁の数字の記憶保持）の下でストループ課題を実施し、分離に関わる単語への色彩呼称反応時間が測定された（長い反応時間は、色で印刷された単語の内容の活性化がより大きいことを意味する）。

別の研究で、ミクリンサーら（2004）は、失敗した抑制の努力が回避的な個人の自己概念にもたらしうる影響

について検証した。もし、高い認知負荷が回避的防衛の効力を妨げるのであれば、そのことで、回避的な人は、自分の魅力と自己価値感への疑念（そばにいてくれないパートナーとの関係史に由来する核心的疑念）の再活性化に対して無防備になるかもしれない。この可能性を確かめるためにミクリンサーたちは、研究参加者に、恋人との辛い別れについてか、またはより中立的な経験（ドラッグストアにいるところ）について想起し、5分間の意識の流れ課題を行うよう教示した。この課題で参加者は、たった今思い出したエピソードに関する考えを抑制するように指示された者と、されなかった者に分けられた。次に、すべての参加者は、ストループ色彩呼称課題を行うとともに、比較的容易な認知的課題か、難解な認知的課題をこなすよう指示された。主な従属変数は、何週間も前の研究セッションで参加者自身が述べた言葉のリストから抽出された、否定的自己特性と肯定的自己特性を表す言葉に対して、色彩呼称で反応するのに要した時間であった。

結果は、統制群の条件下では、回避的愛着は、先に抑制されていた思考が意思に反して再活性化することの防止と関係していた（Mikulincer et al. 2004）。低い認知的負荷の条件下では、回避的な人は、別れに関連する思考を抑制することができ、抑制の後、そのような考えに近づく可能性は低く、肯定的自己表象に近づく可能性が高いことを示した。しかし、高い認知的負荷が、思考の抑制を維持するために必要な心的資源に負担をかけたとき、回避的防衛の有効性は著しく障害された。高い認知的負荷の条件下では、回避的な人は、抑制後に、分離に関する思考のより大きな自動的活性化と、否定的自己特性に近づく可能性を示した。言い換えれば、そのような人の防衛は、精神的資源がそれを維持するだけの量に達しなくなると崩壊し、この崩壊に結び付いて、愛着に関係する意図しない思考から、以前に抑制された否定的自己表象までが広範に活性化する。これは、ボウルビィ（1980）理論の中心をなしている心理力動現象にふさわしいもので、実験心理学者たちが、実証的に証明することができないと考えることが多かったものである（Shaver & Mikulincer, 2002）。

全体的に、回避的な心は、愛着システムの不活性化に慣れており、緊張下において、意識から喪失関連の情報

93 第4章 愛着から見た死別

を排除し、苦痛に満ちた記憶を隔離または解離することができない。ボウルビィ(1980)の悲嘆の欠如の分析に沿って考えると、喪失に関する受け入れがたいまたは扱いがたい思考や感情を抑制ないし抑圧しようとする回避的個人の努力は、苦痛を排除することに成功せず、抑制された素材は、高い認知的（おそらくは情動的）要求に遭遇したときに、経験と行動の中に再発する可能性がある。この脆弱さは、ウェンズラフら(Wenzlaff et al., 2001)が、抑うつの危険に曝されている事例の中で報告したものに似ている。

高度の思考抑制は、以前の抑うつ的エピソードの原因となった否定的思考パターンを個人が解決していないことを示しているのかもしれない。こうした否定的思考パターンは、ストレスが精神的コントロールの努力を妨害したとき顕著なものになる傾向がある (pp.448-449)。

愛着型による喪失への適応の相違についての実証的根拠

喪失に関する思考や記憶を処理するパターンに関する実験的根拠の提供よりさらに進んで、親密な関係にあったパートナーの喪失への適応に関する愛着型による差異を直接検証した研究はわずかしかない。そのわずかの研究の主な発見は、総じて、安全型愛着は死別過程における情緒的適応を促進するという考え方を支持している。たとえば、ファン・ドールンら(van Doorn et al. 1998)は、病気の終末期の伴侶を看病している成人にインタビューを行い、恋愛関係における一般的な安全型愛着と、婚姻関係における特定の対象への安全型愛着の両方が、伴侶の重篤な病状への激しい悲嘆反応の少なさと結び付いていることを見出した。同様に、フレイリィとボナノ(2004)によれば、伴侶を亡くした4カ月後に安全型愛着を持つと判定された人は、喪失から4カ月後と18カ月

94

後に、死別に関わる比較的低レベルの不安、悲嘆、抑うつ、トラウマ関連の苦痛を報告した。概念的に類似した結果が、ウェイメントとフィアターラー (Wayment & Vierthaler, 2002) と、ヴァスコヴィクとシャルティエ (Waskowic & Chartier, 2003) によって報告されている。

愛着に不安を抱える人の複雑性悲嘆反応の実証データも存在する (Field & Sundin, 2001; Fraley & Bonanno, 2004; Wayment & Vierthaler, 2002)。たとえば、フィールドとスンディン (Field & Sundin, 2001) は、伴侶の死後10カ月後の測定における愛着の不安が、喪失後14カ月、25カ月、60カ月で、高いレベルの心理的苦痛を予測した。愛着回避に関しては、研究は一般に、抑うつ、悲嘆、苦痛との有意な連関を見出していない (Field & Sundin, 2001; Fraley & Bonanno, 2004; Wayment & Vierthaler, 2002)。しかし、ウェイメントとフィアターラー (2002) は、回避が高レベルの身体症状と関連することを見出しており、回避的防衛は、不安と抑うつに意識的に近づくことを妨げるものの、喪失に対する小さくとらえにくい意識的身体反応を停止するわけではないことを意味している（これらの結果は、ベラントら (Berant et al. 2001) とミクリンサーら (Mikulincer et al., 1993) が、深刻な心臓疾患を伴う子どもの出産や戦争への対処のような他の重いストレッサーの研究において得た結果に似ている)。さらに、フレイリィとボナンノ (2004) は、回避と愛着不安の組み合わせ (バーソロミューとホロウィッツ〈1991〉が恐れ－回避と呼んだパターン) が、伴侶の死後に、最も高いレベルの不安、抑うつ、悲嘆、トラウマ関連症状、アルコール消費を生み出すことを見出した。

失われたパートナーへの愛着の持続と脱愛着が、愛着型によって違うという実証データも存在する。たとえば、フィールドとスンディン (2001) は、回避的な人は、伴侶の喪失から14カ月後に、亡くなった伴侶に関する否定的な思考を報告することを見出した。おそらく、故人に対して距離を取ったり、価値下げしたりする姿勢を反映していると思われる（回避的愛着と関係性の不満に関する研究でも見出されていることである)。対照的に、愛着の不安は、失った伴侶に関するより肯定的な思考に結び付いており、おそらく、理想化された対象に継続して情動が

95　第4章　愛着から見た死別

結論的所見

ボウルビィ（1980）の愛着と喪失の理論を詳細に述べ、そのためには紙面が足りなかったものの、近年の文献をより深く精査する意欲を読者に持ってもらうには十分できたのではないだろうか。ボウルビィの考えは、精神分析家としての経験に根ざしているが、彼が深く詳細に同時代の研究文献を拠り所としたおかげで、より実証可能なものとなり具体的で、社会認知研究者、心理生理学者、認知神経学者の貢献によって、当時は存在しなかった研究方法が存在する。今日では、私たち自身の、不安型防衛と回避型防衛の研究と、実験的に強化された愛着の安全感がもたらす利益についての研究で価値が証明された方法である（たとえば、Mikulincer & Shaver, 2005, 2007b, 2007c）。これらの研究がさらに拡張され、適切な長期的死別研究と統合されるには、まだ

注ぎ込まれていることを示しているのだろう。この種の理想化は、ナジェとド・フリース（Nager & de Vries, 2004）が、成人後の娘が亡くなった母のために作成した記念ウェブサイトを内容分析した際にも見られた。故人を偲ぶ気持ちについてのコメントと、母親を理想化した記述（たとえば、「あなたは、世界で一番美しく、強く、意思が強く、聡明で、魅力的な女性でした」）は、安全型ないし回避型より、愛着に不安を抱える娘（自記式尺度による）が作成したウェブサイトに頻繁に見られた。継続的絆尺度（Grund, 1998）を用いて、ヴァスコヴィクとシャルティエ（2003）は、安全型の人は、失ったパートナーへの適応的態度を維持していることを見出した。失ったパートナーに関する反芻思考あるいはとらわれの項目では非安全型の人より低得点であったものの、故人についての肯定的回想、故人との象徴的交流では、より高得点だった。

96

時間がかかるだろうが、ボウルビィの中核的な考えや洞察の多くは、悲嘆を理解し扱うためにこれからも意味を持ち続けると確信している。長く生きた人はすべて、不幸なことだが、魔術的思考の年月を経験する機会が幾度もあり、死の扉の前に立ちすくむ場合もあるだろう。このような経験なしに生きることなどありえないし、もしあるとすれば、その人生は魅力に乏しいものだろう。しかし、そこに関わる進化論的-生物学的過程、そして心理学的過程を理解することで、臨床家も教養ある通常の成人も、そうした経験がより親しいものになり、経験による当惑がより小さなものになるだろう。

マリオ・ミクリンサー（バル＝イラン大学）
フィリップ・R・シェイヴァー（カリフォルニア大学）

第5章

絆を手放すべきか、維持すべきか

死別研究の文献では、死別した人が故人との愛着を維持し続けることが多く、それが愛する人の死への良い適応の不可欠な部分であるという認識が強まりつつある（Attig, 2000; Klass et al., 1996; Klass & Walter, 2001）。喪の適応についての継続的絆（continuing bond：CB）の視点として知られる認識は、遺族に関わる臨床家に、故人とのつながりから離れることばかりに焦点を当てず、健康的な継続的絆を育むことを治療目標の中心に置いて介入するよう意識づける上で重要な貢献を果たした（Neimeyer, 2001）。継続的絆に関する文献は、歴史的および文化的な影響を理解する際の別離と個体化を過剰に重視することにも貢献した。その影響は、死別に関する初期の文献が、愛する人の喪失に適応する際の個人主義的価値観の産物なのである（Goss & Klass, 2005; Stroebe et al. 1992）。

しかし継続的絆に関する文献は、継続的絆は必ず適応的であると一般化し、それが適応的でない条件を考慮していないことで批判された（Field et al., 2005; Fraley & Shaver, 1999; 本書第4章も参照）。このような継続的絆の一元的概念化は、悲嘆の結果との間にありうる複雑な関係をあいまいにしてしまう。たとえば、楽しい思い出に焦点を当てることや、故人を価値ある参照点または理想として用いることと、もっと解離に近い現れ方をする継続的絆とは、適応にとって同じ意味を持つのだろうか。継続的絆が成功した適応かどうかを決定する上で、死からの時間経過の要因が意味を持つのだろうか。こうした問いは、継続的絆が必ず適応的だと仮定すると見逃されてしまう。

後で詳述するが、継続的絆を一元的に扱うことで、継続的絆と適応の関係を複雑なものと考える多くの著名な死別学者が、継続的絆論者から「手放し論者」だという誤解を受けることに力を貸したかもしれない。要するに、継続的絆提唱者には、絆の何らかの側面を手放さないという主張を、完全に放棄しなければならないという主張と同一視してしまう傾向があるように思われる。こうした継続的絆の一元的概念化は、継続的絆の提唱者が、故人との絆の放棄を悲嘆作業（グリーフ・ワーク）と混同しやすいことに起因するのかもしれない。

本章では、死別に関わる適応と継続的絆の関係の複雑性を十分に理解するために、この二つを区別しなければならないことを示したい。

継続的絆の適応性を確かめるためのより建設的なアプローチは、単純に絆を維持するか手放すかではなく、何を維持し何を手放すかを同定する試みではないだろうか。この視点は、悲嘆作業の終着点を脱愛着ではなく、故人との関係性の再構成と考えるので、継続的絆を多面的なものとして概念化することを必要とする。それは、継続的絆の機能を明確化し、継続的絆が適応的か非適応的かの条件を調べる組織的研究を促すための実り豊かな道になるだろう。

脱愛着から悲嘆作業を区別する

死別に適応するために、遺族は故人との愛着を手放さねばならないという見方は、フロイト(Freud, 1917/1957)の古典的著作「喪とメランコリー」に起源がある。フロイトはそこで、喪には、亡くなった愛する人を表すものから、リビドー、言い換えれば性的衝動に結びついた心的エネルギーを撤退する必要があると考えた。「喪の仕事」、あるいは悲嘆作業とは、死別した人が故人との絆を手放していくメカニズムである。本能の満足の対象として故人にリビドーを注ぎ込み続けたいという願いと、相手は死んだのだからもはやそれが不可能であるという事実との間の矛盾に繰り返し直面することをそれは要求する。このようなフラストレーションに満ちた試みに繰り返し曝されることを通じて、死別した個人は、故人に向けた本能的目標を満たすことはもはや不可能という現実を次第に受け止めるようになる。そして結果的に、故人からリビドーを脱投資ないし脱備給し、他の関係への投資のために使えるようにする。

脱備給を起こすメカニズムである悲嘆作業と、脱備給を含んだ喪の終着点を区別することが重要である。対象との関係性に関するフロイト派の見解では、他者への愛着のつながりは、欲動の満足に対して二次的なものである。言い換えると、より原初的な欲動を満足させる機能と関わりのない他者への本能的な愛着志向というものは存在しない（Eagle, 1987; Greenberg & Mitchell, 1983）。したがって、現代の精神分析的対象関係論や愛着理論の場合と比べて、フロイト派の枠組みにおける他者との絆は、少なくとも原理的には、一時的利用にとどまるものであったり、流動的なものであったりする。前者において関係性は、性的欲動や攻撃欲動とは独立したそれ自体として基本的な傾向性であることが主張されている（Greenberg & Mitchell, 1983）。

フロイト派では欲動充足が強調されることから、服喪の目的は、もはや欲動充足の対象にならない故人からリビドーを脱備給し、適切な代替物へリビドーの方向を移動させることになる。エネルギー源が限られるため、リビドーが故人から自由になっていないと他人にそれを投資できないとすると、複雑性悲嘆は脱備給の絆という視点から理解されることになる。反対に、対象関係論と愛着理論の研究家は、欲動満足の方法としてではなく、安全と信頼の源としての他者の機能に一次的意義を認めることから、フロイト派にとって愛着の絆を容易に代替可能なものと見なさない（Juri & Marrone, 2003）。その結果、この枠組みにおいて対人関係の喪失は本質的により重大な問題となり、絆を手放すのではなく絆を残す方法を見つけようとする動機が強くなる。後に詳述するように、対象関係と愛着の観点から見て、悲嘆作業の目標は、脱備給それ自体というよりも、身体的関係が終わったという現実に適合できるような故人との関係の再構成になる。

フロイト派の見解と一致して、継続的絆の提唱者には、悲嘆作業と脱備給を同じものと見なす傾向がある。実際、継続的絆は、悲嘆作業から喪を考える立場に反対する根拠として参照されてきた（Silverman & Klass, 1996; Stroebe et al., 1992）。死別への適応における悲嘆作業の役割に関しては、実証的な死別研究文献に多くの議論がある（悲嘆作業に対する批判的観点については、Bonanno & Kaltman, 1999; Wortman & Silver, 1989 を参照）。ここで

102

十分議論することは不可能だが、悲嘆作業の価値に否定的な実証データとして引用されている研究は、たとえば悲嘆作業を反芻思考と同等視したり (Nolen-Hoeksema, 2001)、喪失に意味を見出そうとし続けることとしたり (Davis et al., 2000)、過去の関係に焦点を当てたときの否定的情動表現としたりする (Bonanno & Keltner, 1997) など、過剰に狭い定義に基づいている。

悲嘆作業を操作的に扱うこのような方法は、悲嘆の反芻処理(ワークスルー)を構成する認知-感情処理の複雑な集合を正しく認識し損なっている。精神分析の文献では、正しい解釈を通して症状の下にあると想定される相反する目標への洞察が受け取られても、必ずしも患者の行動変化に変換されないのはなぜかという問題を扱うために、反芻処理(ワークスルー)の概念が導入された (Fialkow & Muslin, 1987)。洞察を行動に結び付ける方法として反芻処理は定義づけられている。そのためにセラピストは、患者の力動的問題がさまざまの異なった経験の文脈でどのように行動への移行が、さまざまの状況にわたって次第に一般化される かを、繰り返し彼/彼女に意識してもらう必要がある。そのような反復を通じて、洞察から行動への移行が、愛着に結び付いた期待、計画、希望、目標などの文脈でその人はもういないという意識に繰り返し入ることを要する。死別に関するそうした反芻処理(ワークスルー)は、愛着に結び付いた期待、計画、希望、目標などの文脈でその人はもういないという意識に繰り返し入ることを要する。それによって、人生の新しい状況に照らした意識の見直しが次第に起こる。

情報処理レベルの反芻処理(ワークスルー)に欠かせないのは、すでに確立された内的図式に新しい情報を調和させる過程と、その図式を矛盾した情報に次第に適応させる見直しである (Horowitz, 1986)。死別の文脈では、故人との関係性における内的図式を修正する主体的な再構成過程を要する。それによって、矛盾する情報に繰り返し曝されることで、図式が人生の新しい状況に調和したものになる (Horowitz, 1991)。喪失を思い出させるものへの反復的な直面は、辛い感情を呼び起こすであろうし、それが図式の変化への主要な動機として働くかもしれないが、この主体的な見直し過程に必ず強烈な情動が伴うと想定する必要はない。実際、臨床的な死別研究文献には、悲嘆作業における情動表現の重要性を強調しすぎるきらいがある。悲嘆作業に取り組むことができないのは、外

面的な悲嘆表現の問題によるというより、遺族が死にまつわる思考を過度に否認すること、そして脅威と見なしすぎていることによるだろう。これに符合することだが、死を思い出させるものへのイメージ曝露と現実曝露を通して回避に打ち克つ介入を行う認知行動療法が、複雑性悲嘆の治療に効果的であることが証明されている(Shear et al. 2005)。

何を手放す必要があるのか、何を継続できるのか

悲嘆作業の目的は脱愛着とは異なると認識することで、絆を手放すか継続するかという一元的焦点から、何を手放す必要があるか、何を継続できるのかを探る、より微細な視点に移行することができる。さらに、大切な他者の死に適応するには、大幅な調節が求められる。故人との関係の性質の変化がその一つである。そのような調節には時間がかかる。パークス (Parkes, 1988) は、服喪を社会心理的移行ととらえて、伴侶の死のような愛する人の喪失が、死と折り合いをつけるために想定世界のどのような再調節を遺族に求めるかを述べている。

伴侶の死は、朝起きる瞬間から誰もいないベッドに入るまで、生活のさまざまな局面に浸透している想定を無効にする。サバイバーが寡婦として生きていこうとすると、行動（2人分の食事を用意する）と思考（「これは主人に相談しなければ」）の習慣を修正しなければならない。(p.56)

悲嘆作業は、そのような見直しが行われる方法である。この社会心理的移行は、脱構築と再構築の両方を含ん

でいる。脱構築は、故人との愛着に結び付いた期待、信条、目標の調節を必要とし、人生の新しい状況に応じて以前のような愛着を手放すことも含まれる。再構築は、新しい意味ある人生の構築であり、絆はもはや内的つながりでしかないことを受け入れることに基づく故人との新しい関係が含まれる。

テレーズ・ランド（Therese Rando, 1993）が、彼女の包括的著作である『複雑性服喪の治療』において提示した死別への適応の段階モデルの観点は、脱構築と再構築のこのような過程をとらえている。それは、故人への愛着を手放すことと継続することの両面を包摂する、死別への良い適応の過程である。彼女の仕事は、手放し論者と分類される重要な死別理論家の良い例である（Silverman & Klass, 1996; Stroebe & Schut, 2005）。

手放しと継続的絆の両面を彼女の服喪段階モデルへと組み込むことで、ランド（1993）は、継続的絆が適応に対して持つ複雑な関係をうまく表現した。死後早い段階で現れる直面期では、死別した人は情動的に死に直面し、喪失前に存在したままの故人との関係を持続しようという目標を手放さねばならない。

すべての要求、感情、思考、記憶、行動と相互作用のパターン、希望、願望、空想、夢、想定、期待、信念——そしてこれらに結び付いた感情——は、現実の中でないとしても、記憶の中によみがえり、再体験されなければならない。そのようにして、それぞれへの情動負荷がそのたびに少し和らげられ、それに伴う感情の強度が下がる。それによって絆は緩くなる。（Rando, 1993, p.50）

この一節に書かれた反芻処理の過程は、フロイト（1917/1957）の悲嘆作業の描写に似ている。実際、ランドの直面期の先を読まないと、ランドの立場を手放し論者としてフロイトの立場と同一視してしまいやすい。

ランド（1993）は、故人との新しい関係の発展を、服喪の最終段階である順応（accomodation）期の一部と考えた。彼女は、故人との健康的な新しい関係の発展を、成功した適応の構成要素と考え、愛着を手放すことの対

極に置いている。ここで問題なのは、絆を維持するかどうかではなく、適切な結び付きがどういうものかの判断である。ランドは、故人との健康的な関係は、二つの条件によって決定されると考える。第1条件は、その人が死んだことと、その意味を十分認識することを求める。第2条件は、その絆が新しい人生への進行を妨害してはならないことである。これは、単に絆を維持すべきか手放すべきかという問題ではない。

ランド（1993）は、死別に関する文献でしばしば議論される多くの継続的絆関連の文献で広く議論されていて、ランド（1993）が健康と考えたもう一つのものは、故人の遺産すものを取り出した。意志決定の際の参照枠として故人を使うことは、健康的な継続的絆の表現のなかでこの2条件を満特定の状況に立たされた未亡人が、亡くなった夫ならどうしただろうかと想像し、それを自らの反応決定の重要な情報源として用いていることは、健康的と見なされる。これは、夫の喪失によく適応するために求められる自律と自立への志向性と十分共存する。しかし、もし未亡人が、夫はこの世にいないにもかかわらず、夫がもし生きていたら彼女にどうして欲しいだろうかと想像し、そのとおりに物事を運ばなければならないように感じることで、現在も夫が彼女に影響を与え続けるのを許すなら、もはや適応的とは言えない。彼女は、健康的な継続的絆の2条件のどちらも満たしていない。まず、夫はもはや彼女をコントロールしていないことを認識できていない。彼女は前に進んでいない（Rando, 1993）。

継続的絆関連の文献で広く議論されていて、ランド（1993）が健康と考えたもう一つのものは、故人の遺産である。過去の関係において得られたものの内面化を通して、死別した人の現在の人生に故人が与え続けている肯定的影響を意識することがそこに含まれる。故人の価値観や理想との一体感もその一部である。このような表れは、死の現実を承認することと全く矛盾せず、新しい人生への移行の中で、個人が過去との連続性を維持することを助ける。

ランド（1993）は、継続的絆を、過去に固定された関係ではなく、展開する関係性と見なした。たとえば、子

106

ども時代に親を亡くした人は、人生の状況が変わっていくにつれ、亡くなった人について持つ表象が年齢に応じた変化をあらためて感じることがここに含まれる。たとえば死別した人が親になったときなど、発達過程の後の地点で、亡くなった親の肯定的影響をあらためて感じることがここに含まれる。ここでも、ランドが理論化した記憶の再構築という継続的絆の見方は、喪失の現実を受け入れることと矛盾せず、遺族が新しい人生に向かうことを妨害するわけではない。

ランド（1993）の継続的絆の扱い方は、脱愛着を服喪の目標とする手放し理論者に彼女を分類することが間違っていることを示している。継続的絆に関する彼女の立場は、故人との絆を維持する方法としての内面化を強調するような精神分析的視点と矛盾しない。たとえば、現代自我心理学の理論家であるヴァイヨン（Vaillant, 1993）は、個人が同一化によって愛した人をいかに同一化するかに注目している。

　同一化によって私たちは、他者の本当の強さに同一化し、それは私たちの力になる。私たちはまた、その人の欠点を認め、その欠点を過去のものとすることができる……同一化は、自尊心を得るための力を高める。常に、同一化の目標は、関係を外界から内界へ移すことで、他者との関係を維持することである。(p.352)

ここで記述されている同一化は、故人との内的つながりを通して自己を豊かにしながら、同時に、その内的関係と喪失前に存在した外的関係との間に歴然と存在する境界を尊重することである。実のところ、同一化は、喪失という現実を完全に受け入れた健康な愛着に等しい。

愛着理論に基づいて見た絆の維持

絆の維持における標準的変化

私は同僚と共に、継続的絆に関する愛着理論に基づく見方を導入したが、継続的絆を死別によく適応するために不可欠なものとする点で、継続的絆に関する愛着理論と矛盾しない。また、継続的絆の表現のうち適応的変数を非適応的変数から識別することを可能にするものでもある (Field et al. 2005)。ランドのように、ボウルビィも手放し論者と認識されてきた (たとえば、Silverman & Klass, 1996)。ここでも、継続的絆に関する彼の見解をより正確に言うなら、継続的絆について、絆を手放すか継続するかを問題にするのではなく、死別に対する非適応的な対応から健康的適応を分ける絆の性質を問題にするものである。

個人が、「自らの外界に変化が起こったこと、そして、自らの内界の表象世界でそれに対応する変化を起こし、それに応じて自らの愛着行動を再組織化し (強調筆者)、方向づけ直すよう要求されていること、の両方」(p.18) を受け入れるときに起こるのが健康的喪であると、ボウルビィ (1980) は考えた。ここで特筆すべきなのは、彼が、脱愛着ではなく再組織化に焦点を当てていることである。

喪失は元に戻らないと十分認めることに向けた再組織化は、情動的苦痛を伴うゆっくりとした過程である。愛着理論によれば、個人は、危険を感じる状況において安心感を回復させてくれるような人への身体的近接性を求めるような、目標に標準を合わせた生得的行動システムを持っている (Bowlby, 1969)。この行動システムは、喪失と分離を区別しないので、愛する人の死による分離を含め、分離という文脈で活性化される。

108

死別過程の初期には喪失を一時的状況と見なし、死を反転可能なものとして扱う。死からまもない時期に一般に報告されている探索関連行動は、亡くなった人を再び取り戻そうとする、愛着システムに基づく目標の存在を示している。故人の幻覚や幻想や、故人が生前よく訪れた場所を訪れたいという衝動がこれの表れである (Bowlby 1980; Parkes, 1998)。故人の持ち物を全く生前のままにしておくことも、その人が戻ってくるという期待や願望の存在を表している。ボウルビィ (1980) は、こうした表現は、死後まもない時期では、死の現実をまだ同化しないままであることの表れであり、病理的と解釈すべきではないことを強調している。

故人を見出そうと探し求めるこのような試みは失敗に終わるため、変わってしまった環境下でのそれらは、故人が亡くなる前と同じように、身体的近接性を再獲得するための効果的方策ではもはやないという意味で、混乱要因となる (Main et al. 2002)。故人への身体的近接性を再びしようとする試みが繰り返し失敗していくことに導かれる。この修正過程は、喪失は取り消し不可能という現実と調和するために、故人への愛着のワーキング・モデルを次第に修正することで、身体的分離が永続するという現実と調和するために、故人への愛着のワーキング・モデルを次第に修正することで、身体的分離が永続するという現実と調和するために、故人への愛着のワーキング・モデルを次第に修正していくことに導かれる。この修正過程は、喪失した人は、フロイト (1917/1957) が記述したものに似た方法で悲嘆作業に取り組まねばならない。それゆえ、故人を見出すことの不可能性を受け入れて、探索行動をやめることは、死別への良い適応のための本質的要件である。

故人への身体的近接性を再建するという目標が放棄される必要があるとしても、それは、愛着を手放さねばならないということではない。内在化を通して、喪失の逆転不可能性を十分認めながら、心的表象のレベルでの故人との近接性、あるいは心理的近接性を確立することは可能である (Field et al. 2005)。身体的近接性を再獲得することは不可能でありながらも、故人との関係性において、安全な避難所、安全基地という愛着システムの機

能を用い続ける形でその近接性が現れる。たとえば、死別した人は、切迫したとき、慰めとなる故人の面影を内的イメージとして呼び覚ますことで、安全な避難所として故人を用いることができる。同様に、亡くなった人は、自律性を高めるような決断を下す際に重要な参照点になることで、安全な避難所としての機能なので、安全な基地にも有効に使われ続けるということは、継続的絆が死後への健康的適応に欠かせないことを示している（Field et al., 2005）。

未解決の喪失における継続的絆

ボウルビィ（1980）は、子ども時代の親の死とか、暴力的な死といったある条件下で、かつ愛着に不安を抱える個人の場合、死が情動的にあまりに圧倒的で悲嘆作業の過程が防衛的に経験から排除されてしまうこともあると考えた。これは極端な形の回避であって、そこでは死の潜在的意味が防衛的に経験から排除されている（Bowlby, 1973）。事実上、喪失に関する思考や感情は解離されるか、あるいは切り離されるので、隔離システム（Bowlby, 1980, p.345）として働くのである。ボウルビィの隔離システムという概念は、ヒルガード（Hilgard, 1973）が、催眠下の意識外情報処理を説明するため唱えた、多重管理処理システム上の新解離という視点に影響を受けている。ヒルガードの線に沿ってボウルビィは、個人は多重の自己システムを持つと考えるのが最適であり、諸システムが支配的な管理組織の中に統合されている程度は人によって異なると唱えた。そのようなシステム相互のコミュニケーションが制限されている程度によって、隔離されていると理解される。

隔離システムが関与していると考えると、死別した人が、ある心の状態において、故人が永遠に去ってしまったという強烈な感覚をつかのま感じながら、別の心の状態では、死の現実を受け止めることに失敗していることが見て取れるような形で故人の存在を感じる、という振動がどのようにして起こるのかを説明できる。継続的絆

を使って苦痛に満ちた喪失の現実を意識から排除するために防衛的にある心の状態が用いられることも、別の自己システムに結び付いている経験の要素を排除するという意味合いもある（さらに立ち入った議論は、Field, 2006bを参照）。それによって、継続的絆表現の非適応的使用を理解できるという意味合いもある（さらに立ち入った議論は、Field, 2006bを参照）。それによって、継続的絆表現の非適応的使用を理解するための指標となると考えている（Hesse et al., 2003）。それによって、継続的絆表現の非適応的使用を理解する

このように、喪失後の無秩序型愛着、あるいは未解決の喪失後のそれに関する近年の文献は、隔離システムが統合の失敗の指標となると考えている（Hesse et al., 2003）。それによって、継続的絆表現の非適応的使用を理解できるという意味合いもある（さらに立ち入った議論は、Field, 2006bを参照）。成人愛着面接（Adult Attachment Interview：AAI Main et al. 2002）では、以前に経験した喪失について話すとき、論理が目に見えて破綻したり話に一貫性がなくなったりした場合、その個人は未解決の喪失体験があると分類される。成人愛着面接は大規模の半構造化面接であり、回答者の成長期における両親および他の愛着対象との関係と、のちのその影響について尋ねる。また、過去のトラウマと喪失についても尋ねる。以前の喪失について話すときの論理破綻の重要な指標の一つは、その人が死んだと信じていないことを示す発言である。このタイプの論理破綻は、話したことが外界ではありえない――つまり、人は死んでいると同時に生きていることはできない――ことを認識できていないことを意味する（Main, 1991）。死別の文脈で言えば、故人との過去の関係と現在の関係を区別的な分離の永遠性を認識できないことにこれが表れる。

他者が死んだことを信じないことを示す論理破綻の例が、タートンら（Turton et al. 2004）による、死産を体験した後の未解決の喪失についての語りにある。3年前に子どもを死産で失った母親の一人の次のような語りは、彼女が未解決の喪失を持っていると分類されるのに十分である。「私は毎日お墓参りしていました。そうしないと赤ちゃんは、私がもう自分を気にかけていないと感じるのではないかと思ったからです。でも、赤ちゃんは、自分の誕生日に私たちが結婚しようとしているのを知ってますよ」（Turton et al., 2004, p.246）。この発言は、赤ちゃんはまだ生きていて、それに応えなければならないような要求を持っていることを意味し、したがって、喪失の現実を心にとどめるのに失敗していることを示している。この例はまた、隔離されている子どもの意識的心的表

象と、子どもは死んだという支配的管理機能の知識との間にある矛盾を、正しく理解できていないという点で、メタ認知モニタリングの破綻を反映している (Main, 1991)。このような継続的絆表現は、喪失の情動的苦痛に対する防衛として働き、死と十分調和する愛着の統一ワーキング・モデルに到達するという悲嘆作業の課題を妨害する。そしてその妨害の程度に応じ、非適応的と言うことができる。

未解決の喪失がもたらす否定的結果に関する成人愛着面接の文献に見られる実証研究は、その世代間点を当ててきた。未解決の喪失と複雑性悲嘆の症状との関係を直接扱う研究ではないが、未解決の喪失の世代間効果に関する顕著な発見は、それが非適応的な心理的結果を生むことを間接的に指示している。タートン (2004) の死産後の悲嘆研究から先程示した例のように、他者が死んだことを信じていないことを示す継続的絆表現は、未解決の喪失の顕著な指標なので、未解決の喪失に関する成人愛着面接の実証研究から、非適応的な継続的絆を理解するための重要な示唆が得られる。成人愛着面接でアセスメントされた未解決の喪失を持つ母親が、無秩序型愛着を持つ幼児を持つ傾向があるという点については、多くの研究で繰り返し実証されている (van Ijzendoorn, 1995)。1、2歳の子どもが行動レベルで表現する無秩序型愛着は、ストレンジ・シチュエーション手続き (Ainsworth et al. 1978) における母親との再会場面での子どもの行動に表れた。その手続きでは、母親は子どもと数分間離れ、母親が部屋を出てから子どもと再会するまでの間の子どもの行動が調べられる。母親が部屋に戻ったとき、凍りつき、茫然自失、あるいは母親に近づいたり遠ざかったりといった、接近−回避葛藤を示す奇妙な行動を母親に見せる子どもがいた (Main & Solomon, 1990)。要するに、母から分離するという愛着システム活性化条件の下で、そのような子どもがなかにいた、愛着対象に反応するための一貫した方策を欠いているように見える。

自由遊びの設定で子どもと関わっているとき、未解決の喪失を持つ母親が「怯え/怯えさせ」行動を瞬間的に表すことを示す証拠が積み重ねられている (レビューには、Hesse et al. 2003 を参照)。子どもと関わるうちに、過

112

郵便はがき

料金受取人払郵便

小石川局承認

6872

差出有効期間
平成27年2月
15日まで
[期間以降は
切手をお貼
りください]

112-8790

133

（受取人）

東京都文京区大塚3−20−6

㈱ 誠信書房 行

電話 03-3946-5666／FAX.03-3945-8880
http://www.seishinshobo.co.jp/

●ご購入ありがとうございます。今後の出版企画の参考にさせていただきます。
ご記入の上，ご投函くださいますようお願いいたします。

フリガナ		男・女
ご氏名		歳

〒
ご住所

メールアドレス

電　話　　　　（　　　）

職業また
は学校名

新刊案内 （無料）	a. 現在送付を受けている（継続希望） b. 新規希望　　c. 不要	総合図書目録 （無料）	a. 希望 b. 不要

＊ご記入いただきました個人情報につきましては、小社からの案内以外の用途には使用致しません。

書　名（お買い上げの本のタイトル）

1　**本書を何でお知りになりましたか**
　　① 書店の店頭で（　　　　　　　　　　　　　　　　　　　　書店）
　　② 新聞・雑誌広告（紙・誌名　　　　　　　　　　　　　　　　　）
　　③ 書評・紹介（紙・誌名　　　　　　　　　　　　　　　　　　　）
　　④ 小社の新刊案内・ホームページ・図書目録
　　⑤ 人にすすめられて　⑥ インターネット
　　⑦ その他（　　　　　　　　　　　　　　　　　　　　　　　　　）

2　**定期購読新聞・雑誌を教えて下さい**（いくつでも）
　　• 新聞（朝日・読売・毎日・日経・産経・その他）
　　• 週刊誌（　　　　　　　　　）・月刊誌（　　　　　　　　）

3　**本書に対するご意見をお聞かせ下さい**
　　1. 装丁について　　　　　　良い　　普通　　悪い
　　2. 価格について　　　　　　安い　　普通　　高い
　　3. 内容について　　　　　　良い　　普通　　悪い

4　**復刊希望の書籍があれば教えて下さい**

5　**本書についてのご感想，読んでみたいテーマや人についてお聞かせ下さい**

去の喪失に由来するトラウマ的記憶の活性化が起こり、それが子どもを怯えさせるような短時間の解離エピソードを母親に引き起こすと考えられている。そのとき母親は、恐怖の源であると同時に、子どもが怖いときに頼りを求める愛着対象でもあるので、解決できないジレンマの中に置かれる。結果的に子どもは、一貫した愛着方略を持たないままになる。それが、ストレンジ・シチュエーションにおける無秩序な行動を説明すると考えられている。幼児期の無秩序型愛着は、たとえば児童期に親を支配しようとする非適応的行動 (George & Solomon, 1996) や、16歳時の解離 (Carlson, 1998) など、後の心理的な問題を予測するので、こうした発見は、未解決の喪失が、親の養育の質に有害な影響を与えることを通して、長期にわたる心理的影響を与える可能性があることを明らかにしている。

継続的絆の非適応的表現を評価する上で、未解決の喪失は何を意味するか

未解決の喪失を扱った愛着関連の文献は、他者が死んでしまったことを信じないという現象を基に非適応的な継続的絆を定義する可能性を示している点で重要である。その種の文献の示唆するところによれば、他者は死んだという認識から継続的絆の経験が隔離されるなど、生と死の明確な境界を維持できないことが、継続的絆表現が未解決の喪失を表しているかどうかを決定づける要素なのである。

継続的絆と死別への適応の関係が複雑であることは、この観点から明らかである。死後しばらくは、喪失という現実を認識できていないことを示す探索志向の継続的絆表現は比較的よくあると考えられ、必ずしも非適応的とは見なされない。しかし、死別の標準的経過では、喪失の反芻処理(ワークスルー)の結果として、時が経つにつれ、そうした表現の使用は目に見えて減少するはずである。したがって、死後相当経っても探索志向の継続的絆表現が用いら

113 第5章 絆を手放すべきか、維持すべきか

れ続けることは、認識の失敗を意味し、それゆえ非適応的調節の徴候に結び付けられるはずである。他方、内在化を示す継続的絆表現は、良い適応に結び付けられる。とすれば、継続的絆表現のタイプは、死から時間が経過すれば、適応的な継続的絆と非適応的な継続的絆を区別する重要な要素となるはずである。

継続的絆の標準的な経過に関して、時間経過による継続的絆表現の減少した長期的な組織的調査は存在しない。探索志向の継続的絆表現の研究は、主に費やされ、死からの時間経過の関数としてのそうした経験の頻度に直接焦点を当ててこなかった。多くの研究は共通して、死別した人の相当の割合が、死後のいずれかの時点で故人の存在を感じる経験をしたと報告している (Haraldsson, 1988–1989)。しかし、多くの場合、こうした感受経験は調査の数年前に起こっており、こうした結果から結論を導く際に記憶バイアス効果が見過ごせない懸念材料となる。さらに、故人の存在を感じる経験をしたか、と参加者に尋ねるような質問文について、調査者の方でそれが何を意味するのか明確にしていない。そのため、それが探索志向の幻覚的経験を測っているのか、より記憶に基づいた他者に対する主観的感覚を測っているのかがあいまいである。

包括的継続的絆自記式測定尺度を開発し妥当性確認を行う、進行中の研究プロジェクトの予備調査において、私は、死後の時間経過の関数として、探索志向の継続的絆表現が減少することを支持する結果を得た。この測定尺度は、死別した人が、過去1カ月間に経験した広範囲の継続的絆表現の程度を評価する。過去5年間に死によって誰かを喪失した学部生を対象に大規模な調査が最近行われた。故人との以前の関係における愛着の強さをコントロールして、他の音を、故人の声、足音、動きと間違えたことがある」や、幻覚（たとえば、「私の前に立っている故人を見た」）を含む他の音を、故人の声、足音、動きと間違えたことがある」）や、幻覚（たとえば、「私の前に立っている故人を見た」）を含む探索志向の継続的絆表現の使用が有意に多く報告された。他方で、故人が遺してくれたものも含めた再組織化を示唆する継続的絆表現（たとえば、「故人が今日の私に与えてくれた良い影響について考えた」）

114

の程度については、時間は有意な要因ではなかった。このように、死からの時間と継続的絆表現のタイプとの間に重要な交互作用が見出された。本研究で用いられた幻想や幻覚を評価する項目が、以前の研究で用いられた存在感覚項目に比べて、探索段階との関連があいまいではないとすれば、これらの結果は、継続的絆表現の標準過程の観点から見た継続的絆表現の多次元的性質をはじめて支持するものである。

継続的絆表現の標準過程に関する今後の研究では、死別後まもない時期から始まる、何度にもわたるデータ収集を含む長期的研究デザインを用いることが重要であろう。探索段階に結び付いた継続的絆表現は長く続かず、死別後1、2カ月で稀になるので、このような継続的絆表現が存在するか、そして時間経過で変化するかを確かめるためには、死別直後から評価することが欠かせないだろう。複数回にわたるデータ収集の実施は、異なったタイプの継続的絆表現の変化軌道を評価する成長曲線分析を実施するための方法となるだろう。

探索志向の継続的絆表現は、死別後まもなくあることで、不適切な適応の徴候ではないが、後になってからの存在は貧しい適応を示すだろう。それゆえ、死別後のある時点では、継続的絆表現のタイプが、遺族が死別によく適応したかを判断する重要な指標になることが分かる。筆者と同僚は、これを支持する予備的証拠を見出した（Field et al., 1999）。特に、継続的絆表現を大幅に用いようとする試みと軌を一にするものと推察され、喪失後7カ月の時点で、心を慰めるために故人の思い出のこもった持ち物を過剰に使用したり、故人の持ち物を整理できなかったりすることは、同時期のより深刻な悲嘆と、死別後25カ月時点で悲嘆に特有の症状が減少していないことを予測する。対照的に、継続的絆表現が、好ましい思い出を通して慰めを得ることなど、心理的近接性による絆の維持力の特徴と思われる場合は、貧しい適応を予測しなかった。ただし、最近ボーレンら（Boelen et al., 2006）は、この結果を再現することができなかった。彼らの結果では、記憶を通しての慰めは、時間経過による悲嘆の減衰が少ないことを予測した。これは、死別後時間が経つと、どんな形の継続的絆表現であれ、それへの過剰な関わりは適応的でないことを表しているのであろう。

その場合、関与のタイプによらず、関与の程度がそれ自体として意味を持つと考えられる (Field et al., 2003)。

今後の研究では、幻想や幻覚を伴う探索段階と結び付いたものも含む、継続的絆表現のさらに包括的な集合を用いることが重要であろう。理想を言えば、そうした測定尺度を死別直後から繰り返し用いてデータ収集を行うとともに、適応度も繰り返し測定するのが望ましい。このタイプの長期研究設計は、パス分析と相関するのか、未解決の喪失による症状変化を緩和するのかを明らかにし、ある継続的絆表現が単純に死別関連症状と相関するのか、未解決の喪失による症状変化を緩和するのかを明らかにする手立てとなる。

継続的絆表現のタイプは、実際に時間経過にありうる因果関係を明らかにする手立てとなる。

表現を用いるかどうかを単に決定することを越えた、より深い評価が必要だろう。たとえば、いつも背後にいて慰めてくれる存在として故人を感じ取ることを含んでおり、それは他者が死んでいることを十分正しく認識していることと矛盾しない。もし、故人の存在の感受を、自身の主観性から独立した外的現実と対立する主観的状態であるとメタ認知的に気付いているならば、それは、生と死の間の明確な境界が維持されている点からして、隔離されているとは言えない。他方で、死別後十分な時間が経った時点で、たとえば解離の存在を示す故人の幻視がある場合のように、より具体的な、文字通りの死者の存在を感じたとすれば、それは未解決の喪失がある証拠となるだろう。

同様に、故人の所持品にこだわり続けることは、未解決の喪失を意味するかもしれない。確かに、死別後十分時間が経過した時点で、故人の所持品を生前と全く同じように保ち続けることは、故人の所持品がその背景にあることを示している。ボウルビィ (1980, p.151) は、これを示すために臨床事例を提示している。1年前に年老いた父親が不首尾な治療の後に亡くなり、それによる不安と抑うつの治療のために訪れた女性の事例である。彼女は、病院は父親を別人と混同したのであって、父親はまだ生きていていずれ帰ってくると信じていたため、父親の居室を改装することを拒否し続けていた。そ

116

れを話すことを知っていて、誰にもそれを言わなかったという事実から、彼女がこの信念のはかなさに気付いていたことが分かる。故人に関するこのような信念を自分の中にとどめておくと、家族や他人から受けるいぶかしげな反応に照らして自分の考えを見直す機会を遠ざけてしまう。結果的に、開示へのそのような拒否は、父の死という現実に十分気付くことに対する防衛の役目を果たす。こうして、故人との身体的近接性を再び獲得できるという幻想を通して継続的絆を維持するために、故人の所有物を防衛的に用いることで、死は統合されないままになる。それは、ただ形見のいくつかを故人の思い出として残しているのとは大きく異なる。

発せられたある継続的絆表現が未解決の喪失を示しているのかどうかを判断する上で、死後の生に関する宗教的ないし文化的な信念を考慮に入れることが重要である（Ch 7、Ch 10、Ch 16 も参照）。故人の魂の存在を信じたり、いずれ天国で再会すると期待したりすることは、喪失前に存在した故人との関係と、現在も継続している関係のいずれかの境界が保たれている限り、未解決の喪失の証拠とは見なされないだろう。たとえば、日本の先祖供養の儀式では、生者の世界と死者の世界の境界線が明確に引かれている。儀式の間、死別した人は、自身の体を仏壇の前に進め、手をたたいたり、ろうそくに火を灯したりすることで死者の存在を呼び覚まし、自ら死者の国に足を踏み入れる（Goss & Klass, 2005）。儀式の締めくくりに、遺族はおじぎをし、引き返して、生きる者の世界に戻る。

ヤマモトら（Yamamoto et al. 1969）が実施した研究は、日本の未亡人の喪のプロセスにおける先祖供養の重要性を確認し、生者と死者の境を認識する継続的絆とそうではない継続的絆の区別を見事に示している。そこでの未亡人は、儀式の間、夫との絆を感じると報告し、喪失を扱う上でそれが役立つと考えた。この文化的に定められた周到な儀式の実行は、死者と生者の世界にそれぞれ足を踏み入れることと出ることとの間の明確な境界を必然的に伴う。それは、同じ寡婦グループから報告された、夫の声や足音が聞こえるや、夫に会いに行くかのように彼が生前仕事から戻っていた時間に路面電車の停留所に行くなどの不意に起こる幻覚や、まるで夫に会いに行くかのように彼が生前仕事から戻そうとする束の間の探索からなる他の経験と明らかに対照的である。後者のような継続的

将来の方向性

他者の死を信じない現象に関する推論の誤りは、成人愛着面接において未解決の喪失を顕著に表しているものの、この基準の程度用いるかを、それ以上の問いかけなく尋ねるような標準的自記式測定尺度を用いるだけでは限界がある。最近私は、この目的を果たすために、インタビューに基づく継続的絆測定法を開発した（Field, 2006a）。この測定法は、他者の死を信じないことを示す推論の誤りに関する愛着研究を参照して作成された。たとえば、故人の存在の感受を評価するために、ある項目はこのように尋ねる。「過去1カ月の間に、あなたは［亡くなった方が］まだ生きていることを意味する探索の試みを表すという意味で、明らかに隔離あるいは解離されている。この研究の寡婦は、3カ月以内に夫を亡くしており、その死は予期されたものでなかったことを考えると、喪失直後のその時点で、悲嘆が解決されていないのは驚くに値しない。未解決の喪失を示すこのような継続的絆表現はおそらくその後の数カ月間で減少するだろうが、先祖供養を行い続ける未亡人の表現は、減少しないだろう。

他者の死を信じない現象に関する推論の誤りは、未解決の喪失に関して報告されているさまざまな発見にどの程度貢献しているのか定かではない。そのため、未解決の喪失についての知見から、他人の死を信じていないことを示す継続的絆表現の非適応的な性質についてのようなことが言えるかについて、明確な結論を導き出すことはできない。

とすれば、次の課題は、良い適応に欠かせない継続的絆表現から、喪失を統合できていないことを示す継続的絆表現を区別できる継続的絆測定尺度をどうやって開発するかである。これには、提示された継続的絆表現

存在するような感覚を持ちましたか。彼/彼女があなたのしていることを知っているとか、あなたを見ているとか、さらには目に見えないけれどもそこにいてあなたを導いているといった感覚です」。死別した人が、過去1カ月に故人の存在をどの程度の頻度で経験したかを単に確かめるのではなく、この経験が主観的あるいは内的な死者の感覚なのか、それとも彼/彼女を外的に存在する意識を持った存在として経験するのかを区別する情報を求める。回答者は、まず彼/彼女の経験を説明するよう求められる。存在の感覚が、内在化に近いと考えられる他者の内的感受と見なされるのか、故人をもっと超自然的に経験していると見なされるのかを判断するための、言説内容分析の出発点をそれが提供する。続いて、次のように尋ねる。

それを、あるときある場所で起こったままに話してくれませんか。たとえば、風呂場でとか、あるレストランでとか、テレビを見ているときに彼/彼女の存在を感じた、という風にです。それとも、いつも背後にいるというようなもっと全般的な彼/彼女の感覚ですか。

故人の存在の感覚が、外在化されたものであるほど、ある特定の場所や時間に起こるものとして経験されやすい。続く質問には、「彼/彼女があなたのことを気付いていると思いますか」とか、「そのような経験では、「亡くなった方が」実際に見えたり、声が聞こえたり、感覚がしたり、匂いがしたりしますか。もしそうなら、五感のうちどれが働いていますか」などがある。未解決の喪失を意味する他者の死を信じない状態をそれが示しているのかどうかを決定できるように、そのような存在感覚経験の性質について十分な情報を得ることを目指しており、それは、従来の研究が一般にそうであったように単一項目による測定に頼っていては不可能である。

この継続的絆測定法（Field, 2006a）は、1～2年前に夫を亡くした未亡人で、複雑性悲嘆と診断された人とされていない人の比較研究で現在用いられているところである。この研究は、臨床的に意味のあるレベルの悲嘆特

第5章　絆を手放すべきか、維持すべきか

結論

死別に関する継続的絆という視点の支持者の間には、調節に対する継続的絆の関係を過度に単純化して、事実とずれたり概略的すぎる分類を行ったりする傾向があった。たとえば、継続的絆と調節との複雑な関係を強調したランド（1993）やボウルビィ（1980）をはじめとする手放し論者のように。悲嘆作業は、死を統合するためのメカニズムであって、その目標とは区別せねばならないが、少なくとも部分的には、悲嘆作業を絆の手放しと一致させてしまう傾向にその由来があるだろう。悲嘆作業の目標には必ずしも絆を手放すことを含む必要はない。フロイト派の見方が、対象は欲動表現に対して二次的であり、そして目標にはめるのである。そして目標は欲動表現に対して二次的であり、満足のための対象としての役割をもはや果たせなくなれば代替が可能であると考えるのと対照的に、人類の根本的関係志向性を強調する対象関係論的精神分析のアプローチでは、重要な他者が亡くなったとき、愛着の手放しや保存に目を向ける。したがって、これらのアプローチは、悲嘆作業の主目標として、脱愛着より再組織化を強調する。内在化を通して、故人との絆を維持しながら、同時に、死の前に存在した身体的な絆が終わったことを十分認識することが可能である。したがって、内在化を示す継続的絆表現は、死別への良い適応に欠かせないと考

有の症状を持った人々の継続的絆表現の性質をこの方法で深く調べようとしている。前述の、継続的絆と死別による調節の間の複雑な関係に光を当てることがその目的である。また、複雑性悲嘆を持つ人は未解決の喪失を持つと分類されやすいのかを確認し、そして、成人愛着面接を同じ女性グループに実施される未解決の喪失と、インタビューに基づく継続的絆測定を通して判定される未解決の喪失との関係を評価しようとしている。

120

えられる。他方で、喪失の現実を認めることができない継続的絆表現は、悲嘆作業を妨げる防衛的努力であるという意味で非適応的である。後者が非適応的作用を持つことを間接的に支持しているのは、未解決の喪失が養育に与える否定的作用が子どもの無秩序型愛着をもたらすという愛着研究の知見である。未解決の喪失に関する成人愛着面接研究の焦点が、世代間効果に当てられ、複雑性悲嘆の記述診断との関係が検討されてこなかったため、これに取り組むことが今後重要であろう。特に、死の現実を認められないことを示す継続的絆表現を評価できる継続的絆測定法を導入し、それが複雑性悲嘆に対して持つ関係を明らかにするとともに、喪失の永遠性の十分な認識と統合された継続的絆表現は喪の成功と結び付いていることを示すことが重要である。最近の文献レビューの中でシュトレーベとシュト (Stroebe & Schut, 2005) は、継続的絆に関する既存の実証研究が方法論的限界を持つため、継続的絆の適応性について明確な結論を導けなくなっていると指摘した。特に、既存の継続的絆研究の結果は、継続的絆が単に悲嘆症状の一面あるいは相関現象なのか、あるいは実際にそれが死別への調節に因果的役割を演じているのかを決定するための基盤を提供していないことを示している。その文脈でシュトレーベとシュトは、調節方法と継続的絆の関係の方向性を評価できる長期研究設計を用いることを呼びかけている。しかし、本章で明確化しようとしたように、適切な研究設計を用いるだけでなく、死別に対する適応との関係の複雑性をとらえることができるような仕方で継続的絆を定義し、操作的に表現することが最も重要である。それによってはじめて、愛する人の死への調節における継続的絆の機能を十分理解することができるようになるだろう。

ナイジェル・P・フィールド（パシフィック心理学大学院）

第6章

目標を再定義する、自己を再定義する
──喪失後の「トラウマ後成長」の吟味

喪失に適応する過程は、20世紀を通してさまざまの方法で概念化されてきたが、それらの概念化のほとんどが、世界の理解の仕方とアイデンティティの変化に対処し、最終的にはそれを受け入れることを強調している。ボウルビィ（Bowlby, 1961, 1980）は、愛着理論の枠組みの中で、多様な悲嘆反応を概念化し、遺族が、探求、混乱、再構成という段階を経ると主張した。ボウルビィ（1980）によると、悲嘆に取り組む作業は、喪失によってもたらされた混乱後に自己と世界のワーキング・モデルを再構築することを必要とする。

この喪失と再構築という主題は、その後他の多くの研究者によって注目されてきた。たとえばパークス（Parkes, 1988, 1998）は、古いアイデンティティや世界への理解が徐々に放棄され、新しいアイデンティティや世界への理解に置き換えられていく社会心理的移行として喪失を描写した。パークス（1988）は、カウンセリングが、遺族が直面するであろう移行への準備をすることで適応を促せるのではないかと述べている。

世界観の変化という概念は、ジャノフ＝バルマン（Janoff-Bulman, 1992）の、想定世界理論にも顕著に現れている。ジャノフ＝バルマンによれば、トラウマや喪失は、個人が宿している自分自身、世界、自己と世界との関係についての基本的信念を破壊するかもしれない。この見地からすると、適応の成功には、世界観を改訂することで、何らかの形で肯定的であり続けながらも喪失を組み込むことができるようなものにする作業を必要とする。

トラウマ的な人生上の出来事(ライフ・イベント)から何年も経ったとしても、サバイバーの基本的想定は、被害に遭う前と比べてすべて否定的である。彼らは幻想を奪われ、いつ悲劇が襲いかかってもおかしくないことを知っている。それでも時を経て再構築された想定世界観は、完全に否定的であったり脅威的であったりしないのが一般的である。むしろ、全般的に肯定的でありながら、不幸の現実的可能性を含む余地があるものである。(p.318)。

124

ニーマイヤー（Neimeyer, 2006）は、構成主義者の視点から、やはり、喪失後の自己感覚の再建――あるいは「自己の語り直し」――の重要性を唱えている。喪失が人の物語や人生史をしばしば混乱させることを理解した上で、ニーマイヤーは、喪失に対する対処の重要な部分は、喪失体験や人生史を組み込むような、一貫性があり肯定的な新しい物語を生み出す過程であると主張している。ギリースとニーマイヤー（Gillies & Neimeyer, 2006）は、近年、①喪失の意味を理解する、②利益を見出す、③アイデンティティの変化を統合する、という三つの相互に関連した認知過程を核とする喪失後の再適応過程モデルを提案した。

喪失によってもたらされたアイデンティティの変化に対応することは、シュトレーベとシュト（Stroebe & Schut, 1999, 2001）の二元過程モデルに記述されている回復志向過程の主要素でもある。シュトレーベとシュト（1999）は、その二つの中心的過程の一つを、人生の再構築と新しいアイデンティティの展開という課題を含む「喪失の二次的結果としての本質的変化」（p.214）に注目して、回復志向と名付けた。

個人的喪失に対処するためには、それによる変化が、世界、人生、死、目標に対する理解に関するものであれ、役割や人間関係に関するものであれ、当人が変化に対応することが要求されるのは明らかである。しかし、こうした研究者たちが述べている基本的な世界観や自己観は、一般に保守的で変化に抵抗すると考えられていることを知っておくべきである（たとえば、Epstein, 1973; Greenwald, 1980; Janoff-Bulman, 1992）。グリーンウォルド（Greenwald, 1980）の記述によれば、自我は、なんとしても自己と世界についての一貫した「全体主義」である。同じように、テイラー（Taylor, 1983）は、癌を患った女性たちが、情報を選択的に解釈することで、肯定的な自己イメージと世界観を維持しようとする様を記述した。肯定的な自己像と世界観を維持しようという強い動機を持っているほど、変化への対応は、世界観を別のものに置き換えたり、自己像と世界観を維持しようとすることではなく、自己像をゆっくりと変えていくことであると考えるのが理に適っている。変化への対応は、従来の自己、人生、世界観や

125 | 第6章 目標を再定義する、自己を再定義する

目標の理解の改訂を意味する。なぜなら元の理解は、もはや適合せず、正しいものと感じられず、手にすることが不可能なものとなるからである。必要な変化に対応できたと感じられる程度に応じて、人は、その変化を個人的成長の証と見なすことができる。

喪失、変化、成長の認知

喪失——特にトラウマ的なそれ——によってもたらされた変化は、少なくとも初期段階では、成長の機会と見なされることはまずない。愛する人の死は、人のアイデンティティの一部を脅かすことが多い（たとえば、死別した人が「私の一部が死んだ」と言うことがある）。それは、自信を揺るがし、希望や夢を粉々にし、多くの場合、より悪意に満ちた、より予測不可能な世界観を生みやすい。喪失に対処している人は、ずっと持ち続けてきた信条や人生の意味に、ときには生き続けることに意味があることにまで、疑いを持つようになる。それにもかかわらず、過去20年間に行われた何十もの研究では、遺族のほとんどが、肯定的な人生変化や個人的成長が彼らの経験からもたらされたと報告している。[1] その経験の結果、人々は、物事をあって当たり前と見なさなくなり、愛する人により近くなり、より強く、より自信を持つようになったという報告が多い（たとえば、Calhoun & Tedeschi, 1989-1990; Davis et al, 1998; Davis et al., 2007; Edmonds & Hooker, 1992; Lehman et al., 1993; Miles & Crandall, 1983; Nadeau, 1998）。このような報告の意味やそこに働いている過程は、近年熱く議論されてきた問題である。成長したという報告は、どの程度まで、喪失への適応に成功したことの指標と受け取ればよいのか、どの程度まで、コーピングとして解釈すればよいのだろうか。それらは、脅威を与える情報に対する防衛反応なのか、印象管理の一つなのか、喪失を受け入れその意味を処理したことを示す徴候なのか。本章では、相異なる機

126

能のいくつかと、個人的に成長したという報告の解釈法のいくつかを概説し、そこに関わる過程のいくつかのモデルを区別する方法を提示する。

喪失後の成長に関するいくつかの見方

テデスキとカルフーン (Tedeschi & Calhoun, 2004) は、彼らのトラウマ後成長モデルの中で、成長は、個人が極度のストレスに満ちた（特にトラウマ的な）経験の意味を認知的に処理するなかで生まれると唱えている。彼らのモデルでは、人の想定世界——コントロールと予測の可能性、他者の善意に関する基本的でしばしば潜在的な信念がそこに含まれる (Janoff-Bulman, 1992; Parkes, 1971 を参照) ——を粉砕する出来事は、意味の探究へと人を導く。人生の道のりは、もはや予測可能ともコントロール可能とも感じられず、他者の善意や偶然の役割について抱いていた想定が破壊される。多くの遺族は、「なぜ、彼／彼女が」とか、「なぜ、あんなに若い〔あるいは、思い遣り深い、親切な、活力に満ちた〕人が奪い去られねばならないのか」と問いかける。この意味の探究は、世界がいかに機能しているかについての自らの理解を再構築しながら、自らの想定世界を調整する試みを表している。このモデルによると、喪失の意味を成功裏に処理するうちに、その経験の中に価値を見出すようになり、経験に関するその（肯定的）評価がトラウマ後成長と理解される。なぜその喪失が起こったのか、そしてそれは何を意味するのかを理解しようと格闘するなかで、人は多くの面で成長する。人生への新しい見解や評価を展開し、自

---

1 研究や理論は、個人的成長、利益、肯定的人生変化などの概念を区別していないことが多い（たとえば、Tedeschi & Calhoun, 2004）。本章では後に、こうした概念の区別が有益であることを述べる予定である。

127 | 第6章　目標を再定義する、自己を再定義する

分が有能である、あるいは自立していると学び、他者への共感的な理解を獲得し、より強く深い人間関係を結び、トラウマ後成長の実現は、喪失やトラウマの意味の処理に成功するかどうかにかかっているようである。より高い精神性を帯び、新しい可能性を発見するか（たとえば、Tedeschi & Calhoun, 1996）。トラウマ後成長の実現は、喪失やトラウマの意味の処理に成功するかどうかにかかっているようである。

ジョセフとリンレイ（Joseph & Linley, 2005）も、これに類似したモデルを記述している。彼らの成長の有機体的価値づけ理論によると、トラウマを経験する人は、経験に関わる情報処理を自ら完遂したいという内的動因（Horowitz, 1986）によって動機づけられる。その情報には、経験に関わるイメージ、情動、そして最も重要なことだが、彼らの世界観や自己観にとっての意味が含まれる。喪失に関わる情報が従来の知の構造に同化されなければ（意味がないなど）、その知の構造が調整されなければならない。肯定的調整は、この理論において成長と見なされ、反対に否定的調整は、抑うつ、絶望、孤立無援などの徴と受け取られる。ジョセフとリンレイは、人が

「出来事によって立ち上がった実存的問題に開かれている」と、肯定的調整が起こると言い、その調整を、「自らの人間関係、力や復元力（レジリエンス）、人生哲学を再評価し、その価値をさらに完全に認めるとともに成長に導く」(p.273) 認知的情報処理と表現する。他方で否定的調整は、絶望と孤立無援感に完全に導くものである。「人間は成長志向の活動的有機体であると仮定し」(p.269)、それゆえ、より本来に近い姿になり、自身と他人を受け入れようとする方向に自然に動機づけられていると仮定しているという意味で、この理論は有機体的である。苦難を乗り越えることは、このモデルでは、より大きな自己受容と自己理解へと進む有機体的衝動につながる媒体である。それゆえ、苦難の後に成長できないことは、出来事が、既存の知の構造の範囲に同化されたか、その知の構造が否定的に調整された（たとえば、世の中は安全ではなく、予測不可能であり、災害はいつでも襲うという見方）ことを意味する。

テデスキとカルフーンのモデルにもジョセフとリンレイのモデルにも一致するのだが、愛する人の喪失がより否定的な想定世界に結び付くことを示唆する研究がある。ジャノフ＝バルマン（1989）の世界想定尺度（World Assumptions Scale）を用いて、世界の意味深さ、善意、自己価値に関する想定を測定して、シュヴァルツバーグ

128

とジャノフ＝バルマン (Schwartzberg & Janoff-Bulman, 1991) は、過去3年以内に親を亡くした学生と親の死を経験しなかった学生とを比較し、死別した学生が、世の中の意味深さに関して否定的評価を報告することを見出した。ボーレンら (Boelen et al. 2004) も同様の研究を行い、死別した協力者は、統制群の協力者と比較して、世の中の意味をより否定的に、自己価値をより低く評価することを見出した。マシューズとマルヴィト (Matthews & Marwit, 2003-2004) も、世界想定尺度を使用し、死別した親は他と死別していない親と比較し、世界の善意に関する想定において死別した親は他と異なることを見出した。マシューズとマルヴィトはまた、死因の違いによって（たとえば、殺人、事故、病気で）世界観に有意な違いを見出した。こうした研究は、喪失が世界観に否定的に作用するという見解を支持しているものの、そのような世界観の危機が個人の成長と連関しているかどうかを評価した研究を私は見たわけではない。ある特定の世界観の危機が、成長に関するストレスの強さが、成長の報告と正の方向に連関していることを立証している (たとえば、Park et al. 1996; Tedeschi & Calhoun, 1996) 2001年9月11日のテロ攻撃の6週間後に、小コミュニティーで成人カナダ人に行ったインタビュー調査で、デイヴィスとマクドナルド (Davis & Macdonald, 2004) は、1回目のインタビューにおいて、攻撃に続く24時間の最も強い苦痛と、最も否定的な変化を報告した人が、1年後には、その時点についても将来についても、肯定的な人生の変化を報告する傾向が高かった。このようなデータは、世界観への厳しい脅威が成長の自覚を促す可能性を示唆している。

2　ジョセフとリンレイ (2005) のモデルにおいて、肯定的調整と否定的調整を、その結果（成長、ないし、絶望孤立無援感）から独立して評価したり定義したりできるのか明確ではない。彼らの記述では、素朴に楽観的な世界観から現実的なものへの移行は、それが抑うつを感じさせるなら否定的調整であり、賢くなったと感じさせるなら肯定的調整である。

129　第6章　目標を再定義する、自己を再定義する

トラウマ後成長モデルへの批判

テデスキとカルフーンのモデルおよびジョセフとリンレイのモデルはいずれも、成長は、喪失の意味の処理に成功することにかかっていることを強調している。もし、喪失という出来事が世界観や自己観を損なわず、喪失の意味を説明するための知の構造を調整することができないと、成長は起こらないだろう。喪失の前向き研究で、デイヴィスら (1998) は、意味形成 (死別を経験した協力者に喪失の意味を見出すことができたかどうかを尋ねることによる評定)と、感じ取られた成長 (自らの経験に何か肯定的なものを見出すことによる評定) は、どの程度相互に、そして適応に関係しているかを検討した。喪失に意味を見出すことと、肯定的側面を見出すことはそれぞれ独立して適応を予測したが、互いに相関していなかった。つまり、成長したと感じ取った人は、そうでない人に比べ、喪失に意味を見出す傾向が強いわけではない。

デイヴィスら (1998) の研究への参加者が対処していた喪失が突発的なものではないことに注意する必要がある。全員が終末期にある愛する人を看護しており、最後に死に直面した際にショックを受けなかった。多くの人が死を不公平なものととらえ、喪失に意味を見出すことができ、喪失を既存の知の構造に同化させたように見える。研究に参加したある (かなり典型的な) 人はこう語った。「亡くなったことが不合理と思ったことはありません。だって彼はなぜ愛する人が亡くなったのかを語ることができ、喪失を既存の知の構造に同化させたように見える。研究に参加したある (かなり典型的な) 人はこう語った。「亡くなったことが不合理と思ったことはありません。だって彼は長年にわたって喫煙していましたから。私にはとても納得できます」(p.566)。このように、参加者によっては彼喪失の意味を処理することはほとんど必要ないようである。そのような人は、意味の探究をしない人

次に、デイヴィスら (2000) は研究の中で、意味の探究をしない人 (ということはおそらく喪失を既存の知の構

造や世界観に同化した人）と、意味の探究をする人（ということはおそらく世界観を調整しようとしている人）を区別する重要性を示した。伴侶や子どもを自動車事故で亡くした人のサンプルと、乳幼児突然死症候群による突然でトラウマ的な喪失に対処している人のサンプルのうち、デイヴィスたちの報告によれば、このような突然でトラウマ的な喪失に対処しているグループの人々は、少数だがある程度の数に上る人々は、意味の探究をしないし、平均以上によく適応している。最も適応がうまくいっていない人は、意味の探究を続けながら成功していない人たちである。

このパターンの結果は、近年、トルスチコヴァら (Tolstikova et al. 2005) によって再現された。84名の死別した成人サンプルは、そのほとんどが飲酒運転による事故で愛する人を失った人からなるが、複雑性悲嘆（Ch 8を参照）の基準に合致する参加者はすべて喪失に意味を見出すことができないか、あるいは喪失に意味を見出すことができず、複雑性悲嘆の基準に合致しない参加者のほとんどは、喪失の意味を見出すことができた。デイヴィスら (2000) もトルスチコヴァたちも、意味の探求および喪失の理解が、感じ取られた成長に対して持つ関係を吟味していないが、彼らの研究から、トラウマ的喪失の場合でも、喪失の理由を問うことなくうまく対処している遺族がいることが分かる。このグループに属する人は復元力（レジリエンス）があると見られ、喪失に比較的早く適応している。

3 （参加者が対処している喪失のタイプの点で）幅広い大量のサンプルを用いたホランドら (Holland et al. 2007) による最近の研究では、デイヴィスら (1998) が用いたものと類似の項目を用いて、喪失の意味づけと肯定的な側面を評価する程度を評価した。ホランドたちが、意味づけと成長の間には中程度の相関を見出したが、意味づけおよび肯定的側面の発見と、複雑性悲嘆得点の間に、有意な交互作用を見出した。本章で行っている分析と一致して、複雑性悲嘆得点の低い参加者は、喪失の意味を理解しながら、肯定的側面は報告しなかった。ホランドたちは、このグループの多くが、喪失に先立って存在したと推測される宗教的枠組みの中で死別を理解していたことに触れている。最も高い複雑性悲嘆得点の参加者は、喪失に意味を見出せず、どんな利益も見出すことができなかった。ミッシェルとスナイダー (Michael & Snyder 2005) も、死別した人における意味づけと利益発見を評価したが、その間の相関はなかったと報告している。

するようだが、それはおそらく喪失の情報を容易に消化吸収できる世界観を彼らが持っているからだろう（Bonanno, 2004; Neimeyer, 2005）。一般に、喪失の意味づけは適応への決定的要因ではないが、——ジョセフとリンレイ（2005）の有機体的価値づけ理論に一致して——喪失に意味づけできないでいることは適応困難の明確な指標のように思われる。

　意味形成が明らかに欠如している場合でも人は成長を感じ取るという事実（両構成要素間に最大でも中程度の相関しかないことによって示される。喪失の意味づけは適応への決定的要因ではないが、（意味形成あるいは図式の再構築がのちの成長に欠かせないことを提唱するような）トラウマ後成長モデルを仮定する必要があることを意味するか、あるいは他の仕方でトラウマ後成長が起こることを意味するかのどちらかである。意味形成は不可欠な要素ではないだろうと書いている人も多い。たとえば、マクミラン（2004）は、テデスキとカルフーン（2004）のトラウマ後成長モデルへの論評の中で、肯定的変化（または成長）は、世界観が揺るがされるような混乱とは関係がないと主張している。たとえば、人間関係の肯定的変化は、個人的経験を他人と分け合ったり、他人に依存したりするときに起こりうるし、目標の変化が新しいスキルや新しい個人の統制感覚を発達させることもあると指摘している。ジャノフ＝バルマン（2004）もまた、テデスキとカルフーンのモデルに応答して、三つの成長モデルを提示した。①苦しみから生まれた自己理解の変化を中核に置くモデル。②世界観の変化を中核に置くモデル。③意味形成、優先順位、人生の再評価、精神的変化を中核に置くモデル。彼らをはじめとする研究者たちは、一般的に成長と理解されているものは数多くの過程から発生しており、そのうちには粉砕された自己観や世界観とは関係ないものがあるだろうと示唆している。

　他方で、ウォルトマン（Wortman, 2004）は、成長があったという報告は、死別した人側の、よく対処しているのではないかと主張している。サバイバーのるという印象を与えようとする防衛や努力をある程度反映しているのではないかと主張している。サバイバーの

132

社会的ネットワークの中にいる人は、ある意味、苦悩の表現と否定的な人生の変化に対して否定的に反応することで、肯定的な人生の変化や成長を表現する方に「突き進む」ことを示唆する先行研究もある（Coyne et al., 1988; Silver et al., 1990）。確かに、テイラー（Taylor, 1983）の認知的適応理論によると、個人的成長の報告は、出来事ないしより一般的には自らの人生を制御（マステリー）している感覚や自尊心を、維持し支える役割を果たす、認知的防衛や幻想を表している。テイラーは、人は厳しい否定的出来事の意味を最小限にとどめることができると主張する。たとえば、より悪い状況を想像する、出来事による利益を憶測する、自らに役立っているような局面に選択的に焦点を当てる、より不運な人と自分を比べる、などである。死別した人が語る、知覚された利益（自らの自尊心への脅威に対する見方の変化と価値観や姿勢の変化のいずれも）のいくつかは、成長例というよりは、喪失体験の中にある自尊心への脅威に対して用いることのできる防衛反応である（たとえば、Davis & McKearney, 2003; McFarland & Alvaro, 2000; Schwartzberg, 1993 を参照）。その経験を通り抜けた結果、自分は前より強くなった、対処できることを知った、人生の重要なものの価値を分かるようになった、といった特徴的な発言が意味しているのは、以前は弱かった、対処できないのではないかと思った、以前は人生の重要なものの価値が分からなかった、ということである。これらはすべて自尊心が脅かされたことを表している。

成長の意味を解明する

成長がどのようにして起こるのか、そしてそれが何を意味するのか、に関して概念的混乱があることを前提として、デイヴィスら（2007）は、成長過程を理解するための別のアプローチを考えた。従来の研究が、トラウマ後成長得点をもたらす幅広い知覚された変化を網羅するデータを収集してきた（あるいは、あらゆる知覚された成

長を評価するための1項目を用いた)のに対し、デイヴィスたちは、さまざまの知覚された成長を報告する死別した人々が、自然な群をどの程度形成するかを検討した。それらの群をテデスキとカルフーン(2004)のトラウマ後成長モデル上に位置づけるために、喪失の意味に関する反応と、意味の探求や発見について人に報告したかどうかも含めた。結果を述べる前に、参加者はすべて、愛する人(父、息子、夫、兄弟姉妹)をカナダの悲劇的炭鉱事故で同時に亡くした人であったことを記しておく必要がある。この事故は、最初は国家的重要性を持つ災難として、後には企業犯罪、隠蔽、官僚の無能が曝露される可能性がある事例として、圧倒的な量の注目をメディアから受け続けた。爆発が起こった1992年5月から1996年1月までに、事故が起こった州の二つの日刊誌で、事故やその後にまつわる記事が1765回掲載された(McMullan & Hinze, 1999)。この事故は、市民の関心の的となり、何冊かの学術書や一般書籍、ドキュメンタリー映画、演劇の主題となった。刑事告発と民事訴訟が会社、経営陣を相手取って行われたが、さまざまの理由でどれも成功しなかった。家族にとって事故は、突然で予期せぬ愛する人の喪失であっただけでなく、破壊された信条、破られた約束、欺きそして搾取というどこまでも続く事件の連続であった。ある家族がこのように記している。

もし彼が交通事故にあったのだったら、あるいは癌か何かを患って自ら対処していたら、私は受け入れることができたかもしれない。でも、私は満足できない、絶対に。これからもできない。なぜなら、正義が戻ることがもうないから。私は正義を信じることがもはやできない。(Davis et al., 2007, p.709)

研究で焦点が当たるような多くの喪失とは異なり、この喪失は——暴力的であまりにも突然であることに加えて——愚かで、不要で、未然に防ぐことができたという思いを人々に与えたため、特に想定世界観を揺るがしやすいものであった(Janoff-Bulman, 1992)。

デイヴィスら（2007）は、亡くなった炭鉱労働者の家族の反応をコード化し、記された主題について各個人が互いに似ている程度を評価した。結果として生まれた類似性マトリックスが、次に階層群プログラムにかけられた。得られた三つのプロフィール（ないし群）のうち一つは、テデスキとカルフーン（2004）が示したトラウマ後成長モデルにぴったりと当てはまった。この群に属する記述が典型である）、肯定的変化（内的力を得、意味を探求し何らかの意味を発見しようとし（個人的成長の源になったという記述が典型である）、肯定的変化（内的力を得、意味を探求し何らかの意味をつかんだなど）を報告する傾向があった。ある女性は、個人的変化を以下のように記している。

私はなんとしても［何か肯定的なものを］得ようとした……彼のことをたくさん考え、彼が私に何をして欲しいだろうかと考えた……そしてそのことでとても力づけられた……私に対処できないことは何もないと思うけれど、その力を前から持っていたとしても、私の中にそんな力があるとは知らなかったと思う。

第2群を構成した人は、喪失の意味づけに成功せず、おそらくその結果として肯定的変化や成長を感じ取ることができず、否定的変化や粉砕された世界観だけを報告した（Davis et al., 2007）。喪失体験がどのように人生哲学に影響したかを問われて、この群に属する人は、まず否定的変化を報告する傾向がある。たとえばある参加者はこう言った。「人が誰かを殺し、その罰をあんなに公然と免れるなど想像したことがなかった。……私の人生観は根本的に変わってしまった」（Davis et al., 2007, pp.706-707）。

しかし第3群がおそらく一番興味深いものである。この群を構成する人は、意味を探求したことはないと報告し、中程度の「成長」を報告した。その成長は何より人生哲学における肯定的変化という側面においてであった

（たとえば、「私は人生をより重んじるようになった」「毎日そのときを生き、最もよく生きようと努力している」）。このグループの人が、テデスキとカルフーン（2004）やジョセフとリンレイ（2005）が記述した概念で考える限りで、トラウマ後成長を経験したと言えるのかどうか議論の余地がある。これらの参加者は、トラウマ後の成長を査定するために開発された同一の質問項目に対応する肯定的変化を記述したものの、粉砕された自己観や世界観、意味の探求、人生史の書き換えといった過程を通り抜けたという感覚がない。その上、彼らが報告した成長感のほとんどの部分が、第1群に属する人が記した成長感と異なっている。「人生をより享受している」「今を生きている」ことを示すものの、自らをどう見てどう理解するかに関する変化、あるいは目標や目的やアイデンティティの変化を報告しなかった。ある一連の変化が他の変化より本質的なのかどうか決定する方法はないが、第1群から報告された変化は、自らの内部における変化、つまり個人的成長に関連するように見える。対照的に、第3群を構成する者が言及した変化は、世界観の洗練をより多く反映しているようである。この群に属する人が、何らかの意味を探求したかという質問に対して答えた次の発言がそれを示している。「私は起こったすべてのことに意味があると考える人間ではない。それはただ起こるべくして起こったと思う。もし起こらなかったらもっと悪いことになったかもしれないと思う」（Davis et al., 2007, pp.707）。このような人々は、悪いことが起こりうるという事実を受け入れ、だからこそ今を生きることで人生に集中しなければならないようである。

まとめると、炭鉱事故の研究によると、自己を揺さぶる崩壊があったことを示すプロフィールに当てはまる人もいる。目的や意味の探求、自らが変化した、成長した、特別な個人的資質（強さ、共感、処理能力など）を開花させたなどの感覚を報告し、この経験に対処せねばならなかったためにそれらが生まれたと言う（Davis et al., 2007）。このプロフィールは、意味形成がトラウマ後成長に不可欠であるとするモデルに一致している（Joseph & Linley, 2005; Tedeschi & Calhoun, 2004）。しかし、肯定的変化を報告した他の参加者は、このトラウマ後成長モ

136

デルの鍵となる特徴を示さなかった。このグループの人は、意味を探求しなかっただけでなく、いくらか異なった利益あるいは肯定的変化があったことを示した。個人的資質やアイデンティティや人生の目標における変化を示すのではなく、態度や価値観の変化を強調した。これらの変化は、第1グループによって報告された変化と同じくらい現実的であるものの、同じ過程を反映するものではなく、死別した人自身にとって異なった意義を持つのではないかと私は考える。トラウマ後成長の例と見なされない変化だろう。

成長の要素を分析する――利益、洞察、持続的トラウマ後成長の区別

デイヴィスら (2007) の研究を見ると、喪失後に報告された成長をより精密に分析することで、関係する過程と意味をより正しく理解できるのではないかと思われる。互いに異なった成長プロフィールを区別することで、成長の過程と意味を明らかにできるのではないかと思われる。まず、これらの発見に基づいて、デイヴィスとノーレン=ホークセマ (Davis & Nolen-Hoeksema, in print) は、個人的成長と利益との間に線を引くべきだと指摘する。利益は、災害の経験から生じる一般的だが比較的一時的で偶発的な副産物であり、社会的関係の改善、価値観や優先順位への小さなまたは一時的な順応、新しい可能性の実現などが含まれる。トラウマ後成長は利益と区別されると私は考えている。トラウマ後成長は、重大な関心事項や人生目標における重要で持続的な肯定的変化のことを示している。役割における変化が引き起こす変化がそこに含まれるだろう。たとえば、一家の大黒柱や養育者になることで、人は決断力を備え、自信に満ち、共感的で慈しみ深くなる。このような成長は、人生目標の変化も促すだろう。たとえば、喪失経験を通り抜けることで、遺族がホスピスや緩和ケアに従事しようとすることがある。炭鉱事故で亡くなった人の家族のなかには (Davis et al. 2007)、その経験の結果、政治活動に参加するようになり、労

137 | 第6章 目標を再定義する、自己を再定義する

表6-1 成長のプロフィール

成長	（知覚された）利益	役割と目的の変化	洞察
持続期間	一時的ないし短期的	目的志向行動における持続的変化	自己理解における持続的変化
質	錯覚の可能性あり 自尊心の維持	他者にも分かる（自信の向上、慈しみ深さなど）	他者には見えない可能性あり（自己認識の向上など）
何に基づいて起こるか	喪失ないし悲運に付随	混乱した世界観ないし自己観に応じる	愛着像喪失ないし苦しみに応じる
達成に必要な努力	典型的には受け身的 努力を傾けた処理を要しない	努力を傾けた意味の処理を要する	努力を傾けた感情の処理を要する

働上の健康と安全に関するより厳しい法律を制定するように政府に圧力をかけた。決定的なポイントは、そのような変化が、単に人が事物に関してどう考えるかではなく、人が何をするかに現れることである。したがって、重要な個人的変化をそうでもない変化から識別する上で欠かせない方法の一つは、前者が、社会的ネットワーク内の他者の目にその変化が見えるくらいに、行動だけでなく、自らのアイデンティティや人生物語の表現の仕方にも現れるだろう（たとえば、Neimeyer, 2006; Pals & McAdams, 2004; 表6-1を参照）。[4]

第2に、利益と違って、トラウマ後成長には、喪失の意味の能動的処理と、新しい目標設定とその目標に向かって重要な一歩を印す時間を必要とする。それは一夜にして獲得できるようなものではないが、単に現在の状況や自らの過去の再評価だけに帰することができるものではない。こうした目標追求への集中は、フランクル（Frankl, 1955/1986）[5]が記述した意味ある人生の観念に似ている。フランクルによると、意味を欠いた人生は実存的空虚に陥り、人生の意味を感じ取っている人は、目的感覚を持っていると主張した。フランクルは、人は、目的を設定し到達すること、そして、人生を受動的に目撃するのではなく能動的に関わることで、意味を獲得する。

138

この視点からすると、成長とは、個人的に意味のある目標の再設定と、その目標の達成に向かって進むことを意味する。

利益を感じ取ることは、トラウマから比較的短期間のうちに、さまざまの過程から起こるものだが、——私が定義するような——トラウマ後成長は、テデスキとカルフーン（2004）がその概略を描いたような過程をたどる可能性が高い。そこには、自らの世界観や自己観の大幅な再編成、喪失やトラウマの意味の相当程度の認知的処理、人生の意味や方向を変えるような新しい一まとまりの目標や関心事の出現が含まれる。そのような成長には、改正した優先順位を採用したり、新しい人生哲学を採用したりすることにとどまらず、新しい目標達成に向かって行動に従事しそれを持続することまでが含まれる。

利益ともトラウマ後成長とも区別される、変化の三つ目の側面は、より目立たないが重要な変化であり、自らを理解する仕方の変化である。この側面を私は、洞察の獲得と呼ぶことにする。この線に沿って、ナーケン（Nerken, 1993）は、成長の重要な側面は、内省的（または解釈的）自己のより深い理解の発展であると主張した。たとえば、喪失（または他の苦難）を経験した結果、「自身をよく理解するようになった」とか、「自分の感情に触れるよう

4 いくつかの初期の仕事で、私は同僚とともに、知覚された変化のあらゆる側面を知覚された利益と呼んだ（Davis et al., 1998）。そこでは明記しなかったが、成長という用語は、何らかの基準に照らして妥当と判断され、持続する、重要な変化のために取っておいた。それらの初期の研究における参加者が報告した変化には、本章で私が定義している「利益」ともあれば、「成長」と記述した方がよかったものもあるだろう。そうした変化がどの程度重要で、妥当で、持続的であるのかについての実証データが欠けていたため、私たちは、報告されたそれらの変化を成長ではなく利益と呼ぶことにしたのである。

5 ただし、短時間で劇的に変化する人もいることが分かっている。ミラー（Miller, 2004）は、このような転換体験を量子変化と称している。そのような変化をどの程度までトラウマ後成長と見なすべきかは不明である。

139 | 第6章 目標を再定義する、自己を再定義する

になった」と言う人がいる。ナーケンは、自己理解のために故人に頼ることが少なくなり、自分が誰なのか、何ができるのかを知るために自分自身を頼るようになるという意味で成長を遂げると主張している。「内省的自己が核心の自己と協働し……より有効なレベルの自己との関係、自己への問いかけ、より単純に言えば自己認識を獲得する」これは一般に真実性と呼ばれるものである」(p.57)。この過程に関するナーケンの記述に従うと (Kessler, 1987 も参照)、この側面の成長は、テデスキとカルフーン (2004) が記述する過程とは区別される。ここで焦点となっているのは、粉砕された世界観や自己観、あるいは喪失に意味を見出すことではなく、自己定義を助ける人 (たとえば愛着の絆を持っている人) を喪失したことでもたらされた内省ではなく、その核心の理解の仕方の変化であると主張する。
核心的自己 (自分が誰か) にもたらされる変化ではなく、その核心の理解の仕方の変化であると主張する。[6]

要約と結論

概念としてのトラウマ後成長は、多くのことを意味するようになった。たとえば、テデスキとカルフーン (2004) は、幅広く定義して、「きわめて大きな困難をもたらす状況と格闘した結果もたらされる肯定的な心理的変化」としている (p.1)。その結果、成長が何を意味し、いかにそれが起こるのかに関する、有益で一貫した理解を発展させることができていない。理論的、経験的、実践的な観点からして、次の三つの概念を区別することが有益である。①利益 (苦難を経験したことによる一時的で偶発的な副産物と私が考えるもので、たとえば家族と近くなる、新しい友人関係を形成するなどである)、②役割や目的における外から分かる重要な持続的変化 (たとえば、自らの強みと弱みをよく知る、新しい目標を追求するなかで成功を経験して自信を高める)、③洞察の向上 (たとえば、自らの強みと弱みをよく知る。表6-1を参照)。これらはいずれも異なった一連の過程を表しており、それぞれが適応と健康に対する互いに区別さ

140

れる異なった意味を持っている。テデスキとカルフーンが記述する、想定を粉砕するトラウマに始まり、喪失に意味を見出す過程、図式の再構築を経て、最終的に持続的成長に至るというトラウマ後成長モデルは、広範にわたる互いに異なった過程を表していると私は考える。そこには、防衛と脅威への対処法のいくつかも含まれるし、新しい機会を利用する方法のいくつかも含まれる。三つ目のカテゴリーである洞察は、ナーケン (1993) による、自己の理解法に見られる変化の分析に基づいている。自己知の向上は重要な結果であるが、そのような成長を促したり抑制したりする要因を明らかにすることは、今後の研究の重要な目標である。そこに関与する過程とそのような変化を開発し自己報告に頼らず査定する方法を開発しなければならない。

今後の研究は、こうした異なった過程の間の相互関係にも焦点を当てるべきである。たとえば、利益を感じ取ることは、それが的確であろうとなかろうと、心理的脅威への最初の重要な反応の仕方であろう。そのような最初の反応は、希望、楽観主義、援助的関係の維持を助けることで、後に起こる成長を促すことができるだろう。この線に沿って、セリグマンら (Seligman et al., 2006) は、近年、抑うつのレベルを下げるために、うつ状態にある人に対して与える一連の宿題を記述している。宿題の活動には、肯定的側面を考えることや、日々の「感謝」を記録することなどがある。こうした肯定的再評価 (または利益に目を向けること、Affleck & Tennen, 1996 を参照) を奨励することで、「なぜ私が」と問いかけたり、死を防ぐために何ができたかと常に問いかけることを減らし、新しい目標や新しいアイデンティティの発展のような回復志向の否定的影響にばかり目を向けることを減らし、新しい目標や新しいアイデンティティの発展のような回復志向の問題により意識を向けさせるだろう (Stroebe & Schut, 1999)。

成長と変化のモデルが役立つならばそれだけ、私たちは、いかに成長が起こるのか、それが何を意味するのか

6 研究者のなかには、そのような洞察は苦悩の経験から生じると言う人もいる (たとえば、Janoff-Bulman, 2004)。

を実証的に示さなければならない。一時的で偶発的な変化を考慮に入れていない。したがって、私たちの主要な関心が持続的な肯定的変化にあるとすれば、目標、目的、人生の方向性における外的に観察可能な変化とともに、より内面に方向づけられた肯定的変化にもっと注目する必要がある。役に立つことを目指すには、今後の研究で、年月を経て成長するという主張をさらに有効に実証すること、そしてそのような変化が、健康と適応の行程にはたして影響しているのかさらに示すことが求められる。肯定的変化や成長の自己報告は良い出発点となるが、このような報告が意味するものの理解に私たちを近づけてくれるわけではない。「自らの家族により近くなる」「日々に感謝する」(Davis et al. 1998; Lehman et al. 1993; Tedeschi & Calhoun, 1996) といった言葉は、一時的ないし偶発的な利益として受け取るべきか、洞察として受け取るべきか、いかに他人とつながっているかや日々何をするかといった点における観察可能な持続的変化として受け取るべきか、を知るのは難しい。こういった諸側面を詳細にわたり分析することで、トラウマ後成長とは何か、それがいかに起こるのか、それが何を意味するかについてのより優れた理解に導かれるだろう。これが明確になれば、私たちは、喪失によってもたらされた個人的、社会的、心理的変化と格闘している人々をずっとうまく援助できるようになるだろう。

クリストファー・G・デイヴィス（カールトン大学）

第7章

子どもの喪失──突然死と長期の闘病

本章ではまず、暴力的な突然の死によって子どもを失った親に焦点を当てる。ほとんどの場合、思春期か青年期の子どもに起こる死である。そうした死は、事故、自殺、殺人を含む、予期しない早世である。本章は、このような死の下位集合（たとえば、事故、自殺、殺人）に特化した親の死別についての研究成果を概観することから始める。次に、広い視野の中にその死を収めるために、長期の闘病の末に子どもについての研究成果を失った親に関して得られている研究結果を要約する。そういう死は、予期しないものでも突然のものでもないのが一般的である。突然で暴力的な子どもの死によって生じる死別の軌跡と、長い闘病の結果死に至った場合とを対照することで、子どもの死の原因がどのように親に影響するかを明らかにする可能性を検討できる。最後に既存データの強みと弱みを議論して本章を閉じる。

本章で論じる話題は、子どもの死は、残された者にとって、他の血縁者の死、たとえば、親、伴侶、兄弟姉妹の死よりも、より破壊的であるという見解に基づいている (Middleton et al. 1998; Sanders, 1979-1980)。多くの国で、少なくとも西洋世界では、事故と怪我が若年層の死の最上位に位置してきた。米国では、事故による死の発生率が、25の工業国の中で最も高い (Centers for Disease Control and Prevention, 1997; National Center for Health Statistics, 2004)。15～24歳の死因では、2位が殺人で、3位が自殺である。残された者にとって、不慮の死は、予期された死よりも対処が困難と考えられている。エーヴリー・ワイスマン (Avery Weisman, 1973) の、時宜を得た死（観察される死別が期待される死に等しく、受容可能なとき）と時宜を得ない死（時期尚早の死、不慮の死、いたましい死）の概念は、文献にほとんど引用されていないが、適切な区別を示す証拠がある (National Center for Health Statistics, 2004)。そのような破壊的な喪失と親が折り合いをつけるには、長い年月を要することを示す証拠がある。癌は、米国を含む多くの国で、不慮ではない子どもの死因の最上位に位置する。癌による子どもの死は、珍しいことではないが、他の慢性疾患による死よりも親にとってストレスが強い。そのため、癌による子どもの長期の闘病後の親の死別に関するのちの議論で、癌を死因とする事例に&Johnson, 1997）によると、癌による子どもの長期の闘病後の親の死別に関するのちの議論で、癌を死因とする事例に

144

焦点を当てる。

突然の暴力的な子どもの死

　青少年が暴力的な死に方をすると、その死の突然さが親を圧倒するが、特に、子どもへの危害が故意のものであったり、手足が切断されたり、親にとって避けることができた死に見えたときはそうである (Green, 1990; Rando, 1996)。子どもの死の場面の絶え間ない挿入的イメージ、子どもを想起させるものの回避、過剰な警戒による疲労を親は訴えた。最近になるまで、悲嘆と抑うつが、研究される主な影響だった。親への影響を予測する危険因子も研究されてきた。親の性別、年齢、婚姻状況、自尊心、コーピングスキル、信心深さ、ソーシャル・サポート、同時期の否定的出来事、死に意味を見出す力、そして年齢、性別、死因をはじめとする子どもの特性などである (Davis et al. 2000; Séguin et al. 1995, Stroebe & Schut 2001)。このような因子が、辛い移行期における親のニーズの一部を私たちに理解させてくれた。伴侶を失った人の場合と対照的に、親のニーズについては基準となるものが知られていない。たとえば、喪に服すべき期間の長さ、あるいは新しい子どもを持った方がいいのか、いつ持つのがいいのかについて、合意は存在しない。

　子どもの突然の暴力的死によって、親の婚姻関係や社会的関係に影響が及ぶ恐れがある (Gilbert, 1997; Schwab, 1992; M. P. Thompson et al. 1998)。2次被害が、メディアや刑法システム、無知な上司や知人から発生することがある (Amick-McMullan et al. 1991; K. E. Thompson & Range, 1990–1991)。リーら (Li, et al. 2003) は、不自然な原因の死によって子どもと死別した母親は、統制群の母親に比べると、子どもの死から3年間で有意に高い率で死亡することを示した。

母親の死の原因（たとえば、病気あるいはライフ・スタイルの要因）は報告されていない。不自然な原因で子どもが死亡した父親もまた死のリスクが高かったが、その期間は短かった。暴力的な死に関する一般的知見に加え、本章で扱う暴力的な死の原因のそれぞれに、独特の特徴が見られた。たとえば、ティーンエージャーの事故死のほとんどは自動車事故によるものである。そうした子どもは、スピードの出しすぎ、制御システムを使わないといった危険を伴う行動を取っていたかもしれない (Dryfoos, 1991)。親は、別のようにできたか否かにかかわらず、子どもを守らなかったことで自分を責めることが多い (Rando, 1996)。自殺による死は強いスティグマとなって残る。殺人によって死別した親は、強烈な悲しみと、支援の欠如を報告している (Jordan, 2001; K. E. Thompson & Range, 1990-1991)。残された者は、怒り、敵意、復讐の感情を報告し、PTSDの三つの診断基準すべてに相当する症状を経験する。①出来事の再体験、②想起させるものの回避、③過覚醒の三つである (Stevens-Guille, 1999; M. P. Thompson et al. 1998)。

要約すると、子どもの暴力的な死に続く親の死別体験に結び付いた、幅広い否定的結果を先行研究が明らかにしている。しかし、長期的、前向きの研究設計を用いた研究は少ししかなく、そのうちには、自由参加によってサンプルにバイアスがかかっているものがあり、一般に結果の変数は1次元である。

親の死別プロジェクト

筆者と数名の同僚は、1990年代に、米国北西部の二つの州で、突然の暴力的な死で死別した親の研究を実施した。その研究目標は、設計およびサンプリングと、多重分析に取り組むことにより、先行研究の結果を拡張することにあった (Murphy, 1997)。RCT（無作為治験）が行われ、その目的は、予防的介入の効果を検証し、フォ

ローアップ観察を実行することで、精神的および身体的な健康状態、PTSD症状、結婚生活の満足、家族機能、喪失の同化（たとえば、死の受容）の、時間経過による変化を検証することであった。研究設計を作成する前に、研究チームは、死別した親とそうでない親の間に、後の帰結の統計的有意差が確認されていることを知っていた（死別した親は、精神的および身体的な健康の値が低い）。

参加者保護に関する制度上の許可を受けてのち、死亡した子どもの死亡証明書から親の名前を得たため、すべての遺族に等しい研究参加の機会があった。3年間に、261名（母親171名、父親90名）が参加者に登録された。そのサンプルには、69の既婚夫婦、123名のシングルマザーが含まれている。5年後には、173名の親が研究にとどまり、既婚夫婦とシングルマザーの割合は同じであった。本章で筆者は、子どもの死から4、12、24、60カ月後においてその173名の親から得た調査データを提示する。

親の年齢は、32～61歳、平均年齢は45歳であった。親の修学年数は平均13・8年で65％が就業していた。サンプルの86％は白人で、調査の行われた1990年代における、二つの州の人口構成と一致していた。親の宗教的属性を明かした。平均婚姻年数は18年であった。亡くなった子どもの平均年齢は20歳で、65％が男性であった。事故が最も多い死亡原因で（57・8％）、次いで、自殺（23・6％）、殺人（9・7％）、検死されていない死（8・9％）と続いた。

結果の変数は、精神的疾患、PTSD、婚姻生活の満足度、身体的健康、死の受容、死に意味を見出すことである。独立変数は、コーピング、自尊心、ソーシャル・サポートであった。データは、質問紙および親へのインタビューと、グループ・セッションのテープ起こし逐語録によって集められた。次節で提示する結果では、上記の従属変数を用いて、性差と子どもの死因を中心に焦点を当てる。

親への影響──精神疾患、PTSD、結婚生活の満足度、死の受容

精神的苦痛（不安、認知的機能不全、抑うつ、敵意、恐怖、身体的不調の訴え、死に関する考え、罪悪感）は、53項目からなる簡易症状尺度（BSI Derogatis, 1992）によって、PTSD症状は、DSM-III-R（American Psychiatric Association, 1987）に基づく18項目からなるトラウマ経験尺度（Traumatic Experiences Scale, Murphy, Johnson, Chung, & Beaton, 2003）によって測定された。結婚生活満足度は、10項目からなる二重調節尺度（Dyadic Adjustment Scale, Spanier, 1976）によって測定された。死の受容の測定尺度は、調査者が開発した項目である。

悲嘆の症状分布──つまり感情と身体の苦痛の訴え──は、BSIの下位尺度の、身体化、抑うつ、不安、敵意、恐怖症の不安によって測定された。エイミック＝マクミランら（Amick-McMullan et al. 1991）によると、暴力的な死の遺族は、悲嘆よりはトラウマに近い、たとえば死に関わる出来事の侵入的想起、少なくとも一時的な機能不全を引き起こす苦痛に満ちた刺激の回避といった症状分布を報告している。

性差による親への影響

5年の観察期間を通して調査対象として残った173名の親のサンプルのうち115名は母親で、58名が父親であった。四つの結果それぞれに関するすべての観察において、性別による統計的に有意な差異が見られた。死別の体験がある母親の精神的苦痛に関わる得点は、どの時点でも父親より高い値を示したが、BSIで最も高い値を示した二つの下位尺度（強迫的認知達成障害および抑うつ）は、母親と父親で同じであった。母親はまた対人感受性と不安で高得点を示した。母親が最も急速な得点低下を示したのは、喪失後4カ月と12カ月の間であっ

148

た。父親の精神的苦痛得点は、喪失後2～5年の間、顕著な低下が見られなかった。喪失経験のない同年齢の成人群との比較では、母親も父親も、すべてのBSI下位尺度平均得点で、喪失5年後に少なくとも2倍高かった(Murphy et al. 2000)。

米国の一般市民では、女性の9.5％、男性の6.3％がPTSD診断基準に該当するが、死から5年経った時点で、母親の28％、父親の12.5％が該当していた(Kessler et al. 1995)。再体験が最も多く報告された症状で、母親の61％、父親の55％がこの症状を訴えた。研究データの一部として得た親のコメントの逐語録は、視覚的、心的イメージが何度も繰り返されることを表している。「子どもは殺人者にどう抵抗したかと考えるのをやめることができない」「地下室で彼が首をつっているのを見つけたが、ロープを外してやれなかった」。回避と過覚醒が母親の48％、父親の38％から報告された(Murphy, Johnson, Chung, & Beaton, 2003)。DSM-Ⅲ-RのPTSDの診断基準に合致する親としない親で顕著な違いが見られた。基準に合致する親は、高割合の精神的苦痛と低い自尊心を報告し、PTSD症状のない親に比べてより抑圧的なコーピング方策を用いていた。

子どもの死因による親への影響

ある暴力的死は他のものより親に有害な影響をもたらすのだろうか。過去30年の間、重要な他者の自殺が残された家族にとって最も深刻な影響をもたらすことが、実証的ではない文献に報告され続けてきた(Jordan, 2001のレビューを参照)。しかし、シュトレーベとシュト(Stroebe & Schut, 2001)によると、自殺による死別の心理的影響と他の死因の影響を比較した数少ない実証研究は、死別体験に明確な違いを見出せなかった。この顕著な見解の相違は、より厳密な研究方法によって同様の影響を研究することによって解決できるだろう。親の死別プロジェクト(Murphy, 1997)は、事故が87組、自殺が41組、殺人が35組であった)。検討された四つの影響は、性差の分析の場られた親のデータは、親の死因3種の死因間で比較するため親のデータを分割した(得

149 ｜ 第7章 子どもの喪失

合と同じであった。①精神疾患、②PTSD、③結婚生活満足度、④死の受容、である。喪失から4カ月、12カ月、24カ月、60カ月後にデータが取られた。

以前に信じられていたのとは反対に、自殺で子どもを失った親の精神疾患が、事故や殺人によって子どもが亡くなった場合より、深刻で、長引くとは言えなかった。検討された暴力的死による死別の三つのタイプのいずれも、否定的影響の幅の広さと持続性を支持するものではなかった。ただし、殺人の親群が最も否定的な影響を報告した。他の2群の親と比べ、殺された子どもの親は、BSIのGSI（Global Severity Index）で測定された精神的苦痛全般において最も高い数値を示した。PTSDについても同様の結果であった。GSIとPTSDの平均得点は、時間経過につれ次第に低下した。殺人群は他の2群と比べて、結婚生活満足度が最も低く、死を最も受け入れていなかった。

対照的に、他の2群と比較して、自殺によって子どもを失った親は、精神疾患とPTSDの得点が最も低く、死を最も受け入れており、結婚生活満足度が一番高かった。この結果を説明する要因はいくつか考えられるだろう。まず、後から考えると、過去の自殺企図、死ぬという警告、子どもの慢性的抑うつ、気分障害、には物質乱用といった、自殺を予期させるものがあったと親たちは話した。「私の息子は死にたがってはいなかったが、この世で生きていくことができなかった」。ジョーダン（Jordan, 2001）によると、社会的孤立、スティグマ、家族の破綻が、自殺サバイバーの経験によく見られる。これらの要因は、本研究で測定されなかったが、影響があった可能性がある。

事故群の親は、四つの影響測定それぞれにおける平均得点が、殺人群より低く、自殺群より高いことが示された。このような結果は驚くに値する。事故によって死んだ子どもの大半は、自動車事故に巻き込まれたものである。親は、逃げようのない火ダルマの車について語った。親のこのような死の場面の想起やイメージが、殺人群の親と同じくらい高いPTSD得点に導いたと推測できるかもしれない。統計的に重要な交互作用（時間×群）は、殺人群

死の受容にのみ見られた (Murphy, Johnson, Wu, Fan, & Lohan, 2003)。

親の身体的健康と健康関連行動

子どもの死に関わる親のトラウマが健康に影響を与えるという仮定の下に、健康状態と健康関連行動に関する前向きデータが集められた。死亡以前のデータは得られなかったが、採用された健康指標の変化を検討するため、時間経過に沿って健康関連データが集められた。

最初の分析では、喪失から1年後に、健康と判断された母親と健康度が低いと判断された母親を比較した。同じ分析が父親にも行われた。母親にも父親にも、明確な差が現れた。不健康な母親を健康度の高い母親と比べると、前者は、その時点の情緒的苦痛が11倍、トラウマ症状が3倍報告された。不健康な父親を健康度の高い父親と比べると、情緒的苦痛が15倍、トラウマ症状が5倍報告された。

健康増進行動については (運動、健康的食生活、禁煙、適切なアルコール摂取など)、喪失から4カ月後でも12カ月後でも、母親の70％以上、父親のほとんど60％が、一つまたは二つのこのような行動を毎週取っていると報告した。健康的行動の実践は、ストレス関連疾病と休業日数の少なさ、仕事の生産性維持に有意に関係していた (Murphy et al. 1999)。これらのデータは記述的なものであり、因果関係効果を推定することはできていない。

死別から5年間に親が示したコーピング方策

死別は、世界共通のストレス要因であるが、それ自体を測定することはできない。そこで、個々のストレス要

因に関する情報を得るため、親に、喪失から4、12、24、60カ月後のそれぞれの調査時点で、ストレス要因をリストアップするよう依頼した。4カ月後では、親の懸念事項の最上位に位置するのは、深い喪失感（「彼/彼女がいなくて寂しい」）、引き金（たとえば、スクールバスを見かける、亡くなった子どもの友達に会う）、自責と罪悪感、死に関する調査への不満、家族内の他の子どもへの心配、体調の心配（たとえば、元気が出ない）、不眠や食欲不振であった。喪失後12カ月では、「彼/彼女がいなくて寂しい」が最も頻繁にリストアップされた問題であり、次いで、死そのものについて（「何が起こったのか、そしてなぜなのか」）、将来の喪失について（「年老いたら誰が面倒を見てくれるのか」「自分には孫ができない」など）、子どもの持ち物をどうすればよいかについて、亡くなった子どもとの接点について（「彼の声を忘れてしまったらどうしょうか」など）の問いや懸念であった。喪失後24カ月と60カ月においては、子どもがいなくて寂しいこと、子どもと今もつながっていること、死をめぐる苦悩が、親の主な懸念事項として残っていた。どの測定段階でも、親たちは用いるコーピング方策がストレス要因を挙げたからといって、その心配を抱いていることが保証されるわけではないが、全般的ストレッサーと個別ストレッサーを測定し分ける一つの方法である。

きわめて高いストレスに満ちた出来事に続くコーピング過程を検討することは重要である。なぜなら、認知スキルを教わり実践することで、ストレスに満ちた出来事と起こりうる否定的結果の調停者や調整者となりうるからである。しかし、コーピングだけでは、子どもの暴力的な死に結び付いた多くの否定的影響を軽減するには不十分であろう。ふさわしい収入、統制感、健康などが、コーピングの努力にもその努力の効果にも影響を与える（Menaghan, 1983）。

親のコーピング方策は、自己記入式の53項目の質問紙であるCOPE（問題コーピング志向性）によって測定された（Carver et al. 1989）。データは、夫婦間の見解の独立性、社会的好ましさ、性別による反応の差異の観点から吟味された（Murphy et al. 2002）。そして、性別によって用いられる方策のタイプを調べた。性別による社

152

会化の相違に関する通念と対照的に、母親も父親も、行動の領域（問題解決）でも感情の領域（助けや援助を得るために他者と話すこと）でも、同じコーピング方策を多く使用していた。COPE下位尺度である否認と行動的および心的な疎隔の使用は、母親も父親もほとんど報告しなかった。宗教志向のCOPE下位尺度（「いつもよりよく祈る」）の項目を選択した母親は父親より多かった。受容のCOPE下位尺度（「それが起こったという現実を受け入れる」）の項目を選択した父親は母親よりも多かった。

親の精神的苦痛やPTSDを予測するものとして、コーピング方策とともに、資源（自尊心、経済状況など）の役割とその重要性を調べるために、階層的多重回帰分析が用いられた。分析結果から、喪失後1年と5年では、高い自尊心が、低い精神的苦痛とPTSDの症状につながるからである。自尊心を統制すると、行動的、情緒的なコーピング方策が、父親については低い精神的苦痛とPTSDにとってはそうではなかった。行動的、情緒的なコーピング方策は、父親、母親のいずれについても、PTSD症状を低下させる有意な予測因子ではなかった。むしろ、抑圧的なコーピング方策は、喪失後1年と5年において、母親でも父親でもPTSD症状を有意に高める予測因子であった（Murphy, Johnson, & Lohan, 2003a）。

これらの結果から、抑圧的コーピング方策は悪影響が強いことが伺える。子どもの死から5年経っても、母親にとっても父親にとっても、高水準の精神疾患とPTSDの症状につながるからである。抑うつ、侵入的な思考とイメージ、免疫機能の抑制、疾病の間に関連があることが示された（Biondi & Picardi, 1996; Cohen & Rodriguez, 1995）。熟練した臨床家は、「それを扱うのは私には無理であることを認め、挑戦をやめると信じるのを拒む」といったコーピング方策を親がやめたり少なくしたりするのを支えるために、グループの相互作用やロールプレイを用いることができる。行動的な（問題解決など）および感情的な（サポートを求めるなど）コーピング方策は、母親においては、父親のように、苦痛やトラウマの水準を下げる助けとはならなかった。この結果は、事例によっては子どもの死があまりに圧倒的なために何も助けにならなかったと解釈されるかた。

もしれない。最後に、高い自尊心を保つことが重要に見えるが、それは親にとって達成が難しいかもしれず、特に子どもの死について自分を責めている人には難しいだろう。

子どもの死と喪失後の親の人生に意味を見出すこと

人生の否定的出来事の中にどのように意味を見出したかを人に問うことは新しいことではない。しかし、親の死別プロジェクトでは、5年間の視野の中でその問いの答えを得た。ジャノフ＝バルマンとフランツ（Janoff-Bulman & Frantz, 1997）の、包括性から見た意味と重要性から見た意味という質問への記入内容を分析した。ジャノフ＝バルマンとフランツは、何か自分にできたことがあると信じたがり、それが無意味さの持続という脅威を最小限にする。トラウマ的な死の後、死別したサバイバーらの生活に意味を見出すことに関する質問への答えの一部である。包括性から見た意味とは、あるものが価値や値打ちを持つかどうかであり、本当に重要なものに新しく価値づけすることである。重要性から見た意味は、無意味ではないという感覚で、基準や理論のシステムにぴったりはまる。この二つのタイプの意味は別々の二元的な存在ではなく、いずれもが、恐怖と平衡の破れから始まり、自己非難と出来事への責任感に続き、最後には、優先順位の再検討も含め日常生活における価値や意義を問い直すことに至る過程の一部である。

ナラティブ分析では、死後12ヵ月では、12％の親だけが子どもの死に意味を見出していた。意味探索について尋ねる質問への、死後まもない時点の回答は、ジャノフ＝バルマンとフランツ（1997）の言う「意味以前」段階を表している。つまり、最初の恐慌、自己非難、そして子どもの死に責任があるという感覚である。「なぜかろうじて助かってくれなかったのか」「何が本当に起こったのか。彼女がここにいて話をしてくれたらいいのに」「彼が生きていたくなくなったことに私と父親はどんなふうに、どれくらいの関係があるのか」。

154

死後12カ月と60カ月の間では、三つの主題が、包括性から見た意味を見出す親の力を明らかにした。儀式や記念品を定めること、正義や復讐を求めること、子どもが自分の人生を生きたと考えて亡くなった子どもを現実的に受け入れること、などについて語った。子どもの誕生日その他の記念日には、親はろうそくを灯し、風船を空に放し、墓参りに行った。親にとって、犯人への罰は寛大すぎるように見え、刑に対して不満や怒りを表した。「加害者は」長く刑務所に入って欲しい」「彼はすぐに釈放され、私たちを追いかけてくるかもしれない」。多くの親は、「彼女に関連する子どものハイリスクな行動（薬物使用など）や慢性的健康問題を進んで語ったのうつにあれ以上してやれることはなかったと気付いた」と言った。

子どもの死後5年では、57％の親が、重要性から見た意味を見直し、悲劇に直面したときの自らの力の発見、子どもの苦しみが終わったという確信などについて語った。このような主題への代表的なコメントは、「人生はかけがえのないものとして生きるべきだ。毎日があなたの最後の日かもしれない」「私は助けを求める決意をした。私は他の子まで自殺で失いたくなかった」「彼は私を傷つけたかったわけではない。この世界に生きていられなかっただけだ」「反抗、薬物、家出した子どもと格闘している他の親たちに私は共感します」。

子どもの死後5年で意味を見出せなかった親は、次のようなコメントをした。「彼女がレイプされ殺されたことに何の意味もない」「それは一時的問題を永遠に解決してしまうものだった。彼女が残した私の心の穴を埋めることはできない」「私には理解できないし、受け入れることもできない」（Murphy, Johnson, & Lohan, 2003b）。

次に、意味を見つけたか見つけなかったかで親をグループ分けした。文献を基に選ばれた五つの予測変数は、子どもの死因としての殺人と、親に関する次の四つの変数であった。①死を防げたものと感じているか、②自尊心、③宗教的コーピング方策の使用、④サポート・グループへの出席。意味を見出すことを有意に予測したのは、宗教的コーピング方策とサポート・グループへの出席であった。

155 | 第7章　子どもの喪失

子どもの死に意味を見出せなかった親に比べて、精神的苦痛は低く、結婚生活満足度は高く、身体の健康度が高かった。意味を見出したグループとそうでないグループは、無作為に選ばれたものではないため、因果関係を確かめることはできなかった。意味を見出したことは、低い精神的苦痛、高い結婚生活満足、良好な身体の健康につながるのかもしれない。測定されなかった他の変数が、両変数群に作用した可能性もある。しかし、他の研究者も、子どもの死に意味を見出さなかった親よりも、良好な精神的健康を示すことを発見している(Davis et al., 2000)。意味を見出すことと、健康と結婚生活満足度の結果との間の時間的関係は、親の死別プロジェクトでは検討されなかった。子どもを亡くして早い時期に死の意味を見出した親はほとんどいなかったからである。

突然死による死別――要約

親の死別プロジェクトから得られた二つの重要な発見は、①精神的苦痛、PTSD、結婚生活満足度、子どもの死因に照らして親のデータを分析したとき同結果変数に見られる相違、②子どもの死因に照らして父親より苦痛を報告するという先行文献の結果と一致している。研究は長期だったので、症状の重さと時間経過による喪失同化の割合のいずれに関しても性差のデータが測定された。社会化の性差――感情を伝えようと貢献している母親、「家族を支える」「強くなければ」などの父親によくある信条――は、発見されたこれらの傾向に貢献しているようである。夫婦の別居や離婚は本研究ではほとんど見られなかった。現在の伴侶との結婚年数が平均18年であることによるのかもしれない。子どもを亡くしたカップルに、しばしば別居や離婚が見られることを示す文献とは異なった結果である(Schwab, 1992)。

発表されているいくつかの文献（Jordan, 2001）と反対に、子どもの自殺は、影響変数によって測定された限り、殺人や事故死ほど親にとって破壊的ではなかった。いくつかの要因がこの結果を説明するだろう。まず、親の死別プロジェクトにおいて測られた影響変数が、他の研究で調査されたものと異なっていた。次に、殺人による死別の研究は、最近関心を持たれるようになった分野であり、特に米国における殺人事件の増加がその理由である。今までは、このような比較を行う機会が少なかったのである。

精神的苦痛とPTSD症状は、親の死別プロジェクトにおいて強い相関関係にあった。これは、測定内容が重なっていることだけで説明できず、一方の領域の症状を他の領域で扱わずになくせないことを意味するので重要である。

子どもの死後5年で死の意味を見出した親の57％は、見出さなかった親より良い健康と高水準の結婚生活満足を報告した。ジャノフ＝バルマンとフランツ（1997）によると、意味づけに関連する二つの課題が死別体験者から指摘されている。①無意味な世界による恐怖を最小限にし、②自分自身の人生の価値を最大限にすることである。親の死別プロジェクトで見られた意味の発見は、ジャノフ＝バルマンとフランツの理論に一致した。

子どもの長期にわたる闘病後に親が直面する死別の課題

治療の革新によって小児癌の生存率が増加したとはいえ、癌は今でも多くの国で小児期と青年期の不慮ではない死因の主たるものである（National Center for Health Statistics, 2004）。カザフ（Kazak, 2004）によると、「癌で子どもを失った死別の自然な経過についてほとんど知られていない」（p.143）。子どもが生き延びる期間が長くなったことが、研究テーマを、死別から病の段階や治療——たとえば、寛解、再発、ペイン・コントロール、病

157 ｜ 第7章　子どもの喪失

院外でのターミナルケアの選択、親への情報の必要性など――に劇的に移行させた要因の一つである。病気のプロセスや家族の課題に関するあるデータベースには３５０以上の引用があったが、癌による子どもの親の死別についての引用はわずかだった。

レビューのために利用できる研究が少ないことに加えて、大多数の研究者は、横断的な質的研究設計を用いており、代表的ではない可能性のある少数のサンプルに対してインタビューを行っている。科学の水準に達した研究はほとんど見られなかったが、仮説を生み出すために有益と思われる研究を次に概観する。文献上に見つかった例外は、ビレンバウムら (Birenbaum et al. 1993, 1994, 2000)、戈木クレイグヒル (Saiki-Craighill, 2001) によって行われた三つの研究と、残された記録のレビューによる遺族と遺族ではない親の大人数のサンプルを使用した研究 (Kreicbergs et al. 2004) であった。付け加えると、これらの研究はいくつかの国で行われ（中国、日本、韓国、スウェーデン、台湾、米国）、異文化間比較の可能性を示している。次節で、現在得られるそれらの研究を簡単に紹介する。

症状その他の結果における性差

ビレンバウムら (1996) は、子どもの疾患の終末期と、死から、2週、4週、そして12カ月経った時点で、80人の親の健康状況の変化を調査した。データはデューク–UNC健康尺度 (Duke-UNC Health Profile, Parkerson et al. 1981) の63項目を用いて集められた。この測定法の四つの下位尺度は、身体機能症状、情緒的健康、社会的健康、身体的健康を測っている。親のデータを統制群と比較したときの身体機能症状と情緒的健康の下位尺度と、時間経過による変化を見るためのサンプル内比較では、統計的差異が認められなかった。母親と父親の相違は少数の項目にのみ見出された。著者たちによると、社会的健康、身体的健康の変化は非常に小さかった。著者たち

158

は、他の性差について議論していない。

マーティンソンら (Martinson & Cohen, 1988; Martinson et al., 1993, 1994, 2000) は、米国、中国、韓国、台湾で、300以上の家族について調査した。米国の長期的研究サンプルには48家族が含まれた。インタビューが、死後1、6、12、24カ月に実施され、さらに5、7、9年後に実施された。症状チェックリスト90（SCL-90: Derogatis, 1977）は、死後2年で施行され、死の7年後に実施された。7〜9年経った時点で、死後2年の下位尺度のみが、抑うつ下位尺度のみが、抑うつと身体的な疲労と、癌が自分や他の子どもを襲うことへの恐怖を思い出した。喪失によって家族の根本的な再構築が必要と語ったが、離婚はほとんどなく、7〜9年後のフォローアップ調査までに、7家族が新しく子どもを設けていた。親はまた、人生における価値や優先順位の変化について述べた。

マーティンソンら（1993）は、中国の広州で、過去5年以内に子どもが亡くなった17家族の両親に構造化面接を行った。面接の話題は、病気、治療、死についての振り返り、死後何が起こったか、心理社会的なものも経済的なものも含む親、兄弟姉妹、他の親族への影響、得られる支援、他の家族に伝えたいアドバイス、であった。17人中15人の子どもが病院で死亡し、10人が白血病であった。家族は病室にずっといた。治療費は高かった。6家族はすべての費用を自分たちでまかない、残りの家族はわずかな補助金を得ていた。11家族は、診断から死まで一度も家に帰ることなく病院にいた。8家族は、死の後に、子どもの持ち物、家族の記念品をすべて燃やした。5家族は写真を残していた。母親たちは「生活が苦しかった」と報告されているが、これを支持するデータは提供されていない。親たちは、癌が他の家族をも襲うのではないかと恐れた。ほとんどの家族は他の家族と悲しみを分かち合ったことがなく、著者によると、調査が行われた当時の中国において、死について語ることは受け入れられていなかった。この調査が扱っている諸側面は、死別の文化的理解を豊かにするものではあるが、無作為抽出ではない少数のサンプルに面接を行っていることと、死とデータ収

マーティンソンら（2000）は、子どもを癌で過去10～15年の間に亡くした、韓国の18家族、台湾の25家族、米国の22家族に面接を行った。研究目的は、子どもの死への家族の反応を検討することと、家族が死別を扱うのを看護師がどのように助けるかを知ることだった。韓国では、母親が主たる看護者であり決定権を持っていたが、台湾と米国では両親ともであった。著者によると、死の作用を決める主たる要因は、援助レベルの相違、意味の発見、健康状態の変化、人生に対する姿勢だった。悲嘆には、罪悪感、自己非難、後悔が伴った。三つのサンプルのうち、韓国の母親が罪悪感を最も強く示した。彼らの罪悪感は、子どもが最初に症状を訴えたときに無視したことと、子どもに辛い治療を受けさせたことに向けられた。親は、亡くなった子どもを思い出させるものを避けることで悲嘆に対処していた。韓国人の母親に残された問題は、スティグマを感じ、自分の時間をどうするかであった。中国のサンプル（Martinson et al. 1993）と同じく、親たちはスティグマを感じていた。家族関係における変化は、三つの文化のサンプルすべてで見られた。広範囲にわたる情報が個人面接から得られ、仮説の検証も含め、将来の比較研究のために、データが報告され分析された。問題は、回顧的研究設計であることと喪失からの時間経過である（10～15年）。

クライスバーグス（Kreicbergs et al. 2004）は、子どもを癌で亡くして4～9年の親に見られる不安と抑うつを確認するために調査を行った。全人口の住民登録が子どもを特定するために用いられた。1992～1997年に取り出されたその親のうち、449人が参加することに同意し、80％の回答率であった。368人の子どものサンプルは無作為抽出で選ばれ、人口統計上の諸変数に従って統制された。死別していない親のサンプル457人で、連絡を取った親の69％に相当した。一部の親へのインタビューから得られた情報を用いて開発された包括的な質問紙によってデータが収集された。喪失後7～9年に比べて、不安についても抑うつについても、死別した親は、そうではない親に比べて、優位に高いリスクを示した。4～6年において高かった。いずれの変

160

数のリスクも、父親よりも母親の方が高く、子どもが9歳以上の場合に高かった。サンプルの大きさと死別していない統制群を持つことがこの研究の強みであるが、後ろ向き研究デザインに限界があった。

ランド (Rando, 1983) は、2カ月～3年前までの間に子どもを癌で亡くした27組の夫婦を募った。子どもが亡くなる以前に親と連絡を取ったが、データは子どもが亡くなるまで取られなかった。ランドは、悲嘆経験質問紙 (Sanders, 1979-1980) を施行し、夫婦とのインタビューを行った。子どもの死についての予告を早く受けなかった親（死の6カ月前より遅く）と、あまりに早く（18カ月以上前）死の予告を受けた親の場合に、適応が悪いことが見出された。

戈木クレイグヒル (2001) は、24人の日本人の母親に、支援グループに入る前と、6カ月後、12カ月後にインタビューを行った。支援グループの逐語録からも質的データが得られた。支援グループは、2年以上にわたって実施された。結果は、母親が経験を内省したものを経時的に整理した形で報告された。たとえば、はじめに感情の麻痺、次に抑うつを含む悲嘆、抑うつからの脱出、そして子どもの病と死の経験がのちに母親に及ぼした肯定的側面を認識することなどであった。マーティンソンら (1993) の調査のいくつかの共通点は、母親が、子どもに課せられた治療に対して罪悪感を報告したこと、死は自分たちのコントロールを超えたものと感じたこと、他人から誤解されたこと（「元気そうでよかった」など）であった。母親がこのような想定や言葉かけをうまく扱うことができたのは後になってのことで、死別の初期段階にはできなかった。

死に意味を見出すことと死を理解すること――異文化間比較

マーティンソンら (2000) の異文化間研究は、生と死の意味、苦しみと死に関する信念について問うた唯一のものである。韓国の親の反応は、親と伴侶は土に埋められるが、子どもは心の中に埋められるというものであっ

161　第7章　子どもの喪失

た。台湾では、最初の質問への反応は「休息」としての子どもの死に焦点を当てたもので、親が子どもを埋めなければならないことなどあってはならないと考えていた。子どもの苦しみが強烈だったので、生きていない方がよかったと感じた親もいた。

子どもを癌で失った親の死別後の健康状況

ビレンバウムら(1996)の研究は、子どもの死の前後での親の健康状況を調べるために、標準化された健康チェック用紙を使用した唯一のものである。ただし、親の健康に関してインタビューでデータを得た研究は他にもある。たとえば、マーティンソンら(1994)は、心臓発作によって3人の父親が死亡し、死には至らなかったものの心臓発作を起こした父親もいたと報告した。親たちは、「以前ほど健康ではない」「疲れきっている」「大丈夫と思えない」とし、母親は「父親より良くない」と報告した。アルコール問題が、48家族中8家族(16%)で報告された。比較データが提供されていないので、心臓発作とアルコール問題の割合が多いか否かは分からない。

癌で子どもを失った後に親が用いたコーピング方策

マーティンソンら(1994)の長期研究では、亡くなった子どもによって残された「空っぽの空間現象」が報告された。親たちは、「それを克服すること」で、空虚さと結び付いた悲嘆に対処していた。つまり、働いて忙しくすることで「空虚さを埋める」、苦痛と喪失、物語、生き生きとした記憶を統合することで「結び付きを保つ」、などである。他には、特に親のコーピングに言及している研究はなかった。

癌による死別──要約

数カ国の研究者が、癌で子どもが亡くなった後の、親の死別体験に関する研究を行っている。研究の大多数は、親へのインタビューによってデータを収集していた。そのデータは、子どもの長期の病と死の経験はどのようなものかに関する洞察を提供している。文化によっては、子どもを癌で亡くしたというスティグマが、家族外からの援助を受けることを明らかに制限している。

症状チェックリスト90が、データ収集に用いられた唯一の標準化された測定尺度であり、他の結果との比較には限界がある。喪失から親を募るまでの時間（5年までに及ぶ）が方法論的問題である。ありうるサンプルバイアスと代表的ではないサンプルの問題については今後解決される必要がある。本節で概観した論文中には、これに関する方針や理論に触れたものがなかった。

ビレンバウムら（1996）だけが、子どもの死の前と、死別後の両方でデータを収集していたが、癌の子どもを持つことは、親にとって、長期にわたる、非常にストレスに満ちた経験であり、長期にわたる影響が見られた。子どもの経過がはっきりせず、予測できないことが、回避、否認へと導き、子どもの治療中に距離を取らせていたことが分かった（Kazak, 2004）。病気の子どもを世話すること、子どもが苦しんでいるのを見ること、一時的回復と再発のサイクルによって「情動のジェットコースターに乗っていること」は、親たちの死別の「限界超え」作用を引き起こす原因におそらくなっているだろう。この分野の研究で考慮しなければならない問題である。

163 | 第7章 子どもの喪失

突然死による死別と長期の闘病による死別の類似点と相違点

本章の一つの目的は、子どもの突然死や暴力的死によって死別した親の経験と、長期にわたる病気によって亡くなった子どもの親の経験を比較するためにある程度の類似点と相違点を議論することにあった。検討したデータは、明確な比較は不可能だが、得られている証拠を基に、ある程度の類似点と相違点を議論することが可能であることを示している。

重病で子どもを失った親と、暴力的死で子どもを失った親は、比較的若く、平均的に30代か40代である。このような年齢できわめてストレスに満ちた経験をすると、親たちを重篤な健康問題に、ときには早死にまで追いやる危険がある (Hall & Irwin, 2001; Li et al., 2003)。

データは直接比較に耐えられるものではないが、死別経験をした両方の親たちは、死の原因がいかなるものでも、人生が永遠に変わったと報告した。すべての文化の親たちは、子どもの死を「順番が違う」とコメントし、それを最も理解しがたくしているのは、公平な世界という親の信条を子どもの死が侵すことである。ある中国人の母親は、「黒髪が白髪の先を越してはいけない」とコメントした。若い人の早死は、親の過去、現在、そして特に未来を奪う。両方の死の環境における親の役割に被害者感情を残すのは、親の存在証明の多くが、子どもたちを保護したり、必要なものを与えたり、子どもの将来に期待することにあるからである。

長い闘病の後に亡くなった子どもの死に親が意味を見出す能力があるかを問う質問項目は多くないようである。一つの興味深い手掛かりは、ある日本人の母親による「タフでいること」についてのコメントだった (Saiki-

164

Craighill, 2001)。このようなコメントは、親の死別プロジェクトで見られた、「苦境に立たされて私は力を得た」といったコメントに似ている (Murphy, 1997)。

本章で報告した大多数の研究での発見は、母親は父親よりも強い情緒的苦痛を報告することである。引き金——死別した親の生活環境にある子どもを思い出させる物——は、親にとって非常に辛い。子どもの死に方の相違の重要性はまだ検討されていない。たとえば、予測可能な悲嘆がもたらしうる恩恵を検討するために実施された子どもの長期闘病後の研究や、白血病と腫瘍の比較のような異なったタイプの癌への親の反応の研究は見つけられなかった。

研究の推奨

本章で触れた二つの研究領域は、さらに厳密な概念化、研究計画、測定手法によって発展するだろう。突然で暴力的な死別の研究者は、悲嘆に焦点を当てて検討し続けるだろうが、少なくともここ10年間は、暴力的な死による死別を扱うにあたって、悲嘆に焦点づけるのみでは狭すぎるのではないかと文献上で言われてきた。たとえばPTSD症状も含む必要があるという主張がある (Amick-McMullan et al. 1991; Stevens-Guille, 1999)。

死別の分野では、婚姻関係に関する研究がさらに必要である。従来信じられていたのと反対に、親の死別プロジェクトでは離婚率が低かった。しかし、夫婦に協力を得た他のほとんどの調査で婚姻関係は調べられていない。主に若い夫婦が経験するこのきわめてストレスの高い出来事を、婚姻関係がどのように乗り越えていくのかを知る必要がある。

米国での今後の研究では、もっと多様な人種から調査対象を募る必要がある。ネイティブ・アメリカン、アフ

リカ系、ラテンないしアジア系の子どもの親は、白人の親ほど研究されていない。たとえば、2002年の米国では、この三つの人種グループでの15〜24歳の若者は、白人に比べて殺人による死亡率が有意に高い。殺人による死亡率は、白人では、10万人に5・2人だが、アフリカ系では83・1人、ラテン系では29・6人、ネイティブ・アメリカンでは18・8人だった (Natinal Center for Health Statistics, 2004)。

結論

本章は、子どもの暴力的な死と癌による長期闘病後の死によって親が経験する死別について述べた。これらの死別の軌跡を比較対照することで、子どものある死因が他の死因と異なった影響を親に与えるのかを見きわめる機会を提供した。入手できるデータは不十分で、このような比較をするのに必要な方法論的厳密性は備えていない。暴力的死に関わる研究は増加傾向にあるが、癌による親の死別についての研究は減少したようである。暴力的死と長期闘病後の死に続く苦しみがもたらす極度のストレスは、病気や早死の危険に親を曝す。本章で筆者は、親の死別に関連して通常見られるストレスを解説し、時間経過の中で親の健康や幸福に起こる変化を検討した。研究者が親の死別に関する次世代研究に取り組む際には、より厳密な方法を用いることが推奨される。

シャーリー・A・マーフィー（ワシントン大学名誉教授）

166

2004)。復元力(レジリエンス)は、ストレスの高い経験の後に、病理的現象が存在しないだけでなく、回復とさらには健康、幸福感の増進があることと定義されている。トラウマ的経験をした後の子どもの心理的復元力についてすでに多くの記述が存在する。親の喪失後の心理的復元力(レジリエンス)には、子どもの特徴と家族の特徴の両方が貢献することが研究から見出されている。生理的復元力(レジリエンス)の発達と長期的に良好な身体的健康についてはよく知られていない。

本章では、子ども時代に親を喪失する経験がもたらす心理的、生理的作用が、短期的および長期的に及ぼす影響に関する既存の実証データを簡単に概観する。多くの研究は、子ども時代の喪失経験を、兄弟姉妹や近い親戚の死、離婚、遺棄、入院、死などによる親からの分離、他の一時的または永久的な分離を含むものとして定義している。本章は特に、幼児期、児童期、思春期における早すぎる親の死による喪失に焦点を当てる。親の死は人生初期における強烈な人生経験であり、環境や後に経験する人生上のストレスに対する、生化学的、ホルモン的、情動的、行動的な反応の発達を変化させる可能性を持つと考えられている。死の前または後に存在する社会的、環境的影響は、衝撃の可能性への重要な調整要因と考えられ、危険因子と防御因子の両方を強調したい。最後に、今後の研究の方向性とともに、この研究分野の限界についても述べる。

1 本研究は、American Heart Association 研究助成0130024Nによる援助を受けた。

169　第8章　子ども時代の親の死による長期的影響

人生初期における親の喪失がもたらす心理的影響

短期的な心理的影響

　早い親の喪失が子どもの心理的適応に影響をもたらすということに、研究上も臨床上も関心が寄せられ続けており、現在までに積み重ねられた多数の研究がそれを実証している。それらの研究のほとんどで、親の死は、子どもの精神的健康を危うくする主要なトラウマ的出来事と見なされている。一般に、子どもを失った親も、短期的に、一人の親を早く亡くすことを急性の重大な危機として経験するのは言うまでもない。親を失った子は、短期的に、さまざまの精神的健康問題を抱える危険がある。たとえば、抑うつ、不安、行動問題、学業成績の不振、社会的引きこもり、不安全感、死の危険性、内的制御感覚の低下、などである (Lutzke et al. 1997; Tremblay & Israel, 1998; Van Eerdewegh et al. 1982; Worden & Silverman, 1996)。

　多くのリスク因子が、子どもが低い精神的健康に陥る危険性を増加させる。夫婦間の死別研究では、残された親に心理的苦悩が増大することが常に見られ、高レベルの急性悲嘆、情動不安、焦燥感、身体的苦痛、薬物使用などがそれを示している (Stroebe & Stroebe, 1993)。親の抑うつは、児童期、思春期の子どもに内在的ないし外在的な障害をもたらす有意なリスク因子であり (Langrock et al. 2002)、相当数の実証データが、死別した親が経験する精神的健康上の問題が、子どもの精神的健康上の問題につながっていることを示している (Kalter et al. 2002; Kranzler et al. 1990)。さらに、低い心理的健康がもたらされる上で鍵となるリスク因子として、残された親が与える質の低いまたはネグレクト的な養育に注目する研究が多数ある。親のストレスと抑うつ状態は、混乱

170

した否定的な子育て行為と結び付いている (Gelfand & Teti, 1990; Lee & Gotlib, 1991)。つまり、大きな苦悩を抱える残された親は、死別した子どもに不適切な世話を提供する危険がある。

また、死によって、ストレスに満ちた経験がさらにつぎつぎと引き起こされることがある。経済的負担、度重なる転居、残された親との触れ合いの減少、日常的および社会的な日課の崩れ、家族の別離などがそこに含まれる。このような否定的出来事は、子どもが精神的健康の問題を抱える危険を増大させる (Sandler et al., 1988; Thompson et al., 1998)。ヘインら (Haine et al., 2003) は、ストレスに満ちた出来事は、子どもの自尊心を低下させ、問題を内在化させる危険を高めると述べている。親の死は、喪失後の環境がストレスに満ち、子どもがそのストレスに効果的に対処する資源を持たない場合に、精神的健康問題に対する脆弱性を高める重大な悲劇的出来事と見なすことができる。喪の行為の制限と情動表現の制止もまた、子どもが精神的健康問題を抱えるリスクを高める可能性がある (Saler & Skolnick, 1992; Sandler et al., 2003)。

リスクに関する実証データはあるものの、死別した子どもの多くが精神的健康問題を経験しないことは明らかである。近年の研究は、親の喪失後に、適応的対処や肯定的調節を促進する保護資源を検討し始めた。マステンら (Masten et al., 2004) は、子育ての質を、子ども時代の逆境に直面した際の心理社会的復元力を促す「中核資源」とした。諸研究は、早い親の喪失後に見られる復元力のある心理社会的結果は、何より養育者の温かさと規律によって予測されるとする点で一貫している (Lin et al., 2004; Raveis et al., 1999; Sandler et al., 1992; West et al., 1991)。肯定的子育ては、養育者の温かさと一貫した規律として定義づけられ、死別した子どもにとって重要な保護因子であるとされてきた (Haine et al., 2006)。ヘインら (2006) は、肯定的子育ては、否定的出来事の影響とは独立して、子どもの精神的健康に有益な影響を与える補償的保護資源として働くことを見出した。サンドラーら (1992, 2003) もまた、家族内のまとまりと、復元力のある肯定的出来事が絶えず起こっていることが、復元力のある結果に貢献することを見出した。肯定的子育てのそうした側面はどんな子どもの適応的発達にも重要だが、親

第8章　子ども時代の親の死による長期的影響

の死に関連した強烈な情動とストレスに直面する子どもには特に決定的な意味を持つようである。子ども側の保護的資源には、自己効力への信頼、高い自尊心、家族を理解しながらの感情表現、そして、危機に直面して肯定的自己感を維持する力が含まれる(Haine et al. 2003; Saler & Skolnick, 1992; Sandler et al. 2003; Worden & Silverman, 1996)。リンら (2004) は、親を失った子どもに関する、子ども個人および家族の保護的要因を評価した。家族に関しては、復元力(レジリエンス)のある子どもは、残された養育者に温かさと一貫性ある規律を与える力があるほど高かった。個人レベルでは、子どもの復元力(レジリエンス)は、そうでない子どもに比べて、健康、幸福、幸福に対する否定的出来事の脅威を有意に低く受け取っており、人生のストレスに効果的に対処できると感じていた。復元力(レジリエンス)は、おそらくいくつものプロセスの連なりからなっており、適応的なコーピング行動によって自己効力が知覚され、その結果、心理的健康を増進させるのだろう (Lin et al. 2004; Sandler et al. 2000)。

長期的な心理的影響

親を早くに失うことが成人期の精神的健康に及ぼしうる否定的な作用が広範囲に測定されてきたが、その結果にはかなりの不一致がある。古典的心理学理論は、人生初期の親の死は、人生全般にわたって、数々の心理障害を発展させる原因になるとしている (たとえば、Bowlby, 1980)。最も広く研究された影響は、おそらく、成人期に抑うつないし抑うつ障害に陥りやすい傾向である。マック (Mack, 2001) は、国による大規模調査の結果を検討し、19歳以前に親を亡くした成人は、亡くなっていない家庭で育った人に比べて、有意に高い抑うつ状態にあることを見出した。バフールコウら (Bifulco et al. 1987) は、労働者階級の女性において、母親を早く失うことと抑うつの発生に有意な関連があると報告した。キヴェラら (Kivela et al. 1998) は、フィンランドで中高年者（平均63歳）の疫学的研究を行った。研究開始時に抑うつ状態になかった成人の5年後の追跡調査では、子ども時代の親の死

が、大うつ病の発症を独立に予想する変数だった。アギトら (Agid et al. 1999) は、大うつ病の中年期男女は、精神医学的に健康な統制群より、子ども時代に親の喪失を経験した割合が有意に高いことを見出した。対照的に、早い親の喪失が成人期の抑うつリスクと直接的あるいは独立につながっていないことを見出した研究も数多い (Kendler et al. 1992; Kessler et al. 1997; Mireault & Bond, 1992)。

多くの研究が、他の精神障害を発症させる働きについても調査している。アギトら (1999) は、統合失調症の患者は、健康な統制群より早い親の喪失をよく経験していることを報告し、遺伝的脆弱性に早い親の喪失が重なることが統合失調症の発症を予測するという見解を示した。ケンドラーら (Kendler et al. 1992) は、大うつ病、全般性不安障害、恐怖症、パニック障害、摂食障害の発生と、親の死の関係を測定した。早い親の死は、パニック障害と恐怖症のリスク増加とだけ連関していた。

研究にかなりの不一致があることから、ほとんどの研究者は、早い喪失と成人期の心理的病理の関係に他の要因が介在していると結論した。児童期、思春期に見られる影響の研究から導かれる結論と同様に、喪失時の年齢、悲嘆の表現、喪失後に起こるストレス性の出来事、残された親の精神的健康、残された親との関係の質などのさまざまな変数と喪失経験との複雑な相互作用が、喪失の長期的作用に対する重要な媒介要因と考えられてきた。先に引用したバフールコウ (Bifulco et al. 1987) の研究では、親による質の低い養育が、早い親の喪失と成人期の抑うつとの関係の強力な媒介要因であることが示された。ケンドラーら (2006) は、一つの発達モデルを示し、早い親の大うつ病につながるものの、遺伝的リスク、親の優しさ不足、神経症的人格、低い学業成績、薬物乱用、のちのストレス性出来事などを含む他のリスク因子によって影響され、またそれらに影響するとした。女性に関する類似のモデルも見出されたが、学業成績と後の人間関係への否定的影響が際立っていた (Kendler et al. 2002)。

研究者は、長期的な心理的影響の調整要因として家庭環境の重要性に注目するようになっている。ボウルビィ

(Bowlby, 1980)は、喪失後に受ける養育の質が、長期的作用に影響する決定的要因と考えていた。同様に、テナント(Tennant, 1988)は、残された親との関係の質を検討せずに成人期の抑うつを子ども時代の親の喪失に結び付けようとする研究には、最も決定的な部分が抜け落ちていることを考えていた。とりわけ、残された親が相当のストレスに苦しみ、子どものニーズに応えない可能性が高まりやすいことを指摘した。とりわけ、残された親が相当のストレスに苦しみ、子どものニーズに応えない可能性が高まりやすいことを指摘した。セイラーとスコルニック(Saler & Skolnick, 1992)によれば、残された側の親をネグレクト的、愛情欠如、過剰支配、過保護と表現した成人が、抑うつの経験を有意に多く報告した。

全般に、親のネグレクト的な養育と低質な対応を、成人期に抑うつを発症する重要なリスク因子とする点で、文献はかなりの一致を見ている。成人期に復元力を促進する保護要因の研究は少ない。例外は、復元力を病理の欠如で定義している研究である。ある研究では、早くに片親を喪失したが残された親と強い関係を持つ青年は、親との強い関係を持つ死別未経験の青年より、抑うつ症状が少なく、高いソーシャル・サポートを持っていた(Luecken, 2000a)。このような発見は、肯定的な親子関係が、喪失が抑うつに及ぼす作用を緩和していた。このような発見は、子ども時代の制御不能なストレスと(養育者との強い関係に促進されて)うまく付き合えば、後の人生での適応力が強化されると示唆する。マステンら(2004)は、成人期初期に復元力を示す人は、一生を通して危機とうまく付き合っていける適応力を示すという驚くべき実証データを提供した。

方法論についての考察

早い親の喪失が長期的に及ぼす心理的影響を研究する方法には、二つの方法論的方略が見られる。まず、精神保健施設において診断を受けた患者、または入院患者を調べる研究が多い。この方略では、対象の選択バイアスと、比較のための適切な統制群が問題となるのを避けられない。次に、前向き調査を実施することが性質上難し

174

いため、ほとんどの研究は後ろ向き研究であって、人生のさまざまの段階にある成人に親の喪失の影響の報告を求めるか、現在の適応状態と人生初期の経験の想起を関係づけるかである。

さまざまの理由（死亡、離婚、放棄など）による結果だけを取り出すことが難しく、親喪失の意味の解釈が複雑になることがある。離別の原因が違うことで違う結果を予測できなかった研究があるが（たとえば、Agid et al. 1999; Kendler et al. 1992; Mack, 2001; Maier & Lachman, 2000）、親の死と離婚の間にかなりの影響の違いを見出した研究もある。離婚と親の死はいずれも家庭環境の大きな混乱と関係しているが、それぞれで経験されるストレスのタイプとそれらのストレスへの曝露が後の精神的健康に及ぼす作用にはかなりの幅がある（Sandler et al. 2003）。

最後に、復元力（レジリエンス）研究は、過酷な出来事や状況への反応に及ぼす作用について、死別を経験しない家庭と比較するのは概念上困難である。子育てが死別した子どもの復元力（レジリエンス）に及ぼす作用について、死を経験しない家庭と比較するのは概念上困難である。

早い親の喪失による生理的影響

長期的心理的影響を調査した研究が多いのと対照的に、生理的システムの発達や長期的身体的健康に及ぼす影響について考えるようになったのは最近のことである。いくつかの疫学的相関研究で、早い親の喪失は、人生を通して身体的健康問題の増加につながっていたが（Agid et al. 1999; Felitti et al. 1998; Krause, 1998; Lowman et al., 1987）、中年期での健康問題との関連が見られなかったという研究もあり（Maier &Lachman, 2000; Tennant, 1988）、ここにも媒介変数、調整変数という問題が発生する。

早期の喪失が人生を通して影響をもたらす一つの道は、喫煙、多量飲酒、非活動的生活などの不健康な生活ス

175 | 第8章 子ども時代の親の死による長期的影響

タイルの発生による。多くの研究が、健康関連行動の発達と維持と、初期家族関係の特徴の生涯にわたる喫煙行動に結び付いていると報告した。母子分離されたネズミや霊長類は、薬物への感受性が恒常的に変化することを示す神経生物学的変化を示し、母親に育てられた動物より、ストレスに曝される以前も以後も、有意に多いアルコールを摂取する(Fahlke et al., 2000; Meaney et al., 2002)。発達段階において養育が乱されると、後の人生における物質乱用への脆弱性を高める神経生物学的基盤を形成することをこれは示唆している。

最近の研究が示すように、早い親の喪失が長期的な生理的変化につながるとすれば、心理社会的環境は、身体組織の発達の媒介要因となるう重要な問題を提起している。近年の実証データでは、早期の喪失体験は、後のストレスに対する認知的・行動的・情動的・生理的反応を長期的に組織化する作用を持つ可能性があり、精神的および身体的なストレス関連障害への脆弱性に人生を通じて影響するかもしれない(Brotman et al. 2003; Luecken & Lemery, 2004; McEwen,2003)。

早い親の喪失の影響を理解するための生物社会学的アプローチは、「生物的、心理的、社会的な力がともに働くことで、個人の健康と病気への脆弱性を決定する」と考える(Straub, 2002, p.30)。現在も積み重ねられつつある実証データによって、生理的プロセスと心理的プロセスが相互に結び付くことで、身体疾患および精神疾患に対する脆弱性と抵抗力に影響することが示されている。親の喪失体験と人生を通じた身体的健康とを結びうるメカニズムの一つは、生理的ストレス反応による(Luecken & Lemery, 2004; McEwen, 2003; Repetti et al. 2002)。ストレス反応は、エネルギーの動員、心拍出量の増加、免疫機能の変化、そして反応に関わらない身体機能の抑制によって、脅威に反応するよう身体を準備する。ストレス反応は、視床下部−下垂体−副腎皮質（HPA）軸と交感神経−副腎皮質（SAM）システムを含む多数の身体システムを巻き込む。SAMシステムは、興奮性の性質を持ち、闘争−逃走反ルモンの一つ、コルチゾールの生産と分泌を制御する。HPA軸はグルココルチコイドホ

応と普通呼ばれる多くの症状の増加を生み出す (Bauer et al. 2002)。とりわけ、SAMの活性化は、血圧上昇、ノルエピネフリン、エピネフリンの増加をもたらす。

新奇状況への短期間のストレス反応は適応的で、反応するための行動戦略を促進する (McEwen, 2003)。それに対し、ストレスが長期的に及ぼす否定的作用のモデルが焦点を当てるのは、ストレス反応の調節がうまく働かないときの結果である。過剰反応、遷延反応、あるいは効果的な反応を起こすには弱すぎる反応などがそこに含まれる。アロスタシス的負荷仮説は、生理的ストレス反応システムの覚醒が遷延したり効果的に制御されないことで起こる身体の摩耗が累積することを表しており、調節されないストレス反応が長年にわたることで、過緊張、心臓疾患、抑うつ、感染症などを含む身体疾患、精神疾患の病因になることを示す実証的基盤を提供している (McEwen, 2002, 2003)。コルチゾールの非調節は、物質乱用、外的および内的な障害、病気の前兆となる行動も結び付いている (Bauer et al. 2002; McEwen, 2002, 2003)。ストレスへの生理的反応のパターンの理解を示していることから、覚醒を統制するより一般的な力への理解も提供してくれる (Bauer et al. 2002)。

そうした理解は、後の人生で精神、身体疾患を最も発症しやすい個人の特定を可能にしてくれる。

アロスタシス的負荷仮説は、危険な生理的ストレス反応のパターンに何より焦点を当てる。生理的反応から見た復元力(レジリエンス)についてはあまり理論化されていないものの、内的生理システムは、すばやく柔軟に反応することで、有機体にとってきわめて適応的に違いない。環境の要請に適切に対処しながらも要請を超えることはなく、内的システムが生理反応を効果的に調節し、終了させることである。身体は、ストレス反応の強さと持続時間を調節するいくつかのメカニズムを持っている。たとえばコルチゾールは、否定的フィードバック・システムによって調節され、分泌が遷延することによる悪影響が防がれる。コルチゾールはまた、ストレスに対する最初のSAM反応を抑制する上で重要な働きをする。復元力(レジリエンス)を導く心臓血管の反応は、負荷に対する最初のすばやい反応と、負荷が治まるとすばやく基準値に戻ることで表される。

近年、いくつものレビュー論文によって、人生初期の経験が、生理的ストレス反応システムの発達を調節する重要な働きを持つことを示す説得力ある証拠が提供された (Luecken & Lemery, 2004; McEwen, 2003; Nemeroff, 2004; Repetti et al., 2002)。脳の発達は、胎児期から青年期まで持続し、その期間を通して、幅広い環境の影響を受けやすい (Rice & Barone, 2000)。特に、主要な養育者との早期の経験は、神経生物学的ストレス反応システムの発達に直接的、永続的な影響を与える (Meaney et al., 2002)。この研究分野の進展は主に動物研究に促されており、人生初期のストレス性の経験が、異常に高いか異常に低いストレス反応の発達をもたらすか、または異常なパターンの反応をもたらし、その結果、アロスタシス的負荷の増加に導かれることを示している (McEwen, 2002, 2003)。人間の子どもへの長期的影響は大きく異なるであろうことは言うまでもないが、動物モデルは常に非常に重要である。なぜなら、初期の養育経験が、脳の構造、脳内化学、そしてホルモンと心臓血管システムの神経制御の発達を変化させうるだけの強い力を持つことを示しているからである。

養育者からの永久的分離にきわめて大きな影響力があることを最初に示したのは、1960〜70年代のハリー・ハーロウ (Harry Harlow) による研究である。この画期的研究によって、初期に母親ないし母親代理者を奪われた動物に、異常行動と深刻な社会情動的欠陥が見られることが見事に明らかになった。母親から分離されたネズミの子は、一連の行動上、生理学上の変化を示す。セラム成長ホルモン分泌、コルチコステロンの刺激 (人間のコルチゾールに対応)、カテコールアミンの分泌の減少、社会的引きこもり、抑うつの特徴を持つ行動、食物摂取の変化などである (Kuhn et al. 1990)。それほど極端ではない剥奪の研究では、通常、生後まもなくの間に動物を母親から繰り返し (通常1回3時間) 分離させるという方法を取っている。この種の分離に曝されたネズミの子は、不安を示す行動的徴候の増加とともに、HPA反応の過活動を示す (Plotsky et al. 2005, 1998)。ホファー (Hofer, 1994) は、長期的な生理的変化は、子どもの生理的発達への母親の調節的作用が子どもから奪われることの直接的結果であろうと述べた。母親からの分離は、子どもの生理的、行動的システムが健康で適応的な発達を

178

遂げるために母親による調節に依存しているうちにそのすべてを取り去ることでもあり、病にかかりやすくなるという不幸な結果をもたらすのだろう。

人間以外の霊長類にとって、母親との分離は、心拍 (Reite et al. 1989)、血漿コルチゾール (Gunnar et al. 1981)、脳脊髄液のモノアミン濃度 (Bayart et al. 1990) の増加などの、急性で長期にわたる生理的変化を生み出す。ヒグリーら (Higley et al. 1992) は、母親から分離され仲間と育てられたサルには、基準コルチゾール値と、脳脊髄液の3-メトキシ-4-ヒドロキシフェニルグリコール (MHPG) が高いことを報告した。さらに、仲間に育てられた動物は母親に育てられた動物に比べると、ストレスを感じている間、血漿コルチゾールが高く、戦闘的で、社会的親和行動が平板だった。サンチェスら (Sanchez et al. 2005) は、母親と分離されたアカゲザルでは、日中のコルチゾールリズムが平坦になるとともに、コルチゾールの反応度が増加すると報告した。人間以外の霊長類でも、種によって、母親との分離に対する幼児の反応強度に差異がある。ライトら (Boccia et al. 1989) は、その反応の違いは、代替的愛着の存在や質に帰せるのではないかと述べている。ボッチアら (Boccia et al. 1994) は、ボンネットサルの幼児の分離関連反応を、代替的社会ネットワークの大きさと直接に関連づけた。

短期ないし長期の身体的健康には、免疫システムの反応性も影響している。コーとリューバッハ (Coe and Lubach, 2003) は、人間以外の霊長類において、母親との早期別離は、長期的な免疫変化を引き起こし、サル免疫不全ウイルス (サルにとってのHIV) のようなストレス関連疾患への脆弱性を増加させることを報告した。ルイスら (Lewis et al. 2000) は、アカゲザルの幼児を生後すぐ母親から分離することから生じる免疫状態の長期的変化を調べた。最初の9カ月間、部分的ないし完全な孤立状態で育てたのち、約20年後に評価したところ、社会の中で育てられたサルと比べ、死亡率全般の増加傾向が見られたと報告した。孤立したサルで生き残っ

179 | 第8章 子ども時代の親の死による長期的影響

たものは、免疫機能のいくつかの側面に有意な変化が見られ、研究者は、感染性疾患の頻度が上がることが早死を説明するのではないかと推測した。

動物モデルを使った興味深い文献が多数あるものの、人間における早い親の喪失に関わる生理的影響を直接調査した研究は驚くほど少ない。ルーマニアの孤児院で育てられた著しい剥奪を受けた子どもに、コルチゾール調節に有害な影響が見られることを示した研究がいくつかある（Carlson & Earls, 1997; Gunnar et al., 2001）。早い親の喪失は、若年層の高血圧と関連し（Luecken, 1998）、中年期では、親を亡くした成人における、安静時コルチゾール、ベータエンドルフィン、副腎皮質刺激性ホルモンの各レベルと生涯にわたる精神障害歴を統制群と比較した。成人期に重大な精神障害を経験した喪失群の参加者は、質の低い家庭生活を報告し、有意に高レベルのコルチゾールとベータエンドルフィンが見られたことから、人生初期のストレスが神経生物学的機能の長期的変化を引き起こし、将来のストレスへの適応可能性に影響する可能性が示唆された（Nicolson, 2004）。ブロイアーら（Breier et al. 1988）は、

心理的影響に関する研究と同様、今後の研究は、主効果モデルにとどまらず、身体的健康における長期的脆弱性や復元力（レジリェンス）を予測する鍵となる媒介ないし調整要因と、そうした要因が影響を及ぼす経路を考慮する必要がある。

ベン＝シュローモとデビー＝スミス（Ben-Shlomo and Davey-Smith, 1991）によれば、人生初期の逆境は、継続的な社会経済的剥奪、ストレスへの曝露、健康への急性の悪影響という経路を通して、同じような累積逆境や累積作用理論によると、早期の喪失経験は、現在のストレスへの曝露を増加させることを通して、長期的な健康問題のリスクが高まるようなライフコースへ子どもの健康状態に影響しうる。、心臓血管系や呼吸器系の曝露を通して、長期的な健康問題のリスクが高まるようなライフコースへ子どもをより健康な経路へ導くとい（e.g. Hertzman, 1999; Rutter et al. 2004）。復元力（レジリェンス）に焦点を当てるアプローチは、子どもをより健康な経路へ向け直させ、後のストレスへの曝露を減らし、生涯の身体的健康を改善できる媒介要因を見出そうとする。残された親との強い絆は、早い親の喪失がもたらす生理的システムの作用に影響する調整要因の一つである。

ある研究では、残された親との関係の質が低いときのみ、早期喪失とストレス時の高いコルチゾール反応度とが関連づけられるとしている (Luecken, 2000b)。ルーケンとアッペルハンズ (Luecken and Appelhans, 2006) は、早い親の喪失と虐待的な扱いの報告との組み合わせは、親の喪失があっても虐待的な扱いがなかった参加者と比べて、コルチゾールの上昇に結び付くことを見出した。対照的に、親の喪失を経験し、家族との関係が強いことを報告した青年には、強い絆を持つ欠損のない家族より、収縮期血圧と心拍に見られるストレス反応の回復が早かった。つまり、喪失と肯定的子育ての組み合わせは、自己制御能力を独特に形成し、後にストレスに直面したときの復元力(レジリエンス)に貢献することを示唆している (Luecken et al., 2005)。

方法論的検討

動物実験から引き出される結論には、そもそもの限界が数え切れないほどある。おそらく最も説得力のある限界は、人間以外の種において初期の別離経験を脳や神経内分泌の発達に関連づける発見から推測することで、どの程度まで人間の子どもへの影響に関する仮説形成が可能かという問題である。たとえば、ネズミの子どもが数週間にわたって1日に180分間母親から分離することは、人間の子どものどれだけに匹敵するのだろうか。初期のサル学では、母親からの分離に続いて、完全またはほぼ完全な孤立か、血のつながっていない仲間集団によって育てられることが多かった。母親との分離にとどまらず、ほとんどのサルは、母親との分離の過酷な作用を緩和したかもしれない代替的な大人の愛着対象も奪われていた。そこから得られた発見は、標準以下の孤児院で育てられた極度に剥奪された子どもにはおそらく当てはまるだろうが、もっと一般的な死別体験を理解するにはあまり役立たないだろう。こうした限界があるものの、豊富な動物研究文献は、初期の社会的逆境が脳とストレス関連の生理システムの発達を劇的に変化させることをはっきりと示している。ただし、人間の子どもに同

181 | 第8章 子ども時代の親の死による長期的影響

様の予測をするには注意が必要である。

早期喪失に関する動物モデルのほとんどには、生理機能の発達に何らかの影響を与える臨界期が存在する。ネズミの子では、母親との分離が生後数週間以降に起これば、グルココルチコイド分泌に何ら影響を与えないようである。サルにとって持続的な免疫変化が起こるための臨界期は、生後約6カ月以内である（人間にとって生後3～5年に相当する）。人間の子どもでは、喪失が早い時期に起こるほど大きな影響を与えるとしている研究もあるが、概ね結果に一貫性がなく、人間にとって臨界期が本当にあるのかははっきりしない。生後3年間の重要性について数多くの憶測がなされてきたが、実証研究は、どの年齢のトラウマ経験も、神経内分泌系および関連するストレス反応システムへの長期的影響があることを示している。ラターら (Rutter et al. 2004) は、ルーマニアの孤児院で重度の剥奪を受けた子どもが英国の家族に養子となった例の追跡研究を行い、「通常の家庭養育を取り戻した後に驚くべきほどの回復」が見られたと述べている (p.89)。これや他の関連研究に基づけば、親の喪失などの子ども時代のトラウマ的出来事の後には、健康の回復と増進に相当の余地が残されているようである。

将来的方向性

リンら (2004) が記したように、自身のものを含め類似の研究に共通する限界は、復元力(レジリエンス)の指標として、肯定的な結果を評価することによらず、精神的健康問題がないことに焦点を当てていることであった。復元力(レジリエンス)は、病理の不在以上のものとして定義されるので、今後の研究では、精神的、身体的健康の肯定的結果を評価することが重要だろう。そこには、学力や社会的能力、人生の満足度、人生の目的、目標達成への動機づけ、発達課題の達成、幸福などが含まれるが、これらに限られるわけではない。さらには、復元力(レジリエンス)研究の前進にとって、生物学的

182

基盤の実証的検討とともに、生物学的観点を復元力の理論的枠組みに統合することが欠かせない (Curtis & Cicchetti, 2003)。カーティスとチケッティ (Curtis & Cicchetti, 2003) が記したように、「復元力に関する将来の研究目標は、いくつもの生物学的測定指標が、いくつものレベルにわたる分析アプローチの一部として、復元力研究に組み入れられていくことである」(p.775)。生理的復元力は、環境の要請に対応して心拍を柔軟に変化させたり、難局の後すばやく心血管やホルモンの指標をホメオスタシスの水準へ回復させたりする身体の能力や、感染に抵抗する免疫システムの力によって測ることができる。

復元力研究に課せられたもう一つの課題は、早い親の喪失に影響された子どもが持つ適応能力に貢献する内在的過程の定義にとりかかることだろう (Sandler et al., 2003; Wyman et al., 2000)。サンドラーとその同僚は、(Sandler, 2001; Sandler et al., 2003; Ch 25 も参照) は、親を亡くした後の子どもの脆弱要因と保護要因の示すところでは、脆弱要因と保護要因の作用となる理論的枠組みを提示した。要するに、彼らのモデルの示すところでは、脆弱要因と保護要因の作用は、年齢にふさわしい発達的能力の達成と、基本的欲求と目標の充足感によって調整される。サンドラー (2001) のモデルによると、親の死は、自尊感覚、環境に影響を与えうるという自己効力感、社会とつながっている感覚などを含む、子どもの基本的要求の維持への脅威として働く。保護要因は、要求と能力の充足感を促し、脆弱要因はそれらの充足感を妨げる。親の死後の復元力に内在するメカニズムに関するサンドラーのモデルは、この分野における将来の研究にすばらしい手引きを提供している。

本章では心理社会的影響と生理的影響を分けて述べたが、これは人工的な区分にすぎない。情動的、行動的、社会的、生理的なそれぞれの過程が相互に結び付いていることを示す実証データが増えつつある。親の早期喪失がもたらす影響のより完全な像は、これらの過程の評価がすべてそろってはじめて描かれるだろう。その方向に向けた前進は、たとえば、人生初期の家族の逆境がもたらす神経生物学的影響が、成人になって抑うつや不安障害の発生に影響するという実証データを提供した研究者たちによってすでに始められている (Heim et al. 2002;

Heim et al., 2004)。他にも、私は同僚とともに、出身家庭の人間関係を生理的ストレス反応と結び付ける理論的筋道を、認知－感情、遺伝、心理社会というそれぞれの経路を含んで描く大きなモデルを提示した（Luecken & Lemery, 2004）。親の喪失に当てはめて述べると、認知・感情経路の存在は、喪失とその後の子育ての質が、環境がもたらす難局への情動的および認知的反応の発達に影響することを示唆している（Luecken et al. 2006 を参照）。心理社会的経路は、早い喪失と後の子育ての質は、心理社会学的特徴（たとえば、自尊心、敵意、否定的感情）の発達に寄与し、それがストレスへの生理的脆弱性を変化させることを示唆している。遺伝の介在と遺伝子－環境相互作用の発達にもまた明らかであり、喪失体験が遺伝子の発現形に影響し、それが子どもを多かれ少なかれストレスに対して脆弱にするだろう。ラターら(2004)は、子ども時代の逆境が心理社会学的逆境に長期的な影響を及ぼしうる同様の経路を記述した。そこには、人生を通しての逆境の継続、経験の認知－情緒的処理、初期の苦境がもたらした持続的生物学的影響が含まれる。将来的研究の重要な方向性は、このような諸経路とそれぞれの間の相互作用をより詳細に検証することである。

文化間研究は、子育ての信念や実践にかなりの相違があることを示し（Bornstein et al. 1998）、文化が親の死の経験とどのように相互作用して長期的影響を予測するかという重要な問題を提起している。バフールコウら(1987)は、親の死の後に、より発達した親族関係の構造やそれによる援助が得られるなど、重要な調節機能を持つ点で文化による差異があるとすれば、文化的文脈を考慮することが重要であるとはっきり述べている。現在のところ、短期的または長期的な心理的および生理的影響に及ぼす文化的実践と文脈の役割の理解に限界があり、今後の研究がこの重要な領域に迫ることが期待される。

リンダ・J・ルーケン（アリゾナ州立大学、アリゾナ医科大学）

184

第9章

人生後期の死別体験
―― 高齢者夫婦人生変動研究より

配偶者の死は、高齢者を打ちのめす苦しい人生の変動である。米国では毎年、90万人以上が寡婦となり、その4分の3近くが65歳以上である（Federal Interagency Forum on Aging-Related Statistics, 2004）。西欧、中欧でも類似の年齢分布が記録されている（de Jong-Gierveld et al. 2002）。配偶者の喪失では、人生後期の死別が最もよく見られる形だが、たいていの死別理論や実証研究は、高齢者の寡婦や寡夫に影響する特定のリスク要因や資源や事情をしっかりと考慮していない。世界が高齢化するなかで、学者も実践家も市民も、高齢の寡婦、寡夫が直面する課題にいかに効果的に対処するか理解する必要がある。

配偶者と死に別れることは、高齢者を見舞う最も難しいストレスの一つであるとずっと考えられてきた（たとえば、Holmes & Rahe, 1967）。多くの実証研究によれば、喪失への高齢者の適応には際立った個人差がある。サンプルやアセスメント手法にもよるが、配偶者を亡くした翌年に臨床的に意味のある抑うつを経験する人は15〜30％のみであることが見出される一方（Stroebe et al. 1993; Zisook & Shuchter, 1991）、40〜70％に上る人が精神不安感を経験するか、または喪失直後から2週間以上にわたって際立った悲しみの感情を持っている（たとえば、Bruce et al. 1990; Zisook et al. 1997）。死別研究者は、配偶者を喪失すると悲嘆や抑うつは避けられないと考えるのではなく、人生後期の死別によってもたらされうる苦悩を悪化させる（または防ぐ）外的状況あるいは個人的要因を明らかにすることに焦点を当てるべきである。

人口分布、科学技術、社会条件が人生後半の死亡率に影響し、その結果、人生後半の配偶者の死別の質にも影響する。米国をはじめとする今日の先進国のほとんどでは昔よりはるかに長寿になっており、慢性的疾患を持つ人は治療や延命技術の恩恵を受けることができるが、それが必ずしも人生の質を高めるとは限らない（Field & Cassel, 1997）。現在、配偶者の死は最晩年で起こるのが普通だが、一人になるプロセスは、死が実際に訪れる数年前に起こる配偶者の罹患から始まる。死へと向かう年月に、健康な配偶者は、自分の健康への負担となる数々の介護の責任を負うだろう（Schulz et al. 2001; Ch 13も参照）。さらに、癌と心臓疾患という現在の高齢者の主な死

186

因は、女性より男性を頻繁に、早く襲う（Federal Interagency Forum on Aging-Related Statistics, 2004）。その結果、男性より女性の方が一人に残されやすく、配偶者の喪失が個人の心理的、社会的、身体的、経済的健康状態に影響を与える程度には、男女間で大きな差異がある。

喪失への適応は、喪失以前の結婚関係の性格や質と代替ソーシャル・サポートの資源にも影響される。米国をはじめとする個人主義的な社会では、夫婦と子どもからなる核家族が、社会的、経済的、そして居住形態としても、自律を求められる。その結果、伴侶が亡くなると、残された者は、伴侶とその友人の喪失に情緒的に適応するだけでなく、2人で話し合って決めていた現実的な決断や責務を一人で果たさなければならない（Umberson et al., 1992; Utz et al., 2004）。それに対し、たとえばアジア、アフリカ、ラテンアメリカに見られるような、より集団主義的な社会の成人は、大家族で暮らすことが多く、家族集団への所属が、遺族となった配偶者を襲いがちな現実的ないし情緒的な喪失から守ると考えられている（たとえば、Bongaarts & Zimmer, 2002; Kim & Rhee, 2000; Morioka, 1996; Shah et al. 2003）。

一人になった配偶者に求められる適応は、現在の西洋諸国の高齢者集団にとってとりわけ困難だろう。彼らは、人生を通じ、固く性差に基づいた社会的役割を演じ続けているからである。高齢の寡婦・寡夫は、伴侶が果たしていた役割や責務に限られた経験しか持たないだろう（Spain & Bianchi, 1996）。さらに、男性は、人生を通じて、友人やソーシャル・サポートのための拠り所が女性より少ないのが一般であるため、妻とその友人の喪失は特に男性にとって困難である（Antonucci, 1990）。

遺族となった配偶者の経験には、巨視的な社会の力と成熟過程が強く影響するにもかかわらず、高齢者遺族の人生を左右する、リスク、資源、事情を考慮した研究は比較的少ない。さらに付け加えるなら、喪失前の高齢者の死別に関するほとんどの実証研究は、配偶者を亡くした後のある時点での適応を調査しており、喪失前のさまざまの出来事や経験、配偶者間の力関係などを考慮していない。それらを調べるには、死別以前の高齢者夫婦の大きなさ

187 　第9章　人生後期の死別体験

人生後半における配偶者との死別の特質

配偶者との死別は、その意味と一連の影響の点で、高齢者と若年者で大いに異なるであろう。配偶者の喪失は、高齢者にとって、若年者と比べてそれほど強い苦しみを残さないだろう。高齢者は、配偶者を亡くす前に大切な人の死を体験している可能性が高く、直近の喪失の意味を見出し対処するための準備がより整っているだろう (Thompson et al., 1991)。また、年齢が進むほど、配偶者の喪失は少なくともある程度予想されるようになる (Neugarten & Hagestad, 1976)。合衆国では、65歳以上の女性の約50％が寡婦である (Fields & Casper, 2001)。高齢の女性は特に、友人が配偶者の死を経験するのを観察しているので、自分の夫の死を予測しそれに備えるだろ

ンプルから追跡をはじめ、死別後の複数の測定時点で残された配偶者を観察して得られる前向きデータが必要である。高齢者夫婦人生変動 (The Changing Lives of Older Couples：CLOC) 研究は、合衆国で行われた、未亡人群と統制群を対象とした前向きの多数回研究であり、現在の高齢者遺族集団の人生を左右する経験を調べる貴重な機会を提供している。

本章ではまず、高齢者の死別体験を形成する歴史的、社会的、心理的要因を簡単に概観する。次に、高齢者夫婦人生変動研究の特徴と強みを述べて、それが人生後半の配偶者との死別を研究する上で理想的な条件を備えていることを示す。次に、高齢者夫婦人生変動研究から今のところ得られている結果をまとめる。特に、死のタイミングと事情が残された配偶者に与える影響、晩年の結婚関係が心理的、社会的な適応に及ぼす影響、死別したのちの配偶者が向き合う現実的課題に特に注目する。最後に、近年の実証研究から得られる、理論、実践、今後の研究への示唆を検討して章を閉じる。

188

う (Fooken, 1985; Neugarten & Hagestad, 1976)。若年者にとっての死は突然で、殺人や事故などのきわめて辛い状況で起こりがちである (Reed, 1998; Rynearson, 1984)。予測可能で織り込み済みの人生の変わり目は、予測されていなかったものよりストレスが少ない (George, 1993) ことを考えると、高齢で死別した配偶者は、若年者に比べて再適応の困難が少ないだろう。

高齢者において、一人で残された生活と心理的苦痛とのつながりが弱いと思われるのは、年齢からくる情動的反応性の低下の表れかもしれない。若年者に比べると、高齢者は、情動状態を扱う力あるいは「調節」する力が強い (Lawton et al., 1992)。その結果、肯定的な感情も否定的な感情も極端に報告することが少なく、ストレスへの情動反応における変動幅も少ない (Mroczek & Kolarz, 1998; Stacey & Gatz, 1991)。高齢死別者の悲嘆反応は、若年死別者と比べて、強度において弱く、持続期間において短い (Nolen-Hoeksema & Ahrens, 2002; Sanders, 1993)。情動反応性は、さまざまな要因で人生後半に衰える。自律神経覚醒の生物学的減退、人生の情動的出来事への馴れ、高齢者は「あまり感情的に」なってはいけないという文化的期待へのこだわり、後半生における情動と認知の力関係の変化などがその要因である (Carstensen & Turk-Charles, 1994)。高齢者はまた知恵を持つと信じられており、それが喪失に関わる苦痛を最低限にとどめて、人生の苦境に落ち着きと受容をもって反応するのかもしれない (Baltes et al., 1992)。

後半生では、配偶者が行っていた実務的課題を果たす用意があるだろう。結婚生活で伝統的に設けられていた「男の役割」と「女の役割」は、年齢を重ねるにつれあいまいになるかもしれない。高齢夫婦も、若年夫婦と同じく、家事の性別的分業に従うが、体力の衰えや日常機能の制限に直面して分業が変化するだろう (Szinovacz, 2000)。身体的健康問題の始まりによって、人生初期に果たしていた性差に特化された家事や家の手入れの仕事をする力が衰える。たとえば、身体の限界から妻が食事の準備や掃除ができなくなると、夫がその仕事を引き継ぐことになる。同様に、夫の認知の衰えによって、夫が行っていた不動産管理をはじめとする経済的諸事の決定

を妻が執行することが増える。高齢者は一人になる前から伴侶の仕事を次第に引き受け、それによって配偶者の死への備えができるのだろう。

これとは逆に、人生を通じたストレス研究によって、高齢者の方が、処理能力を超える同時発生的ストレスを経験する可能性が高いために、配偶者の喪失と後の苦痛が強く関係することが示されている (Kraaij et al. 2002)。高齢者は若年者より、認知的、身体的衰え、経済的苦労、友人や愛する人の死、職業のような他の重要な社会的役割の喪失などを経験しやすいからである (Norris & Murrell, 1990)。後半生における死は、長い闘病後に起こるのが典型で、死別した配偶者は、介護というストレスに満ちた期間を経験し、愛する人が死の前に長期にわたってその死に伴う強烈で慢性的なストレスによっても圧倒されるだろう。

年齢だけを統制している異なった年齢にわたるサンプルに基づく調査では、高齢者と若年者それぞれに特有の配偶者喪失の影響を明らかにすることはできず、若年者と高齢者それぞれの、配偶者喪失を身体的、社会的、精神的な健康と結び付ける特殊な経路を明らかにすることはできないだろう。こうした理由で、死別研究者は、高齢夫婦の経験を死に至るまでのプロセスを通じて追跡し、喪失後のいくつかの時点で残された配偶者に関する情報を得るような前向きデータを必要とする。その情報には、残された人、亡くなった伴侶、結婚関係、死別体験を形成するであろう死の諸事情の特徴についての詳細な情報を含まねばならない。

190

高齢者夫婦人生変動研究

サンプルの特徴

高齢者夫婦人生変動研究は、配偶者喪失の大規模で多数回の前向き研究であり、人生後半の配偶者との死別に関する未解決で研究されていない数々の問題に迫ることができる。デトロイト（ミシガン州）の標準都市統計地区における、二段階地域無作為抽出による、既婚の男女1532人のサンプルに実施された。研究への参加資格は、夫が65歳以上の既婚カップルで、英語を話す人である。すべての参加者は、施設に入っておらず、2時間の対面面接が可能な人である。研究期間中に遺族となる可能性を増やすために女性のサンプル数を多くした。その結果、本章にまとめた分析では、選択確立の不均衡と最初の面接時の応答率の差を補正した過重データが使用された。

高齢者夫婦との基準点対面面接は1987年6月から1988年4月にかけて行われた。基準点面接の応答率は68％で、同時期に行われた他のデトロイト地域の研究の応答率と一致した。配偶者の喪失は、ミシガン州から提供を受けた月ごとの死亡記録と、デトロイト地域の新聞に掲載される死亡欄を読むことでチェックされた。国

---

1 基準点として1532名の既婚者にインタビューし、うち423組の夫婦あるいは846名の個人について、両配偶者からの完全なデータが収集された。この研究設計によって、夫婦レベルの分析を行うとともに、結婚ならびに自らと伴侶の健康状態についての各個人の評価に関する夫婦間一致度も検討することが可能になった。

表9-1 死別の状態と性差ごとの、非加重サンプル数および加重サンプル数（高齢者夫婦人生変動研究）

下位グループ	非加重サンプル			
	基準点	Wave 1 (6ヵ月)	Wave 2 (18ヵ月)	Wave 3 (48ヵ月)
総サンプル数	1,532	333	411	208
男性	474	46	60	20
女性	1,058	287	351	188
死別者		249	198	106
男性		35	29	10
女性		214	169	96
マッチングによる統制群		84	213	102
男性		11	31	10
女性		73	182	92

下位グループ	加重サンプル			
	基準点	Wave 1 (6ヵ月)	Wave 2 (18ヵ月)	Wave 3 (48ヵ月)
総サンプル数	1,532	297	370	160
男性	725	87	109	25
女性	807	210	261	135
死別者		210	168	85
男性		59	51	15
女性		151	117	70
マッチングによる統制群		87	202	75
男性		22	58	10
女性		65	144	65

注）加重サンプルは、基準点における選択可能性の不均一と反応率差を調整している。

家死亡記録と直接に死亡証明書を確認することで、死亡の確認と死因情報を入手した。研究期間に配偶者を亡くした335の回答者のうち、316人から面接可能という連絡があった（19人〈6％〉は調査期間中に死亡した）。連絡を取った316人のうち、263人（83％）が、伴侶の死後、6カ月（Wave 1）、18カ月（Wave 2）、48カ月（Wave 3）の3回のうち少なくとも1回のフォローアップ面接に参加した。死別した参加者それぞれに対し、基準サンプルから死別していない同年齢、同性の参加者をマッチングさせ、このマッチングによる統制群の参加者にも、3回のフォローアップで面接を行った。すべての回のデータ収集にわたる、性別と死別状態で整理した、加重サンプル数と非加重サンプル数を表9−1に示す。[2]

高齢者夫婦人生変動研究の強み

高齢者夫婦人生変動研究は、後半生における伴侶の喪失をめぐる諸事情とその影響を研究する上で理想的なデータ収集を可能にする特性をいくつか備えている。第1に、残された人（およびマッチングされた統制群の参加者）との面接のすべてが、死後6カ月、18カ月、48カ月後に行われた。つまり、どのような分析をするにせよ、喪失からの経過時間が一貫していることが保証されている。死後の経過時間を統制していない研究から決定的な結論を得ることはできない。心理的苦痛の症状は、最初の6カ月で最も厳しく、喪失以前の水準に次第に戻るとする点ではほとんどの研究は一致している（たとえば、Mendes de Leon et al., 1994）。比較的長期間を見渡す視野にしか立たない研究は、喪失の短期間の影響を過小評価しているかもしれず、他方、喪失の直接的影響に焦点を当てる研究は、長期的にしか表れない影響を明らかにできない恐れがある。

2　6カ月、18カ月のフォローアップ面接で面接した統制群の参加者数の相違は、得られた資金の違いにのみ由来する。

第2に、データが前向きで、一人残された人、亡くなった配偶者、喪失以前の結婚関係に関する豊富な情報を含むため、喪失後の心理的、社会的健康の前向きの変化を研究することも可能である。一人残されることのリスク（または一人暮らしの「選択」）と一人暮らしへの適応に影響する要因を調査し明らかにすることも可能である。一人暮らしが及ぼす有害な作用は、たとえば貧困のように、身体的ないし精神的な健康と一人暮らし両方のリスクを高めるような喪失以前の特徴が統制されていなければ、過大評価されるであろう。

第3に、一人残された人のすべてについて、同年齢、同性のマッチングを行った統制群参加者が割り当てられた。これによって、一人暮らしの真の影響を、加齢や時間経過による影響から分離することができた。一人残された人のみのサンプルに焦点を当てた研究は、一人残されることの影響を直接突き止めることができない。たとえば、遺族サンプルのみを用いた抑うつ率が遺族ではない人の抑うつ率と有意に異なるのか確かめることができない。

第4に、サンプルに男女とも含まれるので、性差を研究することができる。後半生の一人暮らしの研究は、圧倒的に女性にばかり焦点を当ててきており、性差を比較したものはあまり見られない。

第5に、喪失の心理的、行動的、認知的、経済的影響を含めて、広範な影響を分析するように特に計画されている。高齢者のみを対象とすることで、一般的な加齢による課題と、人生後半の死別に特殊な課題に焦点を当てている。

本研究の実質的範囲の梗概は表9-2のとおりである。

最後に、抑うつや不安感のような心理的、社会的適応に関する諸側面と、切望感、喪失に関係した不安感、日々の生活での実際的適応の結果の両方にわたる豊富なデータを含んでいる。喪失特有の症状は、独り身への移行を構成する特有の諸側面にたいしてそれぞれ異なった仕方で反応するだろうし、それらの互いに競合する（可能性のある）作用は、包括的尺度のみ変数として用いられれば相殺されてしまうだろう。たとえば、幅広く用いられている悲嘆尺度（BI悲嘆指標（Jacobs et al. 1986)、喪失への現感情PFAL（Singh & Raphael,

表 9-2 悲嘆尺度と下位尺度に寄与する項目のまとめ
（高齢者夫婦人生変動研究）

領域	項目
不安（$a = .71$）	何が起こるか恐ろしい 不安感や不安定感 どのように毎日の諸事をやりくりするか気に病む
絶望（$a = .64$）	人生が空っぽのように感じる 内面が空っぽに感じる 人生が意味を失ったように感じる
ショック（$a = .77$）	ショック状態にあると感じた 起こっていることを信じられなかった 情緒的麻痺を感じた
怒り（$a = .68$）	死について恨んだり憎悪を感じたりした 死は不平等だと感じた 神に怒りを感じた
切望（$a = .75$）	彼／彼女と一緒に居たいと願う 彼／彼女が恋しい思いが波のように襲う 強烈な苦痛や悲嘆の感情 悲嘆や孤独の感情
侵入的思考（$a = .66$）	眠れない、彼／彼女への思いがよみがえり続ける 彼／彼女への思いや記憶を遮ろうとした 頭から彼／彼女についての考えを捨てられない
悲嘆（$a = .88$）	先の 19 項目すべて

表9-3 伴侶喪失後6ヵ月時点の心理的適応に対する「死の質」の特徴(抜粋)の効果、通常の最低限三次回帰モデルによる評価のまとめ (高齢者夫婦人生変動研究1987-1993)

「死の質」指標（抜粋）	下位尺度 切望 β	SE	下位尺度 侵入的思考 β	SE
最後の日々の伴侶との肯定的関係	.467***	.175		
死の前の伴侶の苦痛	.353**	.166	.448***	.170
死の看取り			-.336**	.143

「死の質」指標（抜粋）	下位尺度 怒り β	SE	下位尺度 不安 β	SE
最後の日々の伴侶との肯定的関係	-.325**	.171		
死の前の伴侶の苦痛			.301*	.169
死に対する医師および病院の責任	.698***	.274		
死の前の施設入所			-.849**	.367

注) 心理的適応を有意に予測した死の特質のみ示す。空白部は、有意に予測しなかったことを示す。すべてのモデルは、人口統計的な特徴（年齢、性別、教育、収入、家の所有）と交絡要因（喪失前の抑うつ症状、喪失前の不安症状、自己報告の健康、故人の死の前の健康）、心理特性（死の受容、宗教性、結婚生活の質）、死の客観的特徴（死亡年齢、余命宣告の期間、死因）によって補正された。「誰のための良い死か——残された高齢者における伴侶の死の質と心理的苦痛」(D. Carr, 2003, *Journal of Health and Social Behavior, 44*, p.225.) より。Copyright 2003 by the American Sociological Association. Adapted with permission.
*p<.10. **p<.05. ***p<.01. ****p<.001.

1981〉、改訂テキサス悲嘆尺度TRIG〈Zisook et al. 1982〉）は、「怒り」「切望」（表9-3参照）などの下位悲嘆尺度の使用は、喪失の異なった側面に対して違った反応を見せるため、包括的悲嘆尺度からなっている。そうした下位尺度は、個々の症状のパターンを覆い隠してしまうかもしれない。さらに、高齢者夫婦人生変動研究は、三つの時点で喪失関連の心理的結果の計測（喪失後6、18、48ヵ月）、四つの時点での一般的心理的結果（基準点、喪失後6、18、48ヵ月）を得た。このような多数回観測は、時間経過の中で起こる、個々の心理症状の軌跡をモデル化することを可能にする（たとえば、Bonanno et al. 2002; Ch 14も参照）。

本章では、高齢者夫婦人生変動研究の特性を利用し、配偶者の喪失が、どのように、なぜ、そして誰の心理的、社会的適応に影響するかなどを探求する。これらの問いへの答えは、政策と実践に示唆するところが大きく、将来的研究のための基礎となるだろう（高齢者夫婦人生変動研究の詳細な情報は、Carr et al. 2006を参照）。

高齢者夫婦人生変動研究から見出された結果

死のタイミング、事情、質

20世紀末から21世紀はじめにかけて死別した高齢者のほとんどにとって、伴侶の喪失は、根をつめた長い看病の末に訪れている。昔にはなかったこの事情は、高齢で伴侶を亡くした人の経験について重要な問題をもたらした。予期せぬ突然の死は、長く予期されていた死よりストレスが大きいのだろうか。伴侶の死の「質」は、残された人の心理的適応に影響するのだろうか。高齢者夫婦人生変動研究は、この問いへの答えが複雑で、各高齢者の資源とリスク要因に影響されることを示している。

リンデマン（Lindemann, 1944）による古典的な「ココナッツの森」研究では、予期しない突然の死は、予測された死よりも苦痛が強いことを示唆した。死を予測している個人は、通告を受けてからの期間を、一人の人生に移行する心理的、実践的準備のために用いると考えられている（Blauner, 1966）。しかし、実証研究が伝えるものは両義的である。突然死は予測された死より苦痛が強いとするものもあるが（たとえば、O'Bryant, 1990-1991）、予期された死の方が問題をはらむことを示すものもある（たとえば、Sanders, 1982-1983）。死の時期と残された人の健康に関連を見出さなかった第3のグループもある（たとえば、Roach & Kitson, 1989）。

結果が一致しないのは、少なくとも一部は、死の予期に関係する重要な局面が過去の研究で統制されていないことに起因する。その結果、死の予期の実際の影響は、含まれていない変数によって相殺されたり抑制されたりしたのであろう。たとえば、通告からの期間は、困難な介護（Wells & Kendig, 1997）、経費がかさむ医療と長期介護による経済的負担（Field & Cassel, 1997）、家族や友人からの情緒的孤立（Kramer, 1996-1997）、自分の健康を顧みないこと（Sweeting & Gilhooly, 1990）などの、苦痛をもたらす可能性のある経験によって彩られる。死にゆく患者も、身体的苦痛、医療の問題、今後の治療に関する難しい決断などに曝される。これらのいずれもが、それらが起こるにつれ目のあたりにする伴侶に苦痛を与える。

高齢者夫婦人生変動研究は、突然死と予期された死のいずれにも関わるストレス要因および有利な条件を考慮に入れて、死の予告を受けることが喪失への適応にどのような影響を与えるのかを調査した。カーら（Carr et al., 2001）は、三つのタイプの心理的影響を評価した。①突然死、②残された方が受けた余命宣告が6カ月より短い場合、③6カ月以上の余命宣告を受けた場合、である。死の予告に交絡しうる他の特徴は統制された。死亡時の伴侶の年齢、死亡前に入院していたか、伴侶の看病の程度、死にゆく患者と伴侶は死が迫っていることについて語り合ったか、死を看取ったかなどである。分析は、突然死と予期された死のいずれかが常に苦痛をはらむのではないことを示した。心理的影響は測定された側面によってさまざまである。突然

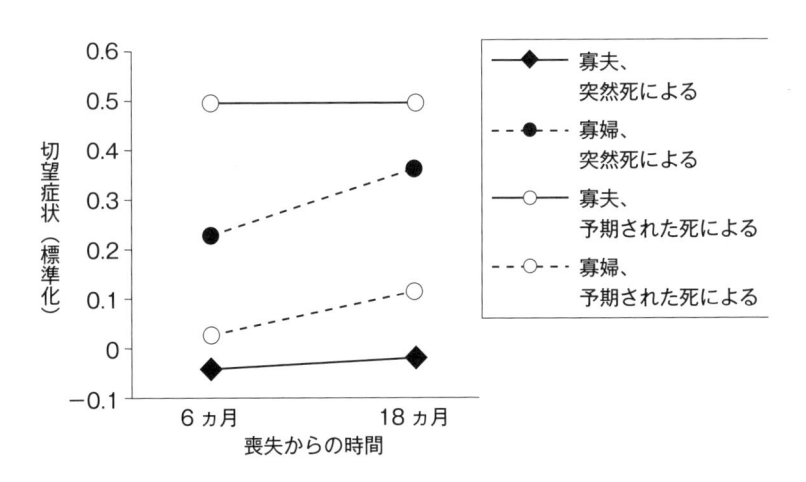

図 9-1 余命宣告と喪失からの時間による、寡婦・寡夫における切望症状（6 カ月、18 カ月）による交互作用（高齢者夫婦人生変動研究 1987-1993）

切望症状スコアは、年齢、教育、家の所有、喪失前の抑うつ症状、喪失前の不安症状、喪失前の自己報告の健康、死亡年齢、死の前の施設入所、死の前に伴侶の看病をしたか、夫婦間で予想される死について話し合ったか、死を看取ったか、によって補正された通常の最小三次元回帰モデルによる。「残された高齢者における突然の喪失および予期された喪失への心理的適応」（D. Carr, J. S. House, C. Wortman, R. Nesse, & R. C. Kessler, 2001, *Journals of Gerontology: Social Sciences, 56B*, p. S244.） より。Copyright 2001 by the Gerontological Society of America. Adapted with permission.

に伴侶を亡くした人は（予告を受けた人に比べて）、喪失後 6 カ月で侵入的思考——無意図的に生じる苦痛に満ちた故人に関わる考え——が高くなったが、18 カ月後までに影響は消えていた。侵入的思考は、PTSD の症状と考えられているものである（たとえば、Bonanno & Kaltman, 1999）。

突然死の切望（亡き伴侶を恋しく思うこと）に対する影響は男女で異なっていた。カーら（2001）は、死の予告の意味が男女で異なるのか評価するために交互作用を評価した。突然死と切望の関連は、男性より女性の方が有意に高かった（図 9-1 参照）。男性は、妻が長い予告期間を経て亡くなったときの切望が最も高かった。この性差は、結婚生活における伴侶に対する関わり方の男女差が影響しているかもしれない。男性にとって、死の予告期間は、伴侶への絆と他者からの孤立感が増す期間かもしれない。男性は、他者との関係を犠牲にして伴

侶と情緒的つながりを強めるのかもしれない。それに対し、女性は、女友達も経験している病気の配偶者との経験に助けられて困難に対処しやすくなっているかもしれない。

長期の余命宣告は、男女どちらにも、死後6カ月と18カ月で不安症状の増大につながっている。6カ月以上の余命宣告を受けていた男女は、伴侶の死から6カ月の時点での不安症状が、短い宣告を受けた人より、標準偏差で0．5高かった。この差は、18カ月までに0．3に減少したが、なお統計的に有意だった。この影響は、看病の負担などのストレスでは説明できなかった。ゆっくりと死に至る高齢の患者は、長期的な認知能力の低下を経験していることとこれは関係するかもしれない。語り合いや締めくくりのための時間を与えるような予期された死と違って、認知症やアルツハイマー病は、終末期の患者が、最後の日々に愛する人と話をしたり、死の過程に意味を見出したりすることを妨げるからである。ただし、この仮説を実証的に評価することはできない。高齢者夫婦の人生変動のサンプルには、アルツハイマー病や重症の認知症についての詳細なデータが含まれないからである。全体として、本研究は、高齢者にとっては突然死でさえ想定の範囲であり、来るべきときに来たと見なされることを示唆している（Neugarten & Hagestad, 1976）。結果として、高齢になってからの突然の伴侶喪失は、若年や中年期のそれより苦痛が少ないのであろう。

高齢者夫婦人生変動研究はまた、死に方の質が、喪失6カ月後の心理的適応に与える作用も示している（Carr, 2003）。「良く死ぬこと」や「良い死」についての理論的、哲学的著作を参照して（たとえば、Byock, 1996; Field & Cassel, 1997）、死の質の5側面が考慮された。①患者による迫る死の受容、②愛する人からのソーシャル・サポート、③他者への負担の程度、④死の時期に関する予測、⑤適切な身体的ケア、である。いずれの指標も、すでに故人となった伴侶の死の経験の性質であり、死後6カ月の時点で残された伴侶から得られた回顧的報告に基づいている。死因や闘病期間などの死の客観的性質はいずれの指標についても修正された。

臨床の世界や宗教的な共同体では、「良い死」が残された人の心理的適応を容易にすると幅広く信じられているものの（たとえば、Byock, 1996）、以前の報告で私はその主張を支持する実証的データをほとんど見出すことができなかった（Carr, 2003）、死の質と残されたものの適応とのつながりを予測しなかった。心理的適応はむしろ、死の質の二つの次元は、残された人の心理的適応を予測しなかった。心理的適応はむしろ、故人に対する切望が有意に高く、喪失後に不安が有意に高まり、侵入的思考が有意に多かった。医者や病院の過誤で伴侶が亡くなった人は、有意に高い怒りを示した。怒りは、社会的孤立や友人、家族からのソーシャル・サポートの拒絶につながるため、特に難しい悲嘆症状であると考えられる。このような症状に固有のパターンは、包括的悲嘆の測定しか用いていないと覆い隠されただろう。

はじめ患者にとって望ましくないと推定されていて、残されたものにとって保護的であることが示された要因がある。末期を介護施設で過ごした人の配偶者は、家で過ごした人の配偶者より不安が低かったのである。夫や妻を介護施設に入れることは、一人になって永久に別離することへの心理的準備となり、また、直接的介護の苦労を免れることができるのだろう。全体的に見て、この発見は、先進的医療、価格的に利用可能な介護施設、長期ケアあるいはホスピスケア、ペイン・コントロール・プログラムの利用可能性が、死を前にした高齢者のためになるだけでなく、残された配偶者がよりスムーズに一人暮らしに移行できるようにしてくれることを示している。

結婚生活の質

伴侶喪失への高齢者の適応は、後期の結婚生活の性格と質に密接につながっている。死別した高齢者が、配偶

者喪失の喪の過程を歩んだり、個人的成長を経験したり、喪失後新しい恋愛関係を構築したりする程度は、結婚生活で受けた心理的、社会的恩恵（あるいは被った犠牲）に影響されるだろう。精神分析の伝統的支配を強く受けていた古典的文献は、問題の大きな結婚生活を送ってから一人になった人の方が、伴侶の死後、強い悲嘆と低い適応状態に苦しむことができないでいると言っている（Freud, 1917/1957）。緊張の高い、あるいは葛藤のある結婚関係を送った人は、伴侶を忘れることができないでいると言っている（Freud, 1917/1957）。緊張の高い、あるいは葛藤のある結婚関係を送った人は、伴侶を忘れることができないでいる可能性があるとされる。しかし、この主張を支持する実証的証拠は乏しく、重大な方法論的問題の影を負っている。つまり、ほとんどの研究は、結婚生活の質を測るために、配偶者が亡くなった後の回顧的方法によっており、残された人が行う結婚生活の性格づけは、彼らの今の情緒状況によるところが多い（Parkes & Weiss, 1983）。死別者は、亡くなった伴侶や結婚を回顧的に「神聖化し」、非現実的な肯定的評価を下すことがある（Lopata, 1973）。他方で、抑うつ状態の人には、結婚について過度に否定的な追想をする人がある（Bonanno et al. 1998）。

高齢者夫婦人生変動研究は、喪失以前に査定された、結婚生活の温かさ、葛藤、依存が、喪失後の心理的、社会的適応に影響するかどうか調べた（Carr, 2004a, 2004b; Carr et al. 2000）。分析によって、喪失以前の結婚生活の温かさは、喪失後の切望に有意な正の相関を持つが、結婚生活の葛藤は、有意な負の相関を持つことが分かった。精神分析に基づいたかつての想定に疑いがさしはさまれることになった（Carr et al. 2000）。この結果によって、精神分析に基づいたかつての想定に疑いがさしはさまれることになった（Carr et al. 2000）。長く結婚していた高齢者では、問題のある結婚は、伴侶への切望を強化するのではなく、減少させるようである。

さらに、家事や家の管理などの実践的課題で夫婦で頼り合っていた人は、喪失後に不安が高まるのを報告した。愛する相談相手と協力者の喪失が、それぞれ切望と不安の増大につながるとしても、このような深い喪失が、究極的に成長と復元力（レジリエンス）をもたらす可能性もある。私は以前の研究（Carr, 2004b）で、亡くなった伴侶に対する実際的、情緒的依存が、喪失後に、肯定的心理機能としての、①自尊心、②個人的成長に影響するか調べた。個人的成長はここで、喪失後に、より独立した、より強くなった、より自信を持つようになったと思うことを指し

ている。結婚生活における依存と性差の間の交互作用を評価した。女性では、情緒的な夫への依存が高かった人が、喪失後にかなり自信を高めており、男性では、生活上の妻への依存が高かった人が、喪失後6カ月の個人的成長において有意に高くなっていることが明らかになった。この結果から、死別によって一人になった人は、はじめは打ち勝つことが困難に思える出来事に耐え、そして生き延びることができると、個人的成長や自信を手にする可能性があることが伺える。結婚生活で最も依存の高かった人は、喪失後に技能の獲得や情緒的独立の点で大きな進歩を経験し、それによって自己価値観の上昇を得る可能性がある。

以前の結婚生活の質や性格は、喪失後の、デートや再婚をしたいという思いにも強い影響を与えている。新しい恋愛関係の構築は、寡夫、寡婦というアイデンティティを相殺して、新しいアイデンティティを形成する一つの道である (DiGiulio, 1989)。高齢者夫婦人生変動研究では、残された人に、いつか再婚したいか、デートしたい興味を持つより一人の方がよいと思うからだろう。また、男性は女性よりはるかにデートをしたり、新しい関係への興味を示したりしていたが、この大きな性差は、前の結婚のさまざまな要素や他のソーシャル・サポートを受ける可能性によって異なる。男性が新しい関係を形成する主な理由は、情緒的緊密性の再構築である。最も情緒的に妻に頼っていた男性は、デートや再婚への願望が最も大きかった。女性は逆であり、夫に情緒的に頼っていた女性の方が、後に関係を求める傾向が低かった。また、友人からのソーシャル・サポートが高い男女を比べると、再婚願望に性差がなかった。高レベルのソーシャル・サポートがあると、男女ともに、再婚の見込みがなくても幸せに人生を送れることを示唆している (図9-2参照)。こうした発見は、高齢者遺族の心理的、社会的適応が、ずっと以前にすでに形成されている性的役割と社会的人間関係に強く結び付いていることを浮かび上がらせた。

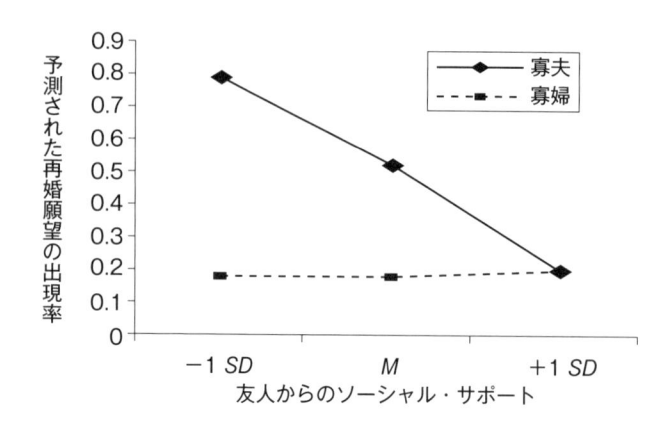

図9-2　死別した人が「いつか再婚したい」と考えることについての、性別と友人からのソーシャル・サポートによる予測（高齢者夫婦人生変動研究 1987-1993）

予測された出現率は、年齢、教育、人種、家の所有、結婚年数、喪失前の抑うつ症状、喪失前の不安症状、自己報告の健康、喪失前の健康状態、結婚生活の葛藤を統制した、ロジスティック回帰モデルに従っている。「高齢の寡婦および寡夫におけるデートと再婚の願望」(D. Carr, 2004, *Journal of Marriage and family, 66*, p.1061.) より。Copyright 2004 by Wiley-Blackwell. Reprinted with permission.

喪失への日々の生活上の適応

人生後半の死別に関する膨大な研究の多くは、喪失への情緒的適応に焦点を当てているが、高齢者は、家事や家計の管理など、実際的な問題にも適応しなければならない。こうした実際的課題は、家庭内で厳格な性役割分業に従うように社会化されてきた今日の高齢者集団にとって、特に重荷となるであろう。高齢の同年齢集団（コホート）では、男性は賃金労働と資産管理にすべての力を注ぐのが一般であり、女性は、子育て、料理、掃除、家庭作りにもっぱら従事している (Spain & Bianchi, 1996)。その結果、高齢で一人になったときに、伴侶が行っていた雑事や責務を引き継ぐ準備が整っておらず、新しい技術を習得するか、実際的な援助を求めて家族や友人への依存度を高める必要があるだろう。

高齢で一人になった人が、情緒的問題と実際的問題の両方に取り組まなければならないこと

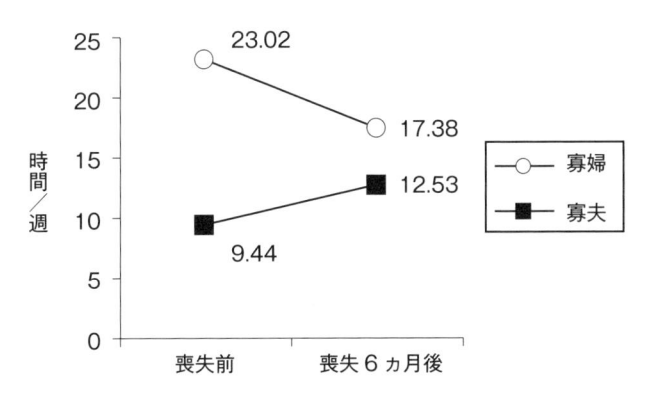

**図9-3 食事の準備と家事に費やす時間／週
（高齢者夫婦人生変動研究1987-1993）**

平均時間は、年齢、教育、収入、家の所有、人種、家の大きさ、機能の障害、死の前の伴侶の健康状態、死の前に看病をしたか、家事を子どもに頼っているかを統制した、通常の最小三次元回帰モデルに従っている。『老年期における伴侶との死別』(D. Carr, R. Nesse, & C. Wortman (Eds.), New York: Springer Publishing Company, LLC, p.178) より。Reprinted with permission of Springer Publishing Company, LLC, New York, NY 10036.

を認識し、シュトレーベとシュト(Stroebe & Schut, 1999) は、対処の二元モデルを開発した。死別者は、①喪失志向対処、②回復志向対処の二つの対処スタイルの間を揺れ動くという内容からなるモデルである。喪失志向対処は、「悲嘆作業」(ワークスルー)(Worden, 2002)と喪失の情緒的難局を反芻処理することに焦点を当て、回復志向対処は、一人暮らしの副次的ストレス、たとえば、経済的苦労、孤独感、社会生活の破綻、伴侶が行っていた雑事の処理などにうまく対処することに焦点を当てる。

高齢者夫婦人生変動データに基づく最近の研究では、高齢者が喪失に伴う生活の難題を扱うに当たって、個人によってきわめて異なった方法で行っていることが明らかになり、男女の対処方法も大きな差異を示している。

ウッツら (Utz et al. 2004) は、伴侶の喪失が、平均的な週に食事の支度と家事労働に費やす総時間にどのように影響を与えるかを調べた。喪失前後のデータがあることを利用し、喪失前後の家事労働の変化を追跡したものである（図9-3参照）。

女性は、喪失後に家事労働が週に6時間減少し、男性は3時間増加した、ただし女性は、前後いずれにおいても男性より多く家事をしていた。このパターンは、既婚女性が一般に夫より家事労働をしているという事実を反映しており、伴侶を喪失すると、男性は女性に比べ家事労働の重荷が増加する。他方でこの研究は、近年、一人になった女性は一人になった男性より多くの援助を受け、自分でしていた家事の合計時間が減少することを明らかにした。母親は、人生のどの時点でも父親より子どもとの関係が近いため、一人になってからも、必要であれば、実際的な援助を子どもに求めやすい。

同研究をさらに押し進め、ハラ (Ha et al. 2006) は、女性は伴侶を失って一人になると、経済や法律に関する援助を成人の子どもへより求めるようになるが、男性はそうではないことを見出した。これには、高齢女性は経験が乏しく、財産管理的な実務に助けが必要と思われていることによる面があるが、分析によると、女性が大きな援助を受けていることは、親子間の相互依存関係が強いことの表れである。一人になった女性は実際的、情緒的援助を子どもから男性より多く受けるだろうが、子どもに情緒的援助を与えることも男性より多い。一人になってまもない母親は、家族それぞれが悲嘆をワークスルー処理するなかでも、家族の感情豊かな情緒的保護者の役割を維持する。これらの研究を総合して、高齢で伴侶を失ったときの喪失への実際的適応は、喪失に先立つ長年の間に築き上げた技能習得と親子関係のパターンを反映しているものになった。そうした発見はまた、適応への強力な影響要因として、性役割の社会化と家族関係の重要性を強調するものである。喪失後の機能測定にしか焦点を当てない研究は、性差や社会的関係が死別体験を形作る仕方について、不完全ないし誤った像を与えるだろう。

まとめと将来的方向性

本章では、高齢者夫婦人生変動研究が得た、高齢で伴侶を失った人と統制群に関する喪失前の詳細なデータ、および喪失後4年にわたって追跡調査したデータから見出された最近の知見を紹介した。それによって、同研究は、死別と適応を結び付ける経路と、伴侶喪失の短期的ないし長期的影響が明らかになった。総合的に見て、伴侶と死別した高齢者が、驚くほど多様性のある集団であることを示した。死別の後、重い抑うつと悲嘆症状を経験する人もあれば、心理的復元力 (レジリエンス) を有し、人生後半の独り身に伴う情緒的、実際的苦労とうまく折り合いをつけることができる人もある。とはいえ、全体として、少なくともある程度の情緒の抑うつを経験した者でも、喪失後18カ月以内に立ち直る。また、伴侶の喪失への反応には、人生を通じての性役割の社会化過程が影響することが多いため、性差が、男女が喪失に適応する仕方に強い影響を与える。とりわけ、配偶者喪失は、あらゆる高齢者の身体的、情緒的、社会的健康に等しく否定的 (または肯定的) な影響を持つわけではなく、残された人、故人、死の事情、得られるソーシャル・サポートの質、結婚関係の性質などの特徴によって、個人的結果が条件づけられる。これらの実証的発見は、伴侶との死別を対象にした理論構築と実践的介入の両者を洗練する助けとなるだろう。

たとえば、Freud, 1917/1957; Lindemann, 1944)。それらを導く想定は、死別した人は、喪失に心理的に適応するのを望むなら、故人に対する自らの感情と向き合い振り返らねばならないというものである。「喪の仕事」は、適応に欠かせない側面と見なされており、悲嘆できていないということは、否定、愛着の欠損、情緒的未熟の指標と

207 第9章 人生後期の死別体験

考えられた。さらに、悲嘆症状は、故人とのアンビヴァレントな関係を持っている人(Freud, 1917/1957)と、突然に準備なく死別した人(Lindemann, 1944)にとって最も激しいと信じられていた。精神分析的悲嘆理解が、前世紀の多くの研究に強い影響を与えてきたが、積み重ねられつつある実証的研究が、幅広く浸透しているが実証されていないそうした想定を覆し始めている(たとえば、Bonanno et al. 2001)。高齢者夫婦人生変動研究に基づく分析は、男女が伴侶の喪失に対処する幅広い方法に関する理論の精錬と私たちの理解の深化にかなり貢献している。たとえば、緊張した夫婦関係を送っていた人は、悲嘆症状を、より軽度にではなく、より重度に経験すること(Carr et al. 2000)、予期された死は困難な情緒的ないし介護上の負担を伴うことが多いため、突然の死が必ずしもより貧しい適応に結びつくわけではないこと(Carr, et al. 2001)が分かった。これらをはじめとする高齢者夫婦人生変動研究に由来する研究の多くが(Carr et al. 2006 を参照)、政策と実践に対する重要な示唆を含んでおり、将来の研究に基盤を提供するだろう。

ただし、高齢者夫婦人生変動研究は、現在経験されている人生を記述するもので、今後の世代の高齢死別者がどのようなものかを記述するものではない。人種、民族性、宗教、性的志向、家族の特徴などを含む多様性の源をさらに追究する仕事は将来の研究者にゆだねられている(Ch 10、Ch 13、Ch 16、Ch 21を参照)。たとえば、出生率が低下し地理的移動が増加しているということは、今後の高齢者世代は、社会的援助を頼るべき子ども数が少なく、子どもが親のそばで暮らすことが少なくなることを意味する(Spain & Bianchi, 1996)。高齢者遺族の将来世代は、子どもの減少と遠さを埋め合わせるために、近くに住む友人や親戚を含むより広い社会的ネットワークを発展させる可能性があるだろう。さらに、現在結婚している世代は、過去の世代より、不満足な結婚関係を離婚によって解消する可能性が高い。その結果、人生後半まで結婚生活を維持している人はより親密な婚姻関係を維持し、その親密な関係を喪失した後により強い悲嘆に苛まれるかもしれない。現在の若年世代の女性は、高レベルの性役割の移行も高齢者伴侶の悲嘆経験を違った形にするかもしれない。

208

教育を受け、長年の就業経験を持ち、過去の世代に比べて家事を平等に分担するだろう。そうした女性は、収入、家の修繕、財産管理を夫に依存することが少なく、夫は家事や情緒的援助を妻に求める割合が少ないだろう (Spain & Bianchi, 1996)。こうしたシナリオの下では、将来の独り身世代の不安は低くなるかもしれない。

高齢者夫婦人生変動研究に基づく個人主義的西洋国に最も当てはまるものである。研究者は、幅広い文化的文脈が喪研究の発見は、米国に類する個人主義的西洋国に一般化するには限界があることを認識しておくことが重要である。同失への心理的反応にどのように影響するかを探求すべきである。世帯構造や親に対する忠誠心のパターン、生と死に対する姿勢などをはじめとするさまざまの文化的要因が、高齢遺族の経験を条件づけるだろう。実践家が高齢者遺族のための政策や介入法を開発する際、伴侶の喪失の背景となる文化的、社会的、歴史的、人口統計的状況をより広く考慮しなければならない。

デボラ・カー（ラトガース大学）

第10章

災害による死別体験

死別体験がたどる道は、死があまりにも早く予期せぬ形で突然訪れたときにとりわけ問題をはらむ（Stroebe & Schut, 2001）。災害による死は、この基準に該当することを避けられない。多数の人の命が失われたとき、死体が切断されていたり修復不可能であったりするとき、死者に子どもが含まれているとき、あるいはこれらがなくても責めるとき来事を目撃したとき、これらに加えて生存者が自分や他人を責めるとき、生存者が恐ろしい出に、死別過程はいっそう複雑で困難なものとなる。財産、家屋、生活の糧の喪失が、災害後に起こりがちな社会の無秩序や危険の持続とあいまって、人々の重荷を増加させる。当然のことだが、心理的支援が必要であり、専門家によるものにせよボランティアによるものにせよ、支援の中で優先されるべきである。その支援は、家族外から、しばしば災害を被っていない地域から、ときには国外からもなされねばならない。

本章では、災害と研究文献に基づいて、被災によって死別を経験した人々の反応に影響する変数の主なものを明らかにし、個人、家族、地域社会、国に起こる問題を長期化させるリスクを減らすために必要な介入を検討する。災害前、災害下、災害後のそれぞれへの介入である。

本書の読者はすでにお気付きのとおり、死別という問題領域は、一つの学問分野に限られない。心理学者、社会学者、人類学者、精神医学者、カウンセラー、そして数々の宗教の指導者が、遺族を悩ます多くの問題を理解するために有益な貢献をしてきた。かつての単純な「死別カウンセリング」技法はもはや廃れた。代わりに、より広範囲の洗練されたアプローチが登場し、信頼関係の構築、心理的、社会的、スピリチュアルな側面にわたるニーズの評価、そのニーズに応えるためのサービス群の提供などがそこに含まれている。これらのアプローチは、災害がもたらす数多くの問題に対応する上で格別の価値がある。

災害に関する私の経験は、死別の結果生じる心理的問題の研究とホスピスにおける死別者支援、そしてクルーズ死別ケアと名付けられた国立機関に関わったことに発している。本章では私の経験と英国の現場について書かざるを得ないが、見習うべき他の支援方法が他国にないという意味ではない。被災地で働いたことのある人なら、

災害によって生み出される援助、善意、献身の奔流に気付くはずである。競争心は減り、偏見はいったん脇に置かれ、個人間、団体間の協調が可能となることが多く、その結果、トラウマを受けたり、死別したりした数多くの人に援助がもたらされる。

英国では、遺族のためのボランティア支援は、たいていの地域で無料である。最も包括的で大規模なものがクルーズ死別ケアであるが、他にも地域に根ざした遺族支援が多数あるし、ほとんどのホスピスはそれに相当する支援機能を持っている。そのなかには、クルーズの地域支部を利用しているものもある。最新の調査によると、クルーズは、5400人のボランティアを有し、121人の有償スタッフに支えられて、遺族を援助するために、イングランド、ウェールズ、北アイルランドで活動している。クルーズの死別ボランティア（BV）は、ほとんどが自ら喪失に苦しんだ経験のある人々だが、慎重に選抜され、研修を受け、スーパービジョンを受けながら従事している。2004〜2005年の間にクルーズが受けた問い合わせは、中央および240の地方支部を合わせて17万7452件に上るが、これは公式の死者数の約3分の1に当たる。[1]

死別者支援は、トラウマ的ストレスの分野とは別に発展してきた。しかし近年になって、航空機事故のような、大多数が死亡し、生き残った負傷者や目撃者がほとんどない災害の発生が契機となって死別問題に関心が集まり、死別者援助に携わる者が災害救援チームに入るようになった。その結果、英国では、クルーズ死別ケアと、赤十字および大災害時に前線で活躍する警察との間に、緊密な連携関係が生まれた。危機や災害のときに必要となる家族援助に特化された研修を受けた家族支援チームが新しく設けられた家族連絡員（ファミリー・リエゾン・オフィサー：FLO）をスタッフに抱えることで、警察の精鋭チームは、凶悪犯罪の捜査と起訴という業務を維持しな

---

1 これらの数値にはクルーズ・スコットランドを含まない。クルーズ・スコットランドは独立して運営されながら、クルーズUKと密接に連携している。

213　第10章　災害による死別体験

がら、高水準の人道的支援機能を配置している。彼らの任務は緊急時に限られているので、より長期にわたるケアを提供する組織との連携が不可欠である。

英国で1966年に起こったアバファン事故では、炭鉱のボタ山崩落によって144人が死亡し、そのほとんどが子どもだった。当時、外傷後ストレス障害（PTSD）の概念はまだ確立しておらず、精神科医やボランティアのカウンセラーたちは胡散臭いものと見られ、災害被害者や遺族の援助を目指した支援活動は実質上皆無だった。2001年までに家族連絡員チームと死別ボランティア・チームの準備が整い、2001年9月11日のテロ攻撃、2004年12月のインド洋大津波、2005年7月のロンドン爆破に対応して、迅速に活動体制が整った。精神医学的支援に対する偏見は続いているものの、それに代わるこうした活動の価値は実証され、今では重大事件への対応に必ず組み込まれている。

私は、組織的研究の形でこの領域に携わった経験はほとんどないが、40年以上にわたる11件の災害について、災害後の対応計画、ニーズの評価、援助の提供に関わってきた。ヘリコプターが油田掘削装置に突っ込み12人の人命を奪ったというような小規模災害から、50万人以上が殺されたルワンダでの大虐殺のような大規模災害にまで及ぶ経験である。全犠牲者が同じ村から出たアバファンのボタ山崩落のような地域災害から、21の国籍にわたる270人の犠牲者が出たパンアメリカン航空103便爆破のような国際災害までを含んでいる。そうした私のキャリアと並行して、災害の見方、災害を扱うための資源、適切と見なされる介入などに大きな変化があった。

対応に影響を及ぼす要因

規模と範囲という変数が、災害の衝撃度と対処に必要な支援活動に影響する。対応に影響する他の要因には、

表 10-1　近年の災害の規模・範囲による相違

災害の大きさ	地域的	国家的	国際的
小規模	英ハンガーフォードの大量殺人（1987年8月19日）	北海でのヘリコプター衝突事故（2002年7月17日）	ロンドンの爆弾テロ（2005年7月7日）
中規模	アバファンのボタ山崩落事故（1966年10月21日）	ベルギー、ゼーブルッヘ湾岸でのフェリー船転覆事故（1987年3月6日）	スコットランド、ロッカビーでのパンナム103号機爆破事件（1988年12月21日）
大規模	印ボパール、ユニオンカーバイド化学工場のガス流出事故（1984年12月3日）	ルワンダの大虐殺（1994年4-5月）	米同時多発テロ（2011年9月11日）インド洋大津波（2004年12月26日）

出来事の持続期間、破壊のタイプ、影響を受けた人々の文化や期待などがある。

規模と範囲による相違を表10-1に記載した（Parkes, 1997）。この違いは対応を組織するために重要な意味を持つ（Parkes, 1997）。およその基準として、小規模災害は死者が100人以下の場合、大規模災害は死者が1000人以上の場合を意味する。負傷者と経済的損害については、大規模、小規模を決める正確な基準が定められていない。実のところ、災害には、洪水をはじめとして、死者を出すことなく大規模な破壊を引き起こすものがある。そのような事例は本書の範囲に含まれないため、本章でも扱わない。

小規模な地方災害の後は、ケアの単位は被災家族であるが、コミュニティもまた被災しているだろう。その際、心理社会学的援助は普通地域のサービスが担うが、それに加えてサービス提供者が専門的助言や研修を受けることが望ましいだろう。

1987年に、英国のハンガーフォードという小さな町で、精神を病んだ男が16人を銃殺し、15人に負傷を負わせた後、自殺したという惨事によって、世界中からの援助の声が上がった。しかし、地域のソーシャルサービスは、クルーズ死別ケアをはじめとする諸団体の援助を受けながら、「家族支援部署」を立ち上げることで、遺族に援助や助言を与え、葬儀と検死に赴く際に連れ添っ

た。彼らは精神科医に支えられ、外部からの援助をそれ以上要しなかった。殺人犯はその土地の人間で、地域社会全体がメディアの集中砲火と、その後に続いた非難や辱めに曝された。

小規模な国家的災害の後は、災害地の地域オフィスや電話ホットラインによって情報提供を行い、短期的援助をし、国中の地域サービスと連携を取ることが必要となる。2002年に北海でヘリコプターが石油施設に激突し、12人が死亡した際、死者は英連邦各地の出身者であった。しかし、全員がシェル石油の社員であり、会社は社内の心理学者や精神科医を迅速に動員し、助言や援助を行った。私はそのチームの顧問として働いた。このような事例では、他地方の支援サービスとの連携が必要なものの、その種のサービスに過剰な負担をかける可能性は低い。

たとえ小規模でも国際的災害が起こると、国境を越えた協調が必ず必要である。援助を行うために領事館が存在し、適切に対応することを求められる。被災国の政府によるリーダーシップが成功への鍵となるが、被災国の指導者たちもまた災害の心理的影響に巻き込まれる、遺族に与えられる個人的援助を受けていない可能性が高い。2005年7月7日に、テロリストによる爆弾によって、ロンドンの4ヵ所で56人が死亡した後には、電話相談と家族援助室が設置され、スタッフは、ロンドン警視庁の家族連絡員、クルーズ死別ケアから選出されたボランティア、国際赤十字のメンバーで構成された。彼らには、遺族と生存者が必要としている専門的援助を提供する力があった。より長期的には、必要な対象者を適切な専門家に紹介することができた。

小規模の地域災害と異なり、地域の資源が簡単に破壊される。アバファンでは、地域の教師、健康管理チーム、ソーシャルワーカーたちは、死亡した子どもたちと顔見知りであり、多くが自身も災害によってトラウマを被った。彼らにはこの分野の専門性を持っていなかったので、外部のファミリー・ケースワーカー、青少年専門ワーカー、独立した牧師カウンセラーからなる小さなチームが、既存の精神医学、心理学、ソーシャルワークのチームを補助し援助するのを喜んで受け入れた。彼らは、心理学者、心理療法家、精神

216

科医のスーパービジョンを順に受けた。

中規模の国家的災害では、ニーズの大部分には地域サービスで応じることができるだろうが、生存者が国全体に広がっているため、国の対応も必要となる。1987年にヘラルド・オブ・フリーエンタープライズ号というフェリー船がベルギーのゼーブルッヘ湾岸で転覆し、乗客と乗務員を合わせて193人が死亡していたので、クルーズ死別ケア他の団体から募集された二つの支援チームによって災害対策室が設立されたのはドーバーであった。一つの「ホームチーム」は対策室に人員を配置し、地域住民に支援を提供し、もう一つの「アウェイチーム」は、英国中を巡回して生存者家族に会い、必要な援助を査定し、各地域のクルーズ支部その他の支援源を紹介した。

中規模の国際的災害では、政府の関与が必須となる。1988年のクリスマスの4日前に、パンナム103号機がスコットランド、ロッカビー上空でテロ爆弾で墜落したとき、乗客259人、乗務員16人が全員死亡した。死亡者の国籍は21カ国にわたったが、大多数は米国出身者であり、航空会社は米国で圧力団体を含む自助グループの設立を援助した (Victims of Pan Am Flight 103; http://web.syr.edu/~vpaf103/about_goals.html)。公表された圧力団体の目的は、爆弾攻撃の背後にある真実を見出すこと、愛する者たちのために正義を求めること、航空会社に安全基準を維持また向上することを確約させること、事故について一般の人々に情報を提供すること、互いに支え合うことである。パンアメリカン航空もまた、ヒースロー空港に災害チームを立ち上げ、同僚の死を悼むだけでなく、さらなる攻撃の可能性や会社の経済的破綻の始まりを恐れる自社の従業員を支えた。

大規模災害が一つの地域内に収まることは稀である。一つの例外は、1984年に、インドのマディヤ＝プラデーシュ州の首都ボパールで、ユニオンカーバイド化学工場からのメチルイソシアン酸ガスの流出により、

217 | 第10章 災害による死別体験

3800人が死亡し、2800人が身体に障害を抱えた事故である。インド政府とユニオンカーバイド社は、医療ケアを組織し、被災者の訴訟費用を援助するための募金への呼びかけが国際的に行われた。被災者のほとんどは、20年以上も延々と続く一連の保証請求の中で貧困に苦しんだ（現在も苦しんでいる）。死別者支援はわずかしか提供されていないように見える。

大規模な国家的災害も、被災地外の国からの援助の恩恵を受けるだろう。ルワンダで1994年に、50万以上の人の命が奪われた大量虐殺が起こったのは、虐殺の連鎖の累積による。国外からの支援が入ることができたのは、侵攻するルワンダ愛国戦線軍が制圧に成功した後である。1年後に国連子ども基金からのチームがトラウマ回復プログラムを始めることができたとき、首都キガリはいまだ戒厳令下で軍が統制していた。彼らは国立トラウマセンターを開設し、その後の5年間で、4〜64歳の1146人のトラウマを負った人々と、死別した生存者に治療的サービスを提供した。さらに、トラウマ専門助言者たちは、2万1156人に上るルワンダ人教師、介護者、ソーシャルワーカー、コミュニティーや宗教のリーダー、そしてルワンダ全国の地域団体に対して、子どもないし大人への死別およびトラウマの支援ができるよう訓練した。その結果彼らは、20万人以上の幾重にもトラウマを負った遺児や、生き残った彼らの家族を援助できた (Gupta, 2000)。

大規模な国際的災害では、関与するすべての国による組織的援助が否応なく求められる。2001年9月11日にニューヨークで、世界貿易センターがテロ攻撃によって破壊された事件では、合衆国内だけでなく合衆国外の人も含む多数の人命が失われた。今日に至るまで正確な死亡者数は特定されていないし、当時、計画に基づく対応は困難であった。最初の家族補助センター（情報、支援、被害家族の避難所を提供した）は、まもなくより大きな施設に移動しなければならなかった。英国政府が主導権を握り、交通手段や住居から、行方不明者を探すためにニューヨークに招かれた約300人の英国人家族のための支援までを組織した。彼らは、合衆国連邦緊急対策局の仕事と連携した。英国政府や死別ボランティアによって実施された支援の説明は、本章の後半に記載した。

218

合衆国連邦緊急対策局のプロジェクト・リバティは、100人以上の精神保健提供者と数多くの地域機関を利用して、無料で匿名ないし対面のカウンセリングをしたり、100万人以上のニューヨーク市民に公共教育サービスを提供した（http://www.projectliberty.state.ny.us/）。

災害の持続期間は、支援サービスを阻害する重要な要因である。これは国際赤十字他の機関さえ入れない戦地で最も顕著である。他方で、人間はトラウマ的喪失への対処法を学習できる。頻発する台風や洪水の経験や、貧困や病気での高い致死率は、世界の最貧地域の多くにおける驚くべき回復力につながっている。子ども死別アドバイザーのアン・デントと私は、2004年12月26日にインド洋で津波が発生した後、インドに調査訪問を行った。災害発生後3カ月が経過した2005年3月初旬までに、最初の数週間に顕著であったPTSD症状他のストレスに関連する状態はだいたいほとんどすべての人が、何らかの形の心理社会的トラウマに悩まされるだろう」と予測していた（WHO, 2005,¶1）。これは問題が存在しないという意味ではなく、問題は、急性のストレスより、繰り返される移住、失業、慢性悲嘆、無力感によるものであった。デントと私は、被災者の大部分を占める漁師のかなりの割合に、準臨床的ないし臨床的な抑うつがあり、しばしば過剰飲酒を伴っているというデータを得た（この発見は、タリアン〈Tharyan, 2005〉によって確認された）。

トラウマと喪失への耐性に寄与するであろう他の文化的要因は、個人主義を最小限にとどめ、家族や社会集団との同一化を強調する社会構造に伴う、人生のはかなさと後世の報いの約束を強調する宗教的信条である。出生率の高さと子どもの死亡率の高さが、子どもの死に際して激しい反応が少ないことにつながるとすると（Scheper-Hughes, 1992）、発展途上国の人々は、地球上のより発展を遂げた国々に比べて災害への耐性が強いことが予想される。

しかし、これによって、発展途上国の人々が援助を必要としていないと見なしてはならない。文化の影響は脆

219　第10章　災害による死別体験

弱性を増大もさせるし低下もさせる。たとえば、ユクセルとオーグン＝オズポロット（Yuksel & Olgun-Özpolot, 2004）は、トルコにおいて、クルド軍と政府軍の紛争で青年期の子どもが亡くなったり「行方不明」になった親たちには、白血病で子どもを亡くした親に比べて、遷延悲嘆やPTSDの率が顕著に高いことを見出した。紛争のいずれの側においても、それを殉死と見なすことで、家族たちの悲嘆を遷延させるよう運命づけたようである。さらに多様な文化的変数について考えることは、本章の範囲を超えてしまう。この重要な主題は、パークスら（Parkes et al., 1996）によってさらに詳細に記述されている。

損傷のタイプは、災害によって大きく異なる。おそらく最も重要な変数は、推定された災害の原因であろう。人為的要因で引き起こされた災害は、必然的に強い怒りを誘発し、回復過程は、正義または報復、あるいはその両者を求めることで複雑化する。災害直後の時期には、暴力が不適当な方向に爆発することが稀ではなく、それが暴力連鎖の引き金をひいたり持続させたりする危険性を高める。

ほとんどの災害は多様なトラウマを生む。恐ろしい状況への個人的曝露、すさまじい死の目撃、身体的外傷、家や財産の喪失、一人あるいは多くの愛する家族の喪失、コミュニティーの混乱などである。これは、援助者が、このようなニーズの多様性を理解し、対応できるように訓練される必要があることを意味する。

臨床ないし組織への示唆

災害によってこのような大きな差異があるとすれば、前もって災害に備え、災害の発生時に適切な援助資源を稼働することは可能だろうか。ストレス・マネジメント、PTSD、怒りのマネジメント、惨事ストレス・デブリーフィング、死別サポート、コミュニティー開発などの研修コースは、それぞれ単体ではもはや不十分で、そ

220

のすべてが必要とされるだろう。これは無理な注文のように見えるかもしれないが、あらゆるケア専門家と死別ボランティアのための基礎訓練に、これらの技術のほとんどを含むべきである。精神保健に従事する者には果たすべき重要な役割があるが、彼らの訓練は、精神障害の発生予防より、精神障害が発生したときの診断と治療に焦点を合わせがちである。災害の状況の下では、あらゆる生命の危機と同じように、病気が顕在化する前に予防する機会が存在する。そして、死別ないし他のトラウマに取り組むために発展してきた近年のサービスは、精神医療的というよりは予防的である。

予防に焦点を当てることで、精神保健上の問題が起こる社会的文脈への意識が向上したが、その意識は、すでに見たように個人と家族だけでなく地域社会と国家にも影響を与えるような災害の後に特に重要となる。たとえば9・11のような国際的災害は、精神疾患だけでなく武力紛争も引き起こすので、被害に遭った社会になされる正しい援助が両者のリスクを下げることを期待しても不合理ではない。

とすれば、災害時のトラウマ的死別の臨床的意味合いを考えるとき、個人を超えて、家族、地域社会、国家から国際情勢までも考える必要がある。

災害への準備

いつどこで次の災害が起こるか誰も知らない。確かに言えることは、災害が起こるということだけである。そのため、すべての病院や緊急対応機関が、適切な災害マニュアル、訓練プログラム、防災訓練を実施している。しかし、災害後に起こる精神的健康被害や社会的安定の崩壊を考慮に入れる必要性、あるいは災害チームにこれらの分野での訓練を受けた人材を含める必要性に、適切な注意が払われるようになったのは近年のことである。

死別、トラウマ、ストレスへの対策は、遺族ならびにトラウマを負った人、あるいはその両者のために働くす

すべてのケア従事者およびボランティアが受ける基礎訓練に含むべきである。災害がない時期でも、このようなスキルは、トラウマ的喪失に苦しんでいる人の援助に赴くときにはいつも必要なはずである。加えて、災害対策に特化した訓練を行うことで、経験を積んだスタッフが十分各地にいることになり、彼らが指導的立場を取り研修を施すことで、通常のボランティア、ソーシャルワーカー、カウンセラーが災害チームの一員になることを保証できる。研修には、警察、緊急対応チーム、救助隊との連携、社会心理的スキルの訓練、合同演習への可能な限りの参加などが含まれる。英国の警察は現在、心理学者やクルーズの訓練士を使って、遺族を援助する研修を家族連絡員に行い、クルーズは家族連絡員の助けを借りて、彼らのボランティアに危機対応の研修を行っている。被災地で発生する特殊な問題には特殊な注意が必要である。防災計画と防災対策に関する主なウェブサイトへのリンクと包括的な情報源については、スタフォードシャー・レイネットが管理するウェブサイト (http://www.keele.ac.uk/depts/por/disaster.htm) を閲覧されたい。

災害への反応を4段階に分けると役立つ。①打撃、②反響、③余波、④長期的ケアである。打撃という言葉は、ここでは、災害の発生から救急隊の到着までとし、反響は、救助の努力が何より優先される期間である。その後、支援活動がより活発な役割を演じる余波期、災害救援活動が撤退していく長期的ケア期が続く。これらの段階に明確な区切りがあるわけではなく、打撃が長期にわたるときは特にそうである。

打撃と反響

災害への直接の反応は、混乱と混沌からなる。すべての生存者は超覚醒状態になり、高度の恐怖を経験しているが、ほとんどの人は落ち着きを保ち、直接の危険から避難したり救援作業を手伝ったりすることができる。パニックが一番起こりやすいのは、人が閉じ込められたり、避難路が見つからなかったりしたときである。パ

クによって危険が増大し、死者を増やすことがある。「中心幻想」が起こって、被災地の周辺にいる人が、自分たちが中心にいるような錯覚に陥る。

解離（情動麻痺および感情の「スイッチを切る」能力）は、緊急時の対処を可能にすることもあるが、記憶喪失や遁走の発作が起こって、茫然自失状態でさまようのを発見されるといった問題を引き起こす。その場から支援のある環境へ移すだけで十分のこともあるが、精神医学的援助が必要な場合もある。直後の対応は救急隊員の責任下にあり、人命救助とさらなる危険を最小限に食い止める対策が、社会心理的な要請のほとんどに優先する。それを認めた上で、後方支援と心理学的応急処置を提供すること、および、この時間を用いて後のニーズを評価し、災害対策計画を今回の災害のために修正することの意義は高い。

おそらく、反響期に起こる最も厄介な問題は、この時期に避けられない混沌と、それが援助者と災害被害者のどちらにも引き起こす無力感である。私自身もアバファンをはじめて訪問した後によく覚えている。村にいる間は十分対処できていると感じていたが、初日を終え車を運転して帰る途上で、悲嘆、怒り、絶望の入り混じった感情を吐き出すため、3度も車をとめなければならなかった。私はこの状況で、それまでの経験にほとんど自信も持てなくなり、いくら努力しても評価に値するような貢献ができそうに思えず、自分の感情をコントロールする自信も持てなかった。数カ月経ってやっと、献身的な人々からなるチームの一員として自分を感じることができ、事態は良くなりつつあると考えるようになった。理由は何であれ、

人類は、危険に満ちた世界で進化し、私たち人間が災害を切り抜けていくための、アドレナリンとエンドロフィンを生み出す交感神経内分泌システムや、その他の緊急反応を発達させた。私たちは、高まった自分の反応性、エネルギー、気力に驚き、気力が衰えることなく長時間働き続けるのに気付くだろう。ストレス過剰と気付けば——たとえば、圧倒的そうであっても、過重労働にならないよう注意が必要である。私は、今やらねばならない仕事な責務を前に溺れそうに感じるとき——休むかペースダウンするのが得策である。

223 | 第10章　災害による死別体験

事は何か、後回しでもよいのはどれか、他人にゆだねることができるのか、誰に助けを求めればよいか、いつまで続けることができるのか、いつ休みを取らなければいけないかなどを決めて、優先順位をつけるようにしている。

このセルフ・モニタリングのプロセスは、同僚に教えることができるし、災害対策員よりも圧倒されているはずのトラウマを負ったクライエントに教えることもできる。彼らは、私たちに情報の雨を降らし、一つの問題について質問しながら、その答えを言う前に次の質問をあびせるかもしれない。彼らも私たちも一時に一つの問題にしか取り組むことはできないことを指摘し、どれが今扱うべき問題なのか考えるように導いて「ブレーキをかける」必要がある。これが彼らが集中するのを助け、以後も使うことのできる行動モデルを提供する。

心理学的応急処置

反響期は治療を提供する時期ではない。災害直後に人々が必要なものは、情緒的サポート、情報、教示である。情緒的サポートとは、怖がる子どもに母親が与えられるような安心感である。これは、手で触れたりほほえんだりといった事柄であって、安易に安全を保障してみせかけの希望を与えることではない。人々に現状と今後の見通しを伝えたり、状況に適応できるようにするには、情報が必要である。被災者と同じくらい自信がないとしても、自信のなさを分かち合い、何も隠し事がないのをしっかり伝えることが役立つ。情報が全くないよりも、悪い知らせの方が心理的に対処しやすいので、被災者を混乱させるかもしれないという理由で情報を差し控えて、彼らを守りすぎない方がよい。その前提の下で、悪い知らせは咀嚼できる大きさに砕いて伝達することで、彼らがそれを消化し、自らの人生設計、希望、世界に関する想定を打ち砕く情報の意味を処理し始めるための時間を与える必要がある。

情報と教示

場合によっては、状況を統制するために命令を下すことも必要であろう。しかし、多くの場合は、なぜ特定の教示が出されているのかを人々が理解するために、まず情報を提供することが賢明である。民主的に議論する時間はなく、私たちは、できるだけ速やかに状況を統制下に収めることのできる軍隊型の指揮を認識し、それに適応すべきである。9・11のテロリスト攻撃の後に、状況不明の時間が続いた。大規模な救命活動にもかかわらず、誰が死亡したのか判明するのに長い時間を要した。さらなる攻撃を防ぐという一時の猶予もない対策のためにすべての旅客機が着陸させられた。英国外務省には、合衆国で行方不明となっている親戚の安否を必死になって確かめようとする家族からおびただしい電話がかかった。外務省スタッフは、状況を確認するために合衆国を訪れたい人すべてに、飛行機代と4、5日の宿泊費を支給することで対応した。行方不明者のほとんどは、世界貿易センター内で働いていたか、訪れていた人であった。2001年11月16日、私は、ヒースロー発の最初のフライトの一つで、家族連絡員のチームとリーダーのアーサー・オハラを迎える準備をした。警察官と緊密に協働し、警察が設けた対策室を共有した。私たちは、外務省の優遇措置でやってきた家族と同じホテルに宿泊した。有効な連携を確立するために、クルーズ死別ケアから1人、家族連絡員から2人で班を作り、ケネディー空港で家族を迎え、ホテルまで同行し、情緒的サポートと必要な情報を提供した。

初日の後半に最初の家族が到着する頃までに、私たちは、彼らがどこに行きたいと思うか、そこにどのようにして連れて行くかを考えておいた。さまざまの記者やテレビチームの侵入から彼らを守りながら、世界貿易センターの事故現場や、マンハッタンに設けられた家族支援センターに同行した。そこではニューヨークの病院の患

225 | 第10章 災害による死別体験

者名を探し、同じ苦境に直面している米国人家族や他国からの家族と出会うことができた。またほとんどの人が、ユニオンスクエアの公園を訪れた。そこでは、ろうそくが灯され、献花が供えられ、情報が掲示されていた。掲示には、行方不明者に関する情報を求めるもの、共感を表明するもの、世界平和を説くもの、正義を求めるもの、そして国粋的感情を表すものなど、さまざまであった。彼ら家族が英国に帰る頃までには、全員が支援員と信頼関係を築いており、そのために地域のクルーズ死別ケア支部への紹介が容易になった。

警察とボランティアは互いに助け合い、それぞれのスーパーバイザーと支持を受けた。これの価値は、能力が高く信頼が篤かった家族連絡員のチームリーダーが、心臓の問題で2週目に英国へ帰国したときにはっきりした。家族連絡員メンバーは後に、このとき受けた死別ボランティアからの援助に感謝の意を表した。この活動が成功し、家族から感謝されたことに疑いはない。それ以来、同じような連携によって、2004年12月にインド洋沖を津波が襲ったときも、英国に帰国した家族を援助することが可能になった。

余波

救急活動が終わり、死者数が明らかになり、緊急の危機が去ると、社会心理的な援助サービスがより重要な役目を担うようになる。緊急対策局員は、災害被害の大きさと範囲に応じて、この時期までに災害援助チームを動員しておかねばならない。命令系統と、チーム内での自らの位置と責任を明確に知らされているメンバーがそろっていなければならない。根幹をなす要素は、すべての犠牲者と災害被害者についての情報、そして連絡内容、援助を申し出た人の資格などを記録した中央データベースである。チームは、「災害センター」を拠点として機能し、センターは、情報センターとして、事務所として、また被害にあった人々の相談センターとしても機能すべきである。

死別援助の組織は、この段階で重要な役割を果たさなければならず、死者が出た出来事に対応するため形成されたあらゆる災害チームの一部を構成しなければならない。これはしかし、ボランティアやスタッフが悲嘆と喪の問題にばかり携わるべきという意味ではない。災害地の外においても、死別に関する研修や支援サポートに、トラウマ的喪失後によく起こる広範なトラウマや人生の変化の問題を含めねばならない。これによって十分訓練を受けた死別援助ワーカーは、災害地の中でより適切に働くことができる。同じ理由で、工業地などでのストレスカウンセリングの研修には、悲嘆と死別の分野を含めるべきである。

災害になると、数多くのボランティアからの援助志願を受けるのが普通だが、そのほとんどは災害関係の経験や研修を受けたことのない人々である。実際、宗教的なものをはじめとする不適切な行動指針を持ち込むものもあり、そうした人々や、報道メディアの無責任な派遣員による搾取から犠牲者を守るための検閲が必要である。他方で、良い動機を持つ研修を受けたボランティアや責任感のあるメディアは重要な役割を果たすので、歓迎し大切にする必要がある。

災害に対する適切な対応を組織するには時間がかかるので、トラウマを負った人が必要とするものと、その必要に応じる資源との間に不整合が起きることがよくある。妥当な資源が得られる場合でも、何らかの形の心理アセスメント、あるいはトリアージを導入して、どの個人が優先的な対応を必要としているかを決めることが重要である。中心幻想があるということは、助けを最もうるさく求めている人が、助けを最も必要としているとは限らないことでもある。日常的な死別の後に心理的援助を要する人を同定するための危険因子には、災害後の精神医学的問題を推測する危険因子と変わらない。危険因子には、死別をよりトラウマ的なものにさせたり脆弱にさせる個人的資質、人の人生を支えたり意味づけたりする社会環境、などが含まれる（Stroebe & Schut, 2001）。死別ワーカーは、これらの因子を同定するよう訓練されているので、トリアージを実施したり、最も必要とされている場所に救援物資を集中させたりする力を備えている。

計画をよく練っていても、必要な資源が供給されないために実施が遅延されることがよくある。ヘラルド・オブ・エンタープライズ号の沈没後、危機に瀕する全家族が必要としているものを調査するためドーバーの遠征チームが現地を訪問するまでに、約1年もかかった。資金調達、スタッフの募集、訓練、スタッフ配置が遅れると、複雑で専門的なチームを一から作り上げる困難が増大する。そのとき（1987年）以来、公衆と政府が災害後の心理社会的な援助の必要性に気付いたことで、より迅速に効果的に行動できるようになった。訓練を受けた死別ボランティアおよび心理学的資源の統合は非常にうまくいき、死別した人々のほとんどが、高額で乏しい精神医学的援助に頼ることなく必要な援助を受けることが可能になった。しかし、スウェーデンのウプサラ大学に設けられた国立災害精神医学センターのような、資金が潤沢で中央集権化された心理学的災害対策組織によって、遅れを防ぐことのできる組織モデルが開発されなければならない。

余波期では、震災地域の経験がある心理学者と精神科医を活用して、前線の死別ボランティアとカウンセラーを支援するのが最善であり、経験の少ないスタッフが必要とする追加研修を提供するための研修日を1日以上設けることが肝要である。

100人以上の女性の命を奪った航空機墜落事故の後、地域の社会サービス部署による研修日が組織され、医師、ソーシャルワーカーその他の専門職が招かれたが、ボランティアや地域社会の代表者を招集することを怠った。結果的に地域住民は、自身の支援ネットワークを構築し、地域の行政機関が提供したものを無視してしまった。

住民のほとんどがコンピューターを持たないような地域でも、現代的情報システムは災害地で重要な資源である。携帯電話の使用により、災害チームのメンバーは、事務所や対策室と常時通信でき、コンピューターによって、被害者や援助者のデータベースを管理し、チームリーダーが必要な文書に常時アクセスし被害者たちに伝達することが可能になる。

228

私は、2004年12月の津波による深刻な災害で死別した人々を援助するため、インターネット上に情報や助言を掲載したが、これは2005年7月のロンドン爆破事件後に活用された。家族支援センターで働くクルーズ死別ボランティアは、それを印刷し、遺族に手渡した。フィードバックは非常に好意的であった。その情報は、トラウマ、悲嘆、怒り、自責の念、人生の変化など、一般に報告される問題を網羅している。ウェブサイトは無料でアクセスできる（http://www.crusebereavementcare.org.uk のページの"Traumatic Losses"をクリック）。

余波期にある遺族が必要としている心理的介入は、他のトラウマ的喪失に続いて必要とされるものと特に違わない。ただし、通常の状況下で得られる専門的セラピストは、災害後に供給不足に陥らざるを得ないだろう。特に発展途上国においてそうである。

高度の不安感や恐怖心は、それが引き起こす生理的症状（動悸、息切れなど）によってさらに悪化することが多く、ボランティアの死別支援が通常備えている伝統的不安マネジメントプログラムが必要となる。医療実践家が、不安症状が器質的疾患の徴候ではないというお墨付きを与えることも必要である。PTSDは特に治療可能であるという理由で、PTSD診断は死別に関わる仕事をするすべての人の研修に含めるべきである。臨床的卓越のための国立研究所の2005年度版報告は、すぐに活用できるガイダンスである。この研究所は、「保健ないし福祉のすべてのケアワーカーは、トラウマの心理的影響に注意を払い、被害者に社会的および情緒的実践的援助を提供しなければならない」と指示している (National Collaborating Centre for Mental Health, 2005, ¶ 7.11.1)。すべての被災地で、チョウら (Chou et al. 2003) が開発したもののような適切なツールを用いたスクリーニングを定例的に実施しなければならない。激しい症状や無力化が1カ月以上持続する場合は、必ず心理専門家の支援を考慮に入れねばならない（ここに掲げたのは、DSM-IVが示すPTSDの診断基準の一部である）。トラウマ焦点化認知行動療法（TF-CBT）、EMDR、再処理などの技法を用いることができれば、繰り返しよみがえる記憶や空想が耐えられるレベルまで低

減するのが普通である。

PTSDを特徴づける恐ろしいイメージはきわめて苦痛で恐怖に満ちているので、患者は喪失を想起させるもののすべてを避けるためにあらゆることを試みる。忙しくしたり、気を紛らわしたりすることで、思考をコントロールしようとする。失った人のことや、その人を失った出来事について考えることや、そういったイメージを想起する引き金を引くことになるので、PTSDを持つ人は、喪失について話すことや悲しむことを難しく感じている。このため、PTSDの治療がなされなければ死別援助が困難になる。とはいえ、この段階で、内的世界を少しずつ再構築しようとしている遺族に寄り添う死別ボランティア支援の価値は計り知れない。

成人ないし子どものPTSDは、短期療法のナラティブ・エクスポージャー・セラピー（NET）によっても治療が可能である(Schauer et al. 2004)。名前が示すように、この技法は、人生を振り返る構造化された方法を提供し、トラウマを負った人が、極度のトラウマ的ストレスによって断絶された人生の目的や方向性を取り戻すことを可能にする。現在、ランダム化統制研究が行われている。シャウアーたちのマニュアル(Schauer et al. 2004) は、一般の人も、精神的健康、災害、紛争解決、人権などの分野で働く実践家も手に取ることができる。

トラウマを負った遺族は、死が予期せぬものであったり、早すぎたり、当人の想定する世界が打ち砕かれたりすれば、PTSDを発症するしないにかかわらず、複雑性悲嘆のリスクが高まる(Parkes, 2008, pp.137-140)。この研究者たちは、①死別の合のような死は、被災地では例外というよりは標準となるので、災害チームの重要な役割となる。複雑性悲嘆の診断と治療については、他章で扱っている（Ch 8、Ch 9を参照のこと）。多くの人が廉価で利用できる治療法は、特に重要である。それだけに、インターネットベースによる複雑性悲嘆治療の結果に見込みがあるという報告は、励ましとなる (Wagner et al. 2006; Ch 26も参照)。この研究者たちは、①死別の合図への曝露、②認知的再評価、③統合と回復という三つのモジュールへの曝露の効果を考察するために、ラン

230

ダム化配分法を実施し、かなりの治療効果が見られた。

臨床的抑うつ症状も、災害その他のトラウマ的死別後によく出現する問題の一つである（Stroebe et al. 1988）。これは、認知行動療法（Sikkema et al. 2004）や抗うつ剤（Pasternak et al. 1991; Reynolds et al. 1999, Zisook et al. 2001）によく反応するのが普通である。

ハリスら（Harris et al. 1999a, 1999b）は、ボランティアにも教えることのできる一種の友達作り方法について、ランダム化配分法をうまく実施して効果評価を行い、結果を発表した。一つは分娩後うつの予防、もう一つは、慢性的うつの二つの治療という二つの女性群において検証が行われた。いずれの状況においても、介入グループにおいて抑うつが優位に低く、ハリス（2006）は、発展途上国の災害後によく見られるように、訓練を受けた心理学者が不足している状況では、死別直後の友達作りが特に有効ではないかと推測している。

怒りや攻撃は、人災への自然な反応である。精神病を引き起こすことは稀としても、攻撃性が間違った方向に向かうと特別な困難が生まれる。スケープゴートを作ったり、暴力のサイクルを作りだしたりしても、武力闘争を生み出したりすることもある。遺族の怒りが、激しすぎたり、間違った方向に向かったりしても、人は大目に見るだろう。しかし、怒りは遺族内にとどまることができず、人災後にしばしば発生する人々の激怒の波に地域リーダーも呑みこまれやすい。このような問題は、「死、臨終、死別への国際作業グループ（IWG）」のメンバーによって詳しく説明されていて、暴力的な死の作用および意味（IWG, Violence and Grief Work Group, 1997–1998）、そして暴力のサイクルを検討した論文が発表されている（IWG, 2005）。

怒りのマネジメントは、個人、家族、地域社会、国家、国際的レベルのいずれにせよ、トラウマ的喪失後に支援を提供する立場の人間なら誰もが研修の一部として習得すべき技術である。怒りのマネジメントには、人間以外の動物にも人類にも共通する怒りの根源の理解（ローレンツの古典『攻撃性について』〈Lorenz, 1966〉は今でも学ぶべきところが多い）、争いの解決方法、必要な力を行使すべき状況とその有害な作用を最小限にとどめる方法の

明確な理解が含まれなければならない。さらなる暴力のリスクを高める問題のなかには、暴力行為の原因の誤った知覚、過大ないし過小な直後の反応、合法的権力の影響、破壊的規範、両極化させる煽動的な方策などが含まれる。いずれも、サイクルの輪に組み込まれることで、暴力サイクルの危険性を高める。同じ理由によって、暴力行為の感受の仕方を修正し、直後の反応を和らげ、合法的な権力者を支持したり補ったりし、破壊的規範を建設的規範に置き換え、仲裁を支持し、さらなる暴力を緩和する（たとえば武装解除）ような介入は、すべてのレベルでサイクルを断ち切ることができる（Parkes, 2006）。

アバファンでは、災害直後の数カ月に開かれたいくつかの市民会議は、殴り合いのうちに終わってしまった。地域社会に存在する激しい怒りをより建設的に扱えるようになるまでに1年かかった。怒りのマネジメントに焦点を当てたグループ・ミーティングに出席したある女性は私にこう言った。「私ははじめて、自分の怒りと距離を取り、怒りは私の人格の一部ではなく、災害が引き起こした必然的な結果であると考えることができました」。調査委員会への出席に治療的効果があるということがその場で話し合われた。委員会は数人の個人名を名指しして災害の責任を負わせようとしたが、証言に耳を傾けた人々が、名前の挙がった人を、亡きものにすべき敵として見ることはなく、彼らの罪は、人間誰しもが持つ短所が影響したものであったことが明らかになった。

自己非難と罪の意識には一般に怒りや攻撃性が伴っている（Parkes, 1998, p.84）。自分の欠点を他の誰かのせいにしようとする人もあり、怒りの行動や感情で不必要に自分をとがめる人もある。気まぐれな死がもたらす不公平さを反映している。自己非難は、災害警報が無視されたときや、人々が自分の過失に気付いたと語ってくれた開業医になったような気がしたと語ってくれた開業医になったような気がしたと語ってくれた開業医に深刻な問題となりうる（ある人災後の数週間、ローマン・カソリックの聴聞司祭になったような気がしたと語ってくれた開業医があった）。そのような感情は、個人レベルではうつ症状の一因となりうるし、集団レベルでは、士気の低下の原因となりうる。地域社会の人々は、地域社会全体を悪いものと考えてしまうかもしれない。

232

災害から生還した遺ською、ヒーローとして扱われるのは、よくあることである。彼/彼女が罪悪感を表明すると、まるでどう考えるか選ぶことができるかのように、「そんなふうに考えない方がいい」と言われる。安心させようとするこのような試みは助けにならない。助けになると思われる二つの応答は、①「私たちの誰も完璧ではない」といった偏らない理解を示すこと、②「もし、あなたがそんなふうに感じるのなら、その感情とどう向き合っていくつもりですか」といったふうに問いかけることで、その人自身が、災害から何か良いものを引き出し、立ち直るために役立つ方法を見つけるよう励ますこと、である。同様に、地域社会レベルでは、行動プログラムが、地域におけける信頼を取り戻すのに役立つ方法を見つけることができるという信念の表現には治療的価値がある。ある生存者はこう言った。「この災害は無関心が引き起こしたものだ。この地域社会が二度と無関心に陥らないようにできるかどうかは、私たち自身にかかっている」。

どのような死別でも、地域社会の儀式や記念行事が重要な役割を演じるが、災害で犠牲者を出した地域社会にとってその意味はさらに重くなる。地域社会の儀式や記念行事により、喪失の事実が現実のものとなり、人々や地域社会が新しいアイデンティティを築くよう促される。そのような行事により、喪失の事実が現実のものとなり、人が死を忘れる手助けをするのではなく、その人の人生史とコミュニティーの生活の中に、その人自身の新しい居場所を見つけることである（Ch 12も参照）。地域社会の指導者たちは、状況の深刻さを地域住民に理解させ、被災者の援助に尽くし、以後の変化に関わることで、重要な役割を果たす。

9・11の10日後、「祈りの儀式」がニューヨークの聖トーマス教会で行われ、被害者家族が招待された。儀式にはアナン国連事務総長、前米国大統領ビル・クリントン、英国首相トニー・ブレアが出席し、ブレアは女王からのお悔やみのメッセージを読み上げた。遺族には、その間、クルーズ死別ケアの災害チームメンバーが付き添った。儀式の後、遺族が首脳陣と面会する機会があり、お悔やみの言葉を受けた。その場が苦しい試練となった家族もあったが、出席した人すべてが、起こったことの歴史的重要性と、最大限の注目を受けていること、愛され

233 ｜ 第10章 災害による死別体験

気遣われていることを、理解した。

災害地域の子どもには、特別なリスクがある。自分自身のトラウマ的喪失体験の結果と、災害が両親や兄弟姉妹に与えた否定的影響の結果の両者によってである。パイヌーたち（Pynoos et al. 1987）は、狙撃犯の学校襲撃が子どもに与えた影響を調べ、子どもが大人とほとんど同じようにPTSDに悩まされることとともに、近親者と死別した子どもの症状がより強く、症状に悩まされる期間が長くなることを明らかにした。それを考えると、親子のための支援が災害援助の一部に組み込まれるべきであり、災害支援チームには、子ども支援の専門家として選抜され、研修を受けた人が含まれるべきである。災害地の子どもに特有の問題に適した治療についてさらに述べるゆとりはないが、米国国立精神保健研究所（the U.S. National Institute of Mental Health, 2001）が有益な指針を提供している（第7章、Ch25も参照）。

被災地で働くことを選んだすべての人は、仕事に伴う感情の負担に気付き、先に述べたように自分をモニターし、常に必要な相互援助を提供し、また受け入れる必要がある。トラウマ的出来事に焦点を当てた1回限りの短時間の介入であるデブリーフィング（惨事ストレス・デブリーフィング）は、もともと救急隊員のために導入されたが、のちに災害被害者にも使われるようになった（Mitchell, 1983）。近年、ランダム統制研究によって、これらの種の介入の効果に疑いが持たれている（van Emmerick et al. 2002; Wesseley & Deahl, 2003）。しかしながら、これは、相互援助に不可欠な信頼を築き上げることができるスタッフの定例会議の必要性や、守秘義務の下にある1対1の援助の必要性まで否定しているわけではない。前線統括者はチームを支える第一責任者であるが、誰か一人だけで支えることを期待することはできないし、チームのメンバーは、自分が信頼を寄せようとする人を選ぶべきである。このように考えると、チームを支える仕事の責任は分担共有されている。チーム外からのスーパーバイザーや支援要員には果たすべき重要な役割があり、特に士気が下がっているときや、信頼感が失われているときに力を発揮する。

234

ある被災地では、長い間ライバル関係にあった教育局と健康局の各スタッフが、独自の行動を取るという事態が起こった。精神科医が訪れて児童心理学者とファミリー・ケースワーカーの合同会議を開くまで、互いが同じ家族に関わっているのに気付かなかった。偏見は情報を共有し始めるとすぐに解消され、まもなく良い信頼関係が築かれた。

指導者にもサポートが必要である。これはどの役職の人にも当てはまる。部下がそうあって欲しいと願うスーパーマンやスーパーウーマンではないと認めるのが難しい政治家や軍の指導者にとっても必要である。途方もない出来事に直面して、巨大な責任と、思い切った行動を取らねばならないプレッシャーに曝されているので、信頼できる情報と偏向のない助言とともに、情緒的サポートが必要である。歴史は、指導者がこれらを得ることは稀なのを教えている。

長期的ケア

時間の経過とともに、継続的な助けを必要とする遺族の数は次第に減少していき、災害チームのメンバーが、単純に災害前の仕事に戻り、何事もなかったかのように元の生活を続けることを期待するのは非現実的である。災害によって変化を余儀なくされるのは遺族だけではない。災害チームの撤収過程の撤退が可能になる。行政としては、特定の日で活動に終止符を打つと運営上都合が良いのだろうが、これには反対すべきである。必要なものが突然変わることはないからである。チームスタッフは、突然撤退するのではなく、必要性が減少するのに応じて徐々に撤退するべきである。その目標は、指揮権を、時期を誤らないで、地域のサポート・システムに移管することである。部外者は、植民地を作ろうとすべきではなく、地域の精神保健その他の専門職が仕事を引き継げるように教育するよう努めねばならない。

では、多くのメンバーが自らの人生がたどりつつある新たな方向を見直し、キャリアや個人的成長のために目の前にある機会を探求したいと願うことを知っておかねばならない。介護職の訓練を受けたいと思う人もいれば、世話をする仕事からいったん離れたいと思う人もいるだろう。

災害のために個人が永久に変わってしまうのと同じく、地域社会や国民も変わってしまう。災害チームのメンバーは、このような変化を統制する立場の政治や行政のシステムに関わることを自分の役割とは思わないかもしれない。しかし、彼らは被災した地域社会の心理への深い理解を持つことが多く、それは政治や行政に関わる人々が欠いているものである。心理学者と死別サポートのメンバーが、人々が自ら悲嘆から距離を置いて理に適った意思決定ができるよう援助するのに対し、政治家や官僚は、激しい感情や圧力に曝されて右往左往するきらいがある。

一例として、アバファン事故後の1年間、被災した地域社会の不満が、「お上」への攻撃の形で噴き出すことがしばしばあった。行政官は、ひどい暴言に悩まされ、決断力が麻痺し、ままになった。しかし、1年が経過した頃に重要な分岐点が訪れた。つまり、遺族個人への支援の必要性が減少し、災害チームを一人また一人と縮小することが可能になった。アバファンの出生率を近隣の集落と比較したところ、事故後2年目と3年目に急激な上昇が見られ、アバファンで生まれた子どもの「割り増し」分が、災害で亡くなった子どもの数をわずかながら上回った (Parkes & Williams, 1975)。それで亡くなった子どもの穴が埋められるわけではないし、何をもってしてもそれはできない。子どもを産んだ人が必ずしも子どもを失った親ではなかった。彼らの多くはすでに子どもを持つ年齢を過ぎていた。むしろそれは、起こった災難に対する地域社会の建設的反応を表しているように見えた。苦しみ続けた人がいなかったことをそれが意味するわけではなく、最近のフォローアップでは、今日なら可能な優れたケアを提供できなかったことが強調されている (Morgan et al. 2003)。

236

アバファン災害1周年ののち、2人の社会学者が、地域の災害チームと地域社会の代表に加わって地域社会発展計画を立てるため招かれた。実り多い公開会議の後、地域社会協会が設立され、災害チームの若き一員であったデレク・ナッタルが初代書記に任命された。[2] アバファンは結果的に前向きな地域社会になり、5年後には、一連の会議の最初の開催地となって地域社会の発展を世に知らしめた (Ballard & Jones, 1975)。

結論

すべての遺族がトラウマ的喪失から十分回復するのを期待するわけにはいかないのと同じく、災害の必然的結果として地域社会が申し分なく発展すると想定するわけにもいかない。カイ・エリクソン (Kai Erikson, 1979) は1972年にウェストバージニア州のバッファロークリークで発生した災害の推移を分析した。洪水が一線上に並ぶ村々を襲った災害である。この中規模災害には、多くの点でアバファンの例と共通性がある。エリクソンによると、「地域社会の喪失」が、災害後2年半が経過しても依然支配的であった。「地域社会の人々は、もはや以前のように互いに信頼できなくなっている」(p.189)。

なぜそうなったのかという理由を分析する紙面のゆとりが今はないが、アバファンとバッファロークリークの二つの例は、事態がいずれの方向に進む可能性もあることを示している。災害を経験して、心理的、社会的、スピリチュアルな成熟を遂げる個人もいるし、衰退する個人もある。これは地域社会や国家にも当てはまる。建設的な反応を促進し、破壊的反応を最小限にとどめるのが、あらゆる人や団体が果たすべき課題である。死別に焦点

2 ナッタルは2年間アバファンに残った後、同地域の開発事務官を務め、後にクルーズ死別ケア理事となった。

を当てた研究と介入は、個人や家族が人生の転換点に遭遇した際の援助に関して、すでにかなりの経験を蓄積している。これまでに学んできた成果を、さらに大規模な状況に当てはめることができると期待しても遅くはないだろう。

コリン・ムーレイ・パークス
(セイント・クリストファー・ホスピス、セイント・ジョセフ・ホスピス)

第11章

死別研究——21世紀の展望

現在の科学的アプローチと問題

本書を世に送り出す目的は、21世紀のはじめにあたり、現在の死別研究に基づいて、現代の社会や実践の課題について何が言えるか考える試みも行った最新かつ最先端の解説を提供することにあった。現在の死別研究に関する、実践的ガイドラインを提供すること（ただし、私たちの意図は、死別者自身にであれ死別者を支援する実践家にであれ、にはない）。本企画で先に出版した2冊の『ハンドブック』(Stroebe et al. 2001b; Stroebe et al. 1993) は、理論、研究、介入のすべてにわたって、死別現象に関して積み重ねられている科学的基礎を記録することにもっぱら焦点を当てた。3冊はいろいろな意味で互いに補い合っている。先の2冊に報告された理論的分析、研究報告、介入のための基本原理の多くが、この版の各章と今でも関連し、またその背景となっている。

この結びの章では、本書と先の『ハンドブック』に記された研究を振り返り、その発展を総合し、死別という科学分野における現在の理解と、私たちの知識に欠けた部分を示したい。また、科学、社会、実践の諸問題に関係する核心的主題を浮かび上がらせる。本章は、現代の科学的関心と社会的関心を扱った二つの節に大きく分けられるが、議論する科学的主題から実践的指針を引き出すこと、および、より社会的な主題から科学的示唆を引き出すことが私たちの主な目的である。将来の研究の方向性を示唆し、今日の論争点に光を当てながら、時に応じて論評を加えてみたい。

悲嘆への理論的アプローチ

現代の死別研究は理論を志向しており、それは21世紀もずっと続くと考えるのが妥当である。ヴァイスとアー

チャー（第2章、第3章）が示したように、ときに直観に反する現象を複雑な症候を理解するために理論が必要である。そういった理論は、反応における個人差を説明し、苦痛を軽減し複雑化を回避するためのケアと介入のプログラムの開発をもたらすはずである。3冊の『ハンドブック』で議論された多数の理論は、この観点から見て大きく貢献してきた。重要な一例は、愛着理論である。第4章では、ミクリンサーとシェイヴァーが、社会認知研究家、精神生理学者、認知神経科学者らによる新しい方法論を用いて、ボウルビィ（たとえば、Bowlby, 1980）の洞察を検証することを述べた。そのようなアプローチは、死別を通して現れうる不安型防衛、回避型防衛の現象の理解に通じること、死別者間の差異を説明するのに役立ち、介入に明確な示唆を与える。

現代の死別理論を性格づける重要な特徴は数多く挙げることができる。死別の統合的理論の展開が以前より求められていたが（第2章、第3章も参照）、今でも複数の理論的アプローチが見られ、一般的レベルと悲嘆特有のレベルの両方において症候と対処の理解を進めるため、異なる理論的立場や理論的分析が相互に協力し合うことも見られる（Stroebe et al. 2001a を参照）。アーチャー（第3章）が言うように、「人が、初期の高レベルの苦悩状態から喪失以前の状態にまで戻る道筋を説明するような実証データに基づく統合的理論はまだ存在しない」（65頁）。

言い換えれば、さまざまの理論が、さまざまの現象に迫り、そしてさまざまなレベルで分析を行っているのである。ヴァイス（第2章）は次のように結論している。

今では、失われた関係の性質、その関係が遺族に持っていた意味、その関係が調律機能を司っていた方法などが、悲嘆とどのように関係しているかを説明する良い理論がいくつもある。研究者はこれらの理論をまだ統合できていないし、それらの理論の基盤となっているはずの心的過程および情動過程を完全に理解する

第11章　死別研究──21世紀の展望

一方で、研究者は、異なった理論的視点の間に互換性があることにますます気付いており、複数の視点を統合する可能性を探るようになった（たとえば、ルビン〈Rubin, 1991〉の二元過程モデル〈two-track model〉とシュトレーベとシュト〈Stroebe & Schut, 1999〉の二路線モデルを愛着理論と統合すること。第4章参照）。ただ、私たちには本当に一つの統合的理論が私たちに必要なのかという問題は残る。

本書で記述される理論には、一般的に大きな影響を与え続けるものもあれば、そうでないものもあることは言うまでもない。愛着理論、認知的ストレス理論、トラウマ理論、社会的構築主義（意味形成）は、特に大きな影響を与える理論であり続けている。実例を挙げれば、意味形成の視点は、特にニーマイヤー（たとえば、Neimeyer, 2001）の仕事に押されて強くなり、いくつかの基本原理の展開（たとえば、個人レベルの分析と関係レベルの分析の両者にわたって治療プログラムに指針を提供することに貢献してきた（たとえば、Ch 23、Ch 24）。ナドゥーの言葉を引用しよう。

　個人の悲嘆は、それが起こる家族の事情によって大きく形作られ、そうして形作られた個人の悲嘆は、家族に大きな影響を与える……私の考えでは、意味は、家族の悲嘆の中核に位置する。(Ch24, p.513)

さらに新しい見解も影響を持ち始めている。その一つは、ライフコースの視点であり（たとえば第9章、Ch 21、Ch 25；Moss et al., 2001; Oltjenbruns, 2001; Silverman & Worden, 1993）、世代間関係と家族システムに焦点を当てている。たとえば、祖父母の死別を理解するのにこの視点が有効であった。ライフコースと家族システムの視点は、人生の出来事

242

にまつわる社会的意味の構築とそれが起こる社会的文脈を含む家族内の変化の研究に、動的なアプローチを提供してくれる（Ch 21）。さらに、肯定的成長の視点の展開（Schaefer & Moos, 2001; 本書第6章）と、軌跡モデル（Ch 14）に見られるように、死別研究はもはや、悲嘆を必ず回復しなければならない病理的経験ととらえる医療モデルにのみ導かれているわけではない。死別研究は、近年、健全な拡大を見せている。

しかしそれでも、今日のさまざまの死別理論が覆う範囲の中には、まだ空白が存在する。おそらく、悲嘆の進化論的機能は比較的わずかしかアーチャーの仕事（たとえばArcher, 1999, 2001; 本書第3章）を除けば、悲嘆の進化論的機能は比較的わずかしか注目されてこず、焦点は心理過程のレベルに当てられるのが普通である。おそらく、悲嘆の進化論的機能は比較的わずかしか上のさまざまの集団にまたがっていることから、何が「埋め込まれている」か発見するより、社会的構築主義、評価、個人的ないし集団的な対処資源などの問題に関心が向けられているように思われる。しかし、進化論的レベルで悲嘆と悲嘆行動を理解することも欠かせないだろう。

死別研究の分野においては、実践に及ぼす理論の影響力を強化する必要がある（たとえば、私的な支援から公式な治療までのさまざまの場面で指針を提供すること）。対照的に、臨床的問題が、研究者が仕事を進める原動力になり続けていることが見えてきた。たとえば、（以前の『ハンドブック』も含む）本書の多くの章は、（悲嘆作業〈グリーフ・ワーク〉を含む）認知プロセスの意味と機能、そしてそこから得られる介入プログラムへの示唆（たとえば、第3章、第5章）を含む）を明らかにする課題と取り組んできた。

最後に、現代の研究が対象を拡大して、西洋の工業化文化以外の文化も含むことで、死別反応のさまざまのパターンを説明し位置づけるような理論への需要が高まるだろう。カステンバウム（Ch 4）による、現代社会における悲嘆と悲嘆行動の検証は、悲嘆と服喪のパターンが、社会に影響された個人の経験、環境、社会からの力によっていかに変化するかを考察している。さまざまの文化における将来の悲嘆研究が、悲嘆の情動に関する西洋の理解に異議を唱える可能性を指摘した点で、カステンバウムとローゼンブラット（Ch 10）に同意する。

悲嘆の性質の理解

悲嘆の性質を理解することは、私たちの分野の科学者が取り組むべき最も基本的な仕事の一つである。一般的な話題にもなる悲嘆と複雑化した形の悲嘆の性質、時間経過の中での悲嘆の動き、精神的、身体的健康に与える広範囲のリスクなどを理解することが欠かせない。本節では、本書の執筆者たちが、こうした課題の一部に迫っている例を示す（複雑性悲嘆は精神障害なのかという診断の問題など、より文化的な、また社会的な問題には本章の終わりに触れる）。

現在、研究者たちは、悲嘆に多元的側面があることに注目している。私たちも、異なったタイプの喪失が悲嘆に与える影響を区別して理解する方向に向かいつつある（第7章、第9章、第10章、Ch21を参照）。悲嘆のもたらす広範な作用を含むように視野の拡大も行われている。問題のある作用を評価することに加え（たとえば、第8章、Ch 8）、肯定的な作用が検討されることも多くなっている（第6章）。悲嘆と適応を理解するために個人の内部に焦点が当てられてきたが、対人関係的アプローチによって、特に対処法と介入の実施につなげることでよりバランスの取れたものになっている（Ch 23〜25）。こうした洗練された視点を説明するために、二つの話題を選ぶことにする。

悲嘆の現象と発現

悲嘆のたどる経過。死別後の悲嘆の経過について研究者が持っていた想定に根本的な変化があった。現在の一致した見解は、死別者の情動状態は人によって相当異なり、時間的な悲嘆の経過は、愛する人の死の前（疾患の終末期のような場合）でも後（第2章、第9章、Ch 13、Ch 14参照）でも、段階や期によってではなく、さまざまの

244

軌跡によって影響される、というものである。ただし、ヴァイス（第2章）が指摘しているように、情動状態の順序や経験は個人によって大きく異なるが、悲嘆状態は進んでいくものと考えるのは妥当であり、そう認識することで、時が経つにつれて悲嘆に起こる変化を考えやすくなる。同様に、シュルツら（Ch13）は、個人によって異なった軌跡が見られるという考え方は、（介護の後の）死別をより豊かに詳細に説明するが、死別後に肯定的な動きが起こりやすいという一般的傾向を見ることもできると結論している。段階論が影響力を回復するかどうかは今後にゆだねられている。段階論の妥当性を検討するマチジェウスキら（Maciejewski et al., 2007）の最近の研究は、説得力を欠いている（主として回顧的方法により、複雑性悲嘆を持つ人やトラウマ的死で死別した人を除外し、段階を分類するために単一項目の測定法を用いている）。

死別への適応型に多様性が見られることについても見解の一致がある。これに関し研究者は、異なったタイプの軌跡を記述する努力を重ねてきた。たとえば、マーフィー（第7章）が強調したように、暴力的な死によって突然子どもを失った親と、長期にわたる闘病の末子どもを亡くした親のたどる死別の軌跡の違いである。また、「もたらされうる苦悩を悪化させる（または防ぐ）外的状況あるいは個人的要因を明らかにすること」（第9章、186頁）に焦点を当てることが今も重要である。最後に、軌跡を特定するには、特に悲嘆と抑うつの時間経過に違いがあると予想されることからして、さらに正確を期すことが求められる（Boelen & Prigerson, 2007;Wijngaards-de Meij et al., 2005 を参照）。ボナンノたち（Ch14参照）の記述には以下のような表現がある。「一つの軌跡は……まぎれもなく慢性悲嘆反応があることを示している。そうした患者たちは、低レベルの抑うつを喪失に先立って表したが、その後、死別後6カ月、18カ月で、抑うつの悪化を示した（強調筆者）」（p.298）。今後の研究は、慢性悲嘆と抑うつを同一視しないようにする必要がある。

成長と復元力（レジリエンス）。1990年代にポジティヴ心理学の運動が勢いを持ったとき、死別経験にまでそれを適用することは、直感的に不自然に見えただろう。遺族にとって1日1日をなんとか過ごすのに精いっぱ

245　第11章　死別研究――21世紀の展望

いのとき、利益、成長、肯定的な部分をなぜ求めなければならないのか。私たち研究者の基本的な動機が、最終的には、死別した人の苦しみ、特に精神的または身体的健康あるいはその両者への極度の影響を耐え忍ばねばならない人の苦しみを予防したり和らげたりすることになければならないときに、幸福や成長を研究する意味はどこにあるのか。復元力（レジリエンス）に目を向けるのはなぜなのか、と。

その後、成長と復元力（レジリエンス）を検証する研究者たちは、彼らのアプローチが実効性を持つことを示そうとしてきた（第6章、第8章、Ch 14 ; Folkman, 2001; Schaefer & Moos, 2001 を参照）。視野を広げて、成長と復元力（レジリエンス）の可能性まで含むと、悲嘆過程が違った風に見えてくる。復元力（レジリエンス）研究は、（たとえば対処の際の）力の源、肯定的結果に至る過程、死別の衝撃を修復するのに役立つ個人差要因などを教えてくれる（第8章、Ch 14 ; Folkman, 2001）。ただし、外見上の復元力（レジリエンス）は、①症状を偽装していたり（禁欲的表現、悲嘆の隠蔽）②悲嘆を表向きに表現することに関する文化的規範に関係していたり（故人とのつながりが薄い、愛していなかった）するかもしれない。こういった可能性がそもそもないことの表れであったり、悲嘆の機会がそもそもないことの表れであったりする可能性の持つ潜在的価値を多くの研究領域が示してきた。子どもの時代の死別という領域では、たとえば、精神病理への長期的影響だけでなく、長期的利得の可能性（たとえば、自己効力感や精神的健康の向上）を理解することが重要だろう。これに関連してルーケン（第8章）は、逆境で育った子どもの中の下位集団を調べる必要性を強調し、次のように述べる。「精神的、身体的健康の肯定的動機づけ、目標達成への動機づけ、人生の満足度、人生の目的、目標達成への動機づけを評価することが重要だろう。そこには、学力や社会的能力、幸福などが含まれるが、これらに限られるわけではない」（182頁）。また、生物学的視点（たとえば、生理的復元力（レジリエンス））を復元力（レジリエンス）の理論的枠組みに統合する必要性も指摘し、次のように述べている。「生理的復元力（レジリエンス）は、環境の要請に対応して心拍を柔軟に変化させたり、難局の後すばやく心血管やホルモンの指標をホメオスタシスの水準へ回復させたりする身体の能力や、感染に抵抗する免疫システムの力によって測ることができ

246

る。」(183頁)。復元力(レジリエンス)を基礎づけるメカニズムの研究も必要である(第8章、Ch 25を参照)。復元力(レジリエンス)の理解は、より正確な概念規定によっても促進されるだろう。私たちは、「トラウマ後成長」や「意味形成」といった一般的カテゴリーにとどまらず、そこにどんなプロセスが関与しているかを正確に見定める必要がある。また、成長が起こることを実証し、適応に与えるその影響を示す必要がある(第6章を参照)。影響を示す変数と関係する成長の構成要素を、(デイヴィス(第6章)が行った、利得の認識、継続的成長、洞察の獲得の区別を使いるなどして)解きほぐすことで、正確にはどのような肯定的トラウマ後成長が起こり、どのようにそれが進展し、死別した人にとって何を意味するのかを、さらに理解できるはずである。デイヴィス(第6章)が記すように、そうすれば私たちは、死別した人が人生に起こるさまざまな変化と取り組むのを今よりもっと援助できるだろう。

死別による精神的、身体的影響のリスク

死別が健康への悪影響に結び付くことはすでに十分確認されているが、高いリスクに曝されている個人を同定するにはまだ研究が必要である。さいわい、研究を導い、適応の個人差を決定する複雑で相互作用する諸変数の統合を促進する理論モデルを利用できるようになっている(Ch 25 : Stroebe et al. 2006を参照)。ただし、そのようなモデルにはさらに検証が必要であり、本書にも収録されている。「復元力(レジリエンス)は、累積的効果を持つ複数のリスク要因、保護要因の研究計画で複数の要因を検証した例が、挙げている。サンドラーら(Ch 25)は、一つの研究計画で複数の要因を検証した例を挙げている。「復元力(レジリエンス)は、累積的効果を持つ複数のリスク要因、保護要因、保護要因で決定されている。……したがって、復元力(レジリエンス)を促進するプログラムは、複数のリスク要因、保護要因に働きかけねばならない」(p.532)。ルーケン(第8章)は別の例を挙げている。そこでは、幼児期の親の喪失に対する長期的適応につながる中核的経路や緩和要因が調べられ、経済的負担、頻繁な転居、残された親との乏しい連絡、家庭的および社会的日課の混乱、家族からの別離などの副次的喪失が、より大きなリスクとどうつながっている

247 | 第11章 死別研究──21世紀の展望

かが検証されている。最後に、カー（第9章）は、複数の要因を吟味することで、高齢者における死別への適応のいくつかのパターンを確認できることを示した。そこに現れた関連は複雑で、逆境と取り組む際の情動反応、スキル、経験の年齢による衰えと、高齢者の対処能力を圧倒しかねない同時的ストレスを考慮に入れる必要があることを示している。明らかに、影響の大小に関して単純に年齢で比較することにはほとんど意味がない。高齢者集団と若年者集団のいずれが死別によって強く影響されるかに焦点を当てるより、それぞれの年齢における独自の死別体験の決定要因を別個に調べる方が有効である（Hansson & Stroebe, 2007を参照）。

ただし、宗教のような単一要因を深く分析する余地も残っているだろう。そこでは、死別者における宗教的意味形成や宗教的対処方策といった変数の分析によってある程度の複雑性が確保される。宗教的対処の諸次元を同定し、宗教的対処を測定し、異なった信仰の伝統の影響を検討し、宗教に関連した死別の影響を確認することができる（Ch 16）。

死別におけるリスク要因および保護要因の研究は、影響の測定範囲を拡大して、健康と幸福の指標だけでなく生理学的測定を含むことでさらに強化できる（Stroebe et al., 2006を参照）。たとえば、ルーケン（第8章）は、人間における早い親喪失による生理的影響を直接評価した研究の不足と、主効果モデルにとどまらず、鍵となる媒介ないし調整要因を考慮する必要性を指摘した。それが可能になれば、緩和できる要因と緩和できない要因を特定しまた区別することができ（Ch 25）、たとえば、介入に対するニーズの差や、介入から利益を受けることのできる程度の差を見定めやすくなるだろう。

喪失の型

研究者は、異なった喪失の型が死別経験に対して持つ意味を考えてきており、本書の執筆者たちも、そうした違いの例をいくつか取り上げている。たとえば、子どもの経験する親の喪失と親の経験する子どもの喪失にかな

248

りの関心を向けてきた。前者については、本書で、親の喪失の短期的および長期的に影響する要因が同定され（第8章）、子どもへの有効性が期待される介入の開発についても取り上げた（Ch25）。さらに広く実施に移すことで介入の効果が確立され、深刻な短期的および長期的影響を予防することが可能になることを望みたい。

親を失う体験に関してはまだ疑問が残っている。民族的にもっと多様なサンプルを得る必要性があり、民族に特有なニーズも扱うべきであると報告している。彼女は、若年層のネイティブ・アメリカン、アフリカ系アメリカ人、ラテン系アメリカ人は、白人に比べて、殺人で死亡する率が高いことを報告している。マーフィーの章によると、そのような形の死の後にたどる軌跡は、自然死に続くものとは異なるようである。それらの異文化的集団の人々に殺人死が多いことがどのような意味を持つか理解する必要がある。そこでは異なった悲嘆の仕方があるだろう（Ch 10）。

各『ハンドブック』において私たちは、これまで文献上でほとんど注目されてこなかった喪失の型にまで守備範囲を広げるよう努力を重ねてきた（稀な病気や殺人による死別など、さらなる拡大が望まれるが）。より包括的なアプローチを採用することで、いくつかの重要な洞察が得られる。たとえば私たちは現在、悲嘆反応が、特定の形の喪失に関連している程度だけでなく、悲嘆する人の性格や死別した人をとりまく状況に関連している程度も、より明確にとらえることができる。これは、死別した高齢者の場合、特に顕著である。高齢者はしばしば死別研究調査の回答者であったにもかかわらず、彼らに特有の死別経験はほとんど注目されてこなかった。本書で報告されている高齢者夫婦人生変動研究の研究者たちは、リスク要因、資源、喪失の型、文脈的要因を区分し、それらが総合して高齢で伴侶を失った人の経験をいかに形成するかを同定し始めている（たとえば、困難な介護は、個人的脆弱性と重なったときに、残された伴侶にいかに害を及ぼすだろう、Ch 13参照）。死別した高齢者に関する印象深いもう一つの例は、ホワイト（Ch 21）が提示する、孫を喪失した後の悲嘆の複雑性についての記述である。祖父母が経験するトラウ

マと怒りは、わが子の苦しみを目の当たりにしながらその苦痛を軽減できない無力感と関係しており、それが孫の喪失による自身の悲嘆を増加させる。

この研究分野は、政策、援助、介入の必要性に光を当てることに貢献した。しかし、研究者も実践家も、高齢者層に関係する、社会文化、歴史、健康、人口構成などにおける変化にいつも敏感であることが重要である。カー（第9章）が強調するように、高齢の死別者の将来世代は、非常に違った仕方で死別を体験するかもしれない。たとえば、家族サイズの縮小（社会的援助を頼るべき子ども数の減少）や、健康に関する体験と経済的安定性の向上による変化である。祖父母の悲嘆について言えば、低い出生率によって、唯一の孫を失って次世代すべてを失うということが起こりやすくなり、破壊的な影響を与える可能性がある。

死別の影響に関係する認知処理

喪失への良い適応と悪い適応に影響する認知処理を理解することは、困難な課題の一つである。ここで論じる三つの主題は、認知処理に関する最近の心理学的研究の中心的話題である。

悲嘆作業と継続的絆。アーチャー（第3章）やフィールド（第5章）は、悲嘆作業の概念を洗練させるための確かな議論を展開し、悲嘆作業は元来、喪失に関する記憶と思考に向き合い続けることで故人への愛着を手放す積極的過程を意味するものと理解されていた（Freud, 1917/1957; 本書第3章、第5章参照）と言う。従来の定義における手放すという概念をめぐり、悲嘆作業に関する理解がたどった進歩は、悲嘆の反芻処理（ワークスルー）に関する理解を、継続的絆の性質およびその愛着型との関係に結び付けたことである（第4章）。研究は、継続的絆を維持することが適応的だという先行研究の結論（たとえば、Klass et al. 1996）を必ずしも常に支持していない。たとえば、ミクリンサーとシェイヴァー（第4章）は、継続的絆という以前の議論は、認知再構成の重要性に十分配慮していないことを批判し（悲嘆作業研究についても同様のことが

言える）、愛着型の観点から行った分析に認知再構成の視点を統合している。本書の執筆者たちが議論するように、継続的絆という概念は、その多次元性と適応との関係の複雑性を含め、より きめ細やかな分析が必要である（第2章、第5章）。絆の性質については、過去には顧みられなかった、死別後だけでなく生前の性質も含め、文化的、歴史的視野の中で吟味されなければならない（Ch 10、Ch 12）。Ch 10でローゼンブラットが述べるように、文化の中には死者との接触を維持することを歓迎するものもあれば、それを恐れるものもある。「生者と死者が触れ合っているのか、あるいはどのように接触し合っているのか、そしてそもそも接触が何を意味しているのか、一般的に健康か問題をはらむのかとか、多様性がある」（p.211）。こうした問題に注目することで、通常の悲嘆過程で絆はどちらの位置に立つのかといった議論を単に続けるより、理解が進む可能性が高い。

意味形成。以前の『ハンドブック』も含め、本書に記載された研究の流れの多くは、意味形成研究という一般名の下にまとめることができる。そこには、属性、認知行動モデル、認知的ストレス理論、宗教的意味形成、想定世界観、心理社会的変遷、成長などの研究が含まれる（第6章、Ch 16、Ch 21）。加えて、意味形成研究は文化的主題に迫るものである。たとえば、私たちは今、死の意味が文化によってどれほど大きく違うかについての実証データ（Ch 10）と、死の理解の共有に向けた発見と交渉の過程を特徴づける家族内対人関係プロセスの記述（Ch 24）を手にしている。

ニーマイヤー（2001）の意味再構成の視点は、近年の意味形成研究の多くの背後で影響力を持ち続けてきた。彼は、意味再構成を、喪失への対処の中核課題と見なす。この概念は、多くの形の喪失の中心を占めると考えられる。たとえば、ヘイズリップとホワイト（Ch 21）は、祖父母が孫の死後どのように意味を求めるかを検討している。それは、常に変化し続ける過程であり、精神的苦闘の原因になる探求である。研究者たちは、デイヴィス

（第6章）の取り組みに述べられているように、前述のよりきめ細やかな分析に向けて研究を進めている。同様に、ナドゥー（Ch 24）は、意味形成の定義の問題に取り組み、家族の文脈における彼女の定義にたどりついている。

意味は、家族構成員の心に抱かれ、家族の文脈の中で構成され、現実のさまざまの要素を象徴的に表現する認知的表象と定義される。意味は、対者との相互交流の産物であり、社会、文化、歴史的時間によって影響される。（pp.513-514）

この主題に特に深く関係するのは、実証的研究が、特定の型の意味形成と健康の間に想定されていた関係を確認し始めていることである。マーフィー（第7章）は、子どもの死の5年後に死に意味を見出した親は、見出さなかった親より健康で、結婚満足度が高いと報告することを見出し、（Janoff-Bulman & Fratz, 1997を支持して）それが残されたものが取り組む二つの意味関連課題に関係することを示唆した。① 意味の欠如した世界に対する恐怖を最小化し、② 自らの人生の価値を最大化する、という課題である。

いま述べた意味形成の特定化の必要性に加え、意味形成の型と死別への適応の間の因果関係を確認する必要がある。適応過程における意味形成の因果関係について多くの仮定が立てられながら、適切な実証的検証が行われていないのは驚くべきことである。長期研究計画を要する主題である。

複雑性悲嘆における認知処理。複雑性（遷延性）悲嘆の概念が、次の『精神疾患の診断と統計マニュアル』（たとえば、第4版：DSM–IV; American Psychiatric Association, 1994）で提案されているため（本章の後節「複雑性悲嘆とDSM」を参照）、複雑性悲嘆に関係する認知処理の研究がいまだ限られていることは懸念材料である。今までに触れた章において、以前の『ハンドブック』のいくつかの章（たとえば、Fleming & Robinson, 2001; Folkman, 2001; Nolen-Hoeksema, 2001）と同じく、有益な提言がなされていることが励みであるが、

252

しかし、新しい研究の方向性が必要である。ボーレンとその同僚たちによる最近の調査が、このギャップを埋めるために進むべき方向を描いている (Boelen, et al. 2007, 2006)。認知行動アプローチを採用しながら、ボーレンたちは、複雑性悲嘆に関するメカニズムを検討した。たとえば、ボーレンら (2006) は、死別後の情緒的困難において否定的認知と回避方策が演じる役割に関する仮説を検証した。(自己や人生などに関する) 否定的認知と (死者を思い出させるものなどの) 回避は、現在および将来の症状に関係していた。彼らは、そうした認知処理をさらに精査する必要があると述べた (たとえば、認知変数と症状の間の概念的重なりを考えるため)。

ボーレンら (2007) は、認知行動療法と支持的カウンセリングを含む非特定的な治療の効果比較も行った。これは、複雑性悲嘆の異なったタイプの治療の比較を行った数少ない研究の一つである (Shear et al. 2005 も参照)。認知行動療法では、複雑性悲嘆と一般の心理症状に対して、支持的カウンセリングより大きな効果が見られた。認知行動療法は、曝露と認知再構成を治療に含む点で異なっており、治療プログラムにおける認知要素が複雑性悲嘆に影響することを示すはじめてのデータとなっている。今後の研究では、ボーレンらもシアーら (Shear et al. 2005) も行っていない、曝露や認知再構成の治療条件と治療を行わない統制条件の比較、ないし効果が安定し十分確認された標準的介入との比較が必要である。

研究設計および方法

先の『ハンドブック』(Stroebe et al., 2001a) の最終章で、研究設計と方法論的な問題について述べた論点の多くは現在も有効で、ここで細部を繰り返す必要はない。この点で全般的に前進が見られるが、限界も残っている。たとえば、宗教的対処という領域で、ヘイズとヘンドリクス (Ch 16) は、共通する方法論的不足 (統制群の欠如、主効果のみへの焦点づけ) を記しているが、大きなサンプルや長期的設計を用いたり、健康への影響の予測因子

253 | 第 11 章　死別研究──21 世紀の展望

として宗教的変数を用いたりして、方法論的にさらに洗練されている研究をいくつか挙げることができる。

高齢者夫婦人生変動研究は多くの観点からこの領域の将来の研究のモデルを提供している。その厳密な研究設計と方法論的特徴のためだけでなく、得られたデータが研究者に公開され、自分の問題設定によってアプローチできるからでもある（第9章、Ch 13、Ch 14）。伴侶を失った人に対する、統制群を持つ、前向きの多段階研究は、死に向かう過程を通しての高齢者夫婦の経験を前向きにたどることを可能にした。残された人、亡くなった伴侶、夫婦関係、死の事情の性質について詳細な情報が、伴侶を失った後の何段階かの時点にわたって得られている。残された人のアセスメント結果が、結婚生活の中ですでに抑うつ率の増加につながっていて、死別後の抑うつは、死別によって引き起こされたものではなく、死別前からの継続であることを示した。たとえば、ボナンノら（Ch 14）は、過剰な依存などの何らかの問題が夫婦の喪失に先立って存在し、死別以前の情報が理解のために大きな貢献をした（第9章参照）。

研究設計から方法に目を転じよう。高齢者夫婦の人生変動研究の多くのデータは、妥当性が十分確認された記入式質問紙によっている。質問紙という測定法は、死別研究で幅広く使用されているが、ニーマイヤーら（Ch 7）はその妥当な使用法を列挙しながらも、同時に、質的方法も含む、質問紙に代わる方法の創造的適用を求めている。彼らは、多くの量的悲嘆尺度の妥当性および信頼性が向上していることを記しながら、多様な文化とコミュニティーに、他の心理測定法を厳密に広範に使用することを要請している。留意すべきこととして、心理的苦痛の一般的測定（たとえば、抑うつ症状、不安症状、トラウマ後症状）を用いるべき場合があることも強調している。それらは、悲嘆に特化した測定とは異なった反応パターンを示す可能性があるからである。

ニーマイヤーらが求めるような新しい研究技法や方策は、機能的MRI研究（Ch 17）やインターネット研究（Ch 26）に見られるとおり、近年勢いを増している。しかし、それらの発展を報告するいずれの章でも、注意が促されている。機能的MRIのデータ解釈には、その研究の多くがまだ先駆的なものであることから、懸念が表

254

明されている。インターネットの領域では、その効用を評価するにはあまりにも研究が少ないため、懸念は、インターネット内のフォーマットに参加することで恩恵を受けることができるという主張の妥当性に集中している。

ミクリンサーとシェイヴァーが述べるとおり（第4章）、もう一つの非常に期待される発展は、実験室研究の利用である。たとえば、死別した人が幼い時代の喪失体験を想起するよう求められるときの想起遅延、認知的接近可能性の測定法として用いることができ、あるいは死別に関係する誘導された否定的気分と認知処理のつながりを明らかにすることができる。他領域（たとえば、社会的認知の領域）で開発された技法を、死別研究領域でも有効に活用できる。ミクリンサーとシェイヴァーが記すように、ボウルビィ（たとえば、1980）の、愛着を基礎づけるメカニズムに関する仮説は、当時は検証不可能に見えたが、今なら実験室研究で検証可能である。

死別研究におけるサンプル抽出の問題が残っている。喪失の型を議論する際にすでにサンプルに関する限界にも触れたが、研究設計と結果の一般化に関わってくるため、このタイプの限界がある。二つの領域から例を引いて考えてみよう。第1に、ルーケン（第8章）は、早期の親喪失が及ぼす長期的影響の研究は、主として臨床的に診断された患者について行われてきており、また回顧的手法を取っていると記している。彼女はまた、非典型的なサンプルから一般化することに警告を発している。人類以外の種や、孤児院における重度の剥奪を受けた子どもの研究に基づいて、正常な死別経験についての推測が行われることがあまりにも多いと彼女は言う。第2に、これからの時代の最も大きな課題は、西洋で開発された方法と技法を他の文化における死別を研究するために用いる方法が、他の文化でも適切であると想定することはできない。ローゼンブラット（Ch10）が警告するように、「心理学が盛んな文化における死別を適切に応用することにある。ローゼンブラット（Ch10）が警告するように、「心理学が盛んな文化における死別を適切に応用することにある」(p.218)。彼が用いる例はあからさまだが、明快である。直接の質問やフォローアップのための質問は、ある文化においては失礼と見なされることがある。また、死別について語る人を募集することが難しいかもしれない。死別について語る

ことはタブーかもしれない。ローゼンブラットの結論は、この分野での最終的到達点について楽観を許さないものである。悲嘆研究は「すべての人についてすべてのことを測定できないような科学、測定は常に大いなる懐疑の対象であり、矛盾や相違に大きな価値が置かれるような科学へと向かっていかねばならない」(Ch10, p.219)。

現在の社会的、実践的関心

本書の各章の担当者たちは、章を始めるにあたって、しばしば自らの個人的あるいは臨床的な経験に基づいて、喪失への反応や喪失の脅威をよく表す例を示している。執筆者たちの多くが研究者であるとともに実践家であり、だからこそ悲嘆やそれにまつわる現象の語りにどっぷりと浸かっていることを考えると不思議なことではない。それらの例から分かるのは、死別の領域では科学的アプローチと日常生活における経験を結び付けやすく見えながら、科学的方法で得られる豊かな知識と、それを実践に移すことの間に深い溝が横たわっていることである。別の言い方をすれば、実践は、研究を豊かにするために現在よりずっと貢献できるはずである。このギャップについて、最近ボーク (Balk, 2007) は、「多くの場合、実践家も研究者も得られている知恵を真剣に受け取っていない」(p.1) と発言した。他方で、先の節で述べたように、研究者たちはこのギャップを埋めようとし始めている。たとえば、ニーマイヤーら (Ch 7) が示すように、よく標準化された測定法が開発され、さらに改善され続けていて、臨床家がそれを用いて自らの診断的判断を数量化することができるようになった。次節では、特に社会的問題との関係が深い主題をいくつか選んで論じる。

256

現代社会における悲嘆の性質の変化

本書では、社会的変化に関わる新しい現象を紹介し、一般に正常な悲嘆（ないし喪）の範囲で理解されているものが、現代社会では変化しており、新しい形の悲嘆が現れる可能性があるため、研究者は悲嘆が含む反応のスペクトラムを折に触れて観察し直し、考察し直さねばならないと述べた。

その例を見出すことは難しくない。権利剥奪に関わる悲嘆のタイプは近年変化した（Ch 11）。たとえばドカはCh 11で、ほとんどの西洋社会における若者たちは、非婚同棲カップルにおけるパートナー喪失（異性愛であれ同性愛であれ）が社会的に認識される必要があることを受け入れつつあると述べている。ごく若い人や知的障害者で、あるいはAIDSや自殺によって愛する人を失った人の死別における悲嘆は、以前よりずっとよく認識されている。他方で、ある種の関係は今でも死別に関して権利を剥奪されているだろう。たとえば、前のパートナー（たとえば離婚した人）の悲嘆は認識されていないと思われる。権利剥奪の概念は、多くのタイプの喪失を理解する方向に研究者の背中を押した。たとえば、ヘイズリップとホワイト（Ch 21）の言葉のように、孫を失ったときの祖父母の経験を理解する上でも権利剥奪は重要な枠組みである。

私たちは、「ポストモダンな人と人のつながり」の影響にも直面しており（Ch 12。Ch 26も参照）、ニュースメディアだけで互いを「知っている」人々が、たとえば、有名人の死への反応を共有することでつながる。ウォルター（Ch 12）は、新しい形の公共的服喪の現象も記述している。ウォルターが問いかけるように、これは「身軽な、負担の少ないつながりのイメージであり、家族、教会、近隣などの顔と顔を突き合わせたつながりにますます取って代わりつつあり、それを生み出すテレビ映像と同じく刹那的な、疑似共同社会における、……〈娯楽的悲嘆〉」

(pp.241-242) の現象なのだろうか。さらに本質的に、彼は、私的悲嘆が社会的服喪より優先されるべきとする——一堂に会することによる服喪に肯定的機能を見たデュルケーム (Durkheim, 1915) の見方に反する——現在の見方は正しいのかと問うている。これらは明らかに、複雑な機能と意味を持った新しい現象であり、その理論的、社会的、さらには臨床的な意義は、いっそうの検討を要する。

社会的水準の災害

災害は、生命に巨大な脅威を及ぼし、それを奪い、全人口における死別経験の影響と複雑性を増大させる可能性がある。そのような出来事は、研究者の想定を覆す可能性もある (第10章)。しかし、パークスが第十章に記すように、研究対象は一般に先進国で得られているにもかかわらず、災害は発展途上国で発生することが多い。援助の効果についての系統的研究はわずかしかないが、災害に対処するための資源、適切と見なされる介入方法などに関して進歩が見られる。介入は、出来事の持続期間、ダメージのタイプ、被害を受けた住民の文化と期待などとともに、災害の規模と範囲を考慮する必要がある。支援を提供する上での問題は、ケアを行う専門家の経験が、多様な災害のうち一部に限られることである。パークス (第10章) は、死別、トラウマ、ストレスへの対処を、あらゆる援助専門家およびボランティアの基本的訓練に含む必要があると強調している。

たとえば、「心理学的応急処置」をトラウマの初期段階で提供するなどである。

パークス (第10章) はまた、介入を進める上で、その一部は軍事的局面での経験が影響しているのだが、(PTSDを説明することに伴って) ストレスとトラウマへの対応を強調しすぎることへの懸念も表明している。死別支援の統合的役割と幅広い訓練の必要性を彼は強調する。

そこでは、(精神疾患の)治療ではなく予防に焦点を置くのが有効である。(220-221頁)

死別のコスト

21世紀初頭において、健康保健の文脈における死別にかかるコストに関する十分な研究が実質上存在しないことには驚かされる。支援のシステム、提供者、受益者が、そのコストからどのような影響を受けるかを理解するために研究がさらに必要である (Center for the Advancement of Health, 2004; Genevro & Miller, 2006)。ジェネヴロとミラー (Genevro & Miller, 2006) は、この領域における「一貫した実証データのまとまりというよりは、個々の研究の切り貼り状態」(p.1) に触れ、今の手持ちの研究から引き出せるはずの結論に限界をもたらしている深刻な方法論的欠乏を嘆いている。しかし、現在の多くの社会における死別援助対策が、死別した個人とその地域社会に相当程度のコスト負担をもたらしていることは明らかと思われる。合衆国では、多くの人は施設で亡くなる。「家族の世話による自宅での死は、科学技術、専門家、施設による死の扱いに取って代わられた」(Lunney

---

1 死別のコストに関して限られた研究しかないことを記した未出版文書の使用を許可してくださった、ヤニス・ジェネヴロとテレサ・ミラーに感謝します。

259 | 第11章 死別研究── 21世紀の展望

et al. 2003, p.3)。人生最後のケア・モデルの開発の中で、死別ケアが含まれるようになっており、ケア、教育、訓練の対策に影響する施策にもそれが反映される。複雑性悲嘆への専門的介入も含む、死別への援助と予防的対策による経済的影響を注意深く見積もり、政策を評価しなければならない。たとえば、脆弱性を持つ死別者に提供できる介入プログラムを持つことは、治療が必要になる前に病理を予防することで、最終的にはコストを下げるだろう。研究者は、死別ケアが、望ましい身体的、精神的健康の結果を導くのに有効か、有効であることを示す必要がある。死別ケアにどれだけのコストがかかるかを知るだけでは不十分で、それが有効か、どのような条件下で有効か知ることが欠かせない（Genevro & Miller, 2006）。政府は、死別者に最適なケアを提供するよう努めねばならないが、もし研究者がコストが少なく効果の明らかな予防的ケア方策を提供できれば、必要のある死別者へのケアの向上を、低コストで実現することができる。

私的看護者——普通は家族——のコストは、シュルツらが述べている（Ch13）。

20世紀に行われた何百もの研究が、ケアを提供することが、精神的および身体的有病率を高めることを明らかにし、ケアが健康に否定的な影響を持つことを示した……ケアすることの負担は、ケアを受ける人が死に近づくにつれいっそう高まる。(pp.280-281)

発展途上国でも産業国でも起こった、死因のほとんどが慢性疾患になっているという変化は、公の看護者にも私的な（つまり家族の）看護者にも意味を持っている。公のシステムの限界から、ますます家族メンバーへの要請が強くなっている（Ch13）。負担の程度は相当なものである。シュルツたちは、Ch13で、合衆国の4400万人以上の人が定期的に看護に携わっており、発展途上国ではその率がさらに高い可能性がある（たとえば、アフリカ大陸でのAIDSのような、ある種の慢性病の蔓延のため）。

死別が個人と家族に与える恐れのある健康上の影響に関わるコストに加え、ヘルスケア専門家側に繰り返される喪失と死別が与える個人的ないし組織上のコストも心配される。ただしここでも、どんな情緒的、経済的コストがケア提供者とシステムにかかっているのかはいまだ不明である（終末期ケアのコストから死別コストを抽出することは不可能なことが多い）。ジェネヴロとミラー（2006）によれば、限られた研究ではあるが、ヘルスケア専門家は、自分には死別ケアを提供する準備がないと感じ、死にゆく患者とその家族のケアに関して悲嘆とストレスを経験していることが示されている。ヘルスケア提供者を教育し支える最も効果的な方法を明らかにするためにも研究が必要である。

文化と悲嘆

文化と悲嘆に関係する主題は本書の中にさまざまの文脈で登場している。そして、それらからおそらくすでに明らかなように、21世紀の最も大きな課題の一つは、世界の諸文化における悲嘆の性質をよりよく理解することにある。そのためには、自文化中心主義から自由になることが求められる。ローゼンブラット（Ch 10）が述べるように、「文化に関わらない悲嘆に関する知識は存在せず、文化は悲嘆を、ときにきわめて深く、創造し、影響し、形作り、制限し、定義する」（pp.207-208）。このことを彼は、悲嘆がどのように表現されるか、誰がどのように最も悲嘆するか、悲嘆が想起によるか忘却によるかなどを見ていくことで、十分示している。彼があざやかに描き出す、故人から距離をとり忘れようとするエクアドルのアチュア族の人々の努力は、亡くなった人との関係を維持する西洋の現在の傾向（Klass et al. 1996 を参照）と強い対照をなしている。私たちの文化で他の文化が悲嘆に及ぼす影響の仕方はさまざまである。たとえば、ある文化で病理的と見なされることが、他の文

261 │ 第 11 章　死別研究——21 世紀の展望

化では全く適切で正常かもしれない。ローゼンブラット（Ch 10）は、その重要な例を提供し、「ある文化から悲嘆病理の概念を取り出し、悲嘆が概念的に異なる文化の人にそれを当てはめることは危険である」(p.213) と警告する。文化的差異の意味するところは、愛する人の死による混乱への介入にも関わってくる。

二つ目の驚くべき文化的差異は、症候論に関わるものである。西洋における他の文化集団と比べ、アジア文化やアジアから西洋に移民した人たちの悲嘆においては、身体化が本当に多いのだろうか。初期の研究はこれを肯定していたようである。ローゼンブラット (1993) は、中国をはじめとする多くの社会では、身体化は、生活上の困難の最も代表的な表現方法であると報告した。しかし、同様の地域における近年の抑うつ研究では、身体化が悲嘆の経験あるいは表現方法とほとんど異ならないが、現れる症状として解釈がやや異なっている。ある長期研究では、抑うつの経験は文化によってほとんど異ならないが、現れる症状としての身体化には明らかな差異があった (Simon et al. 1999)。抑うつ症状を持つ人は、知り合いではない医者に助けを求めるときに身体的な症状を訴えやすかったことが注目される（非西洋国ではこれがより一般的であった）。症状の表現は、自分の問題を知ってもらい助けを求めるための適切な方法をめぐる信念に影響されるのではないかとこの著者たちは述べている。悲嘆は、自然に経験されて身体という媒体を通して反応が生じるのだろうか。それとも、身体化は悲嘆の状態を他者に伝えることを可能にする道具なのだろうか。このような重要な区別を可能にする実証的研究が今後必要である。

したがって、今後数十年にわたり、異なった文化に拡大して死別を研究する大きな可能性がある。たとえば親の死の経験に文化がどのように関わるのかといったことについて、長期的影響を予測できる形で理解することが重要である（たとえば、AIDSで両親を失い子どもしか家族が残っていない文化ではどうなのか）。さらに一般的に、西洋社会と非西洋社会で、死別研究が死別現象に関わる仕方に大きな差があることも明らかになった。

複雑性悲嘆とDSM

複雑性悲嘆をDSM体系に組み込むかという議論が行われているが、進行中のその内容から、複雑性悲嘆が今日の社会問題の重要な主題であることが分かる。ただそれを述べる前に、用語の問題に触れておく必要がある。第1章に記したように、現在の研究者と臨床家のほとんどは、複雑性悲嘆を、（激しさ、持続性、症状の重さのために）病理的と見なされるような形の悲嘆を指すために用いている。しかし、近年、プライジャーソンたちの研究チーム（Ch 8）は、死別に特有の症候群を指して遷延性悲嘆障害という言葉を用いることにした。この名称の方が明快で、その障害の性質をよくとらえているという理由からである（議論の余地のある論点である）。遷延性悲嘆という言葉を、持続期間だけを悲嘆の病理的性質の指標とするものと受け取ってはならないことが強調されている。ただし、持続期間は、悲嘆課程のさまざまな形の複雑化を含みうるために重要な性質である（つまり、たとえば悲嘆の欠如のように、慢性悲嘆と今まで呼ばれてきたもの以外も含みうる。本節の後の議論を参照）。遷延性悲嘆という用語が、複雑性、トラウマ性、病理的といった以前の名称より正確であるということに賛成かどうか、問題性悲嘆のような他の名称の方が悲嘆病理の幅をよく覆うことができるかどうかはともかく、これは現時点で次のDSM体系に（遷延性悲嘆障害として）提案されている名称である。

プライジャーソン（Ch 8）やルビン（Ch 9）のような研究者は、複雑性悲嘆は、抑うつのような他の診断カテゴリーとわずかしか重ならない、区別可能な臨床的実体であると主張する。しかし、ヴァイス（第2章）が問いかけるように、通常の悲嘆との違いは、程度の違いなのか、種類の違いなのか、どちらなのだろうか。ヴァイス

2　身体化は、身体的愁訴を言葉として個人的、対人関係的苦痛を表現することを指す（Rosenblatt, 1993を参照）。

は、通常の悲嘆と病理的悲嘆が重なることを記し、複雑性悲嘆とは、連続体の一方の端を特徴づける名称ではないかと述べている。もう一つの考えるべき点は、複雑性悲嘆、遷延性悲嘆という名称が、トラウマの結果と喪失の結果を一つにまとめてしまう可能性があることである。複雑性悲嘆や遷延性悲嘆を認識することがいかに望ましいとしても、ヴァイスが結論するように、それぞれを独立した症候群として概念化することについては議論の余地がある。したがって、理論的、概念的水準での研究が、複雑性悲嘆の意味するところを明確化するために必要である。複雑性悲嘆という診断カテゴリーは理論的な性質の分類ではないが、愛着理論がすでにある程度の範例を提供しており、そのカテゴリーに対応している。

複雑性悲嘆に関して最も重要な社会的問題は、病理的状態としての、その位置づけである。その議論の中核にある疑問は、すでにパークス (Parkes, 2005−2006) によって科学雑誌『オメガ——死と死にゆくことの雑誌』の特集号で次のように投げかけられていた。精神障害と見なすことが正当な悲嘆のタイプというものが存在するのか。もしそうなら、それは他の障害と並んでどのように位置づけられるのか、研究から最も支持されるのはどのような診断基準か。

この疑問は、本書でも扱われている。プライジャーソンら (Ch 8) は、はじめの問いに肯定的に答えた上で、何年にもわたる系統的研究に基づいて分類と基準の提案をしている。最も懐疑的な立場はルビンら (Ch 9) のものであり、その一部は彼らの臨床実践に由来している。複雑性悲嘆のためのDSM基準にもっと関係論的な側面を取り入れて、機能の障害にのみ焦点を当てず、対人関係の性質を考慮すべきであると主張する。アセスメントの困難な側面である。また、複雑性悲嘆の概念構築に、反応のもっと幅広いスペクトラムを表現すべきとも言う。複雑化した事例が排除されることを彼らは懸念し、診断基準は死別における多くの形の困難と十分関係づけられる必要があると言う。さらに、必要とする人への支援を向上させる必要を認める一方で、死別への反応を「医療化」することの問題性も指摘し、公に診断されることで、もともと備えられている援助と自

264

然な喪失の癒しから注意が逸らされかねないと言う。こうした問題を検証した研究はほとんどないが、DSMの複雑性悲嘆基準を議論する際に考慮しなければならず、これらを受け入れるか退けるかを、実証的な方法で判断する努力がさらに必要である。

複雑性悲嘆の性質とそのDSMにおける位置づけを考える上で、下位タイプ（定義については第1章を参照）の問題を扱うことも重要である。プライジャーソンとジェイコブス（Prigerson & Jacobs, 2001）は、彼らがDSMに提案する複雑性悲嘆概念は、慢性悲嘆の基準に近いと記した。そこでは他の下位タイプ（欠如型悲嘆、遅発性悲嘆、制止型悲嘆を含む）は除外された。しかし、プライジャーソンら（Ch8）の今の考え方は、遅発性、制止型悲嘆もそう名指してではないが含んでいる。彼らが現在DSMに提案している遷延性悲嘆障害の診断基準は、「特定の症状化した苦痛が、少なくとも6カ月間続くこと。ただし、その6カ月が喪失との関係でいつ始まるかは問わない」（Ch8, pp.171–172）と規定している。したがって、遅発性の下位タイプは、その症状が6カ月間続く限りその中に含まれている。

しかし、欠如型悲嘆、遅発性悲嘆、制止型悲嘆の内容の妥当性についてはまだ問題が残っている。こうした下位タイプは、慢性悲嘆に比べれば頻度が少ないことを認めながらも、専門家の一部は、問題のある悲嘆の欠如や遅発があるという立場を取る（Ch9）。ミクリンサーとシェイヴァー（第4章）の実験研究もこの問題に関係し、高ストレス条件の下での防衛的悲嘆欠如が望まない再活性化につながるのを示していて、回避はある意味で向かい火[3]であることを意味している。彼らが示したのは、ボウルビィ（たとえば、1980）の理論の中核にあった力動的現象であり、欠如型悲嘆、制止型悲嘆の概念は、愛着理論の基本的構成要素である（第4章、Shaver &

3　訳者——向かい火（backfire）とは、延焼を防止するために風の下手に火を放つことを意味する。ここでは、回避が、悲嘆に伴うはずの情動を抑えるために、逆向きに情動を抑え込むことを指している。

265　第11章　死別研究——21世紀の展望

Tancredy, 2001 を参照)。しかし、ボナンノら (Ch14) は、欠如型悲嘆が病理的反応であるという主張に反論し、表立った悲嘆反応が欠如していることは、復元力(レジリエンス)の存在を示しているかもしれないと言う。欠如型ないし制止型悲嘆を下位タイプとして主張する研究者も、比較的軽度ないし短期的な悲嘆反応を人々が示すときに異常とか病理的とか見なすべきではないというボナンノらの意見に賛成するだろう。しかし、「悲嘆の欠如は臨床的介入の理由として適当ではない」(Ch14, p.303) という主張は明らかに議論に値する。苦痛の欠如を病理として理解するときには注意が必要だが、見たところ復元力を示している少数の人々に病理がないと仮定するときにも同じく注意が必要である。ミクリンサーとシェイヴァーの実験的アプローチは、防衛的過程、回避的過程と、複雑化した形の悲嘆におけるそれらの役割を今後さらに詳細に検討する道を示してくれている。

心理学的介入の効果

近年、死別関連の苦痛に対する心理学的介入プログラムの効果評価研究に展開が見られた (Ch23、Ch25; Schut & Stroebe, 2005 を参照)。これもまた、研究者が取り組まねばならない重要な課題の一つだが、より応用的な課題である。研究は、先の『ハンドブック』の結論 (Schut et al. 2001) を概ね支持してきた。介入プログラムが最も効果が小さかったのは、介入が必要であるという指標を考慮せず、死別した人々一般に対して提供されたときだった。スクリーニングやアセスメントによって脆弱であると見なされた人には効果が大きく、複雑性悲嘆、悲嘆関連抑うつ、トラウマ後障害などに最も効果的だった。

本書で介入プログラムを報告している章も、そうした先の研究の結果と一致する結論を導き出している。私たちの理解を一歩先に進めてくれるのもある。たとえば、サンドラーら (Ch25) のプログラムは、見出されたリスク要因と保護的要因を変化子ども (Ch23、Ch25) と高リスクの死別家族 (Ch25) への介入を推奨している。

266

させることで子どもに有望な効果があることを示しており、6年後のフォローアップでもプログラムの影響に有望な結果が示された。また、キサーンとリヒテンタール（Ch 23）の家族中心ケア・モデルが、死に先立つ患者と看護者の支援を可能にすることも見た。ケアを持続させる予防的で家族中心にできることも示される。さらに、シュルツら（Ch 13）の研究によって、介入の効果研究を拡張して看護者も対象にできることも示された。死別前の苦痛を治療する必要も示している。その苦痛はきわめて高いのが通常で、いずれ訪れる死に向けた看護者の責任感を準備するものである。

以上のような効果の妥当性に関しては、近年の科学文献には説得力ある合意が存在するものの、死別への介入が害を及ぼす可能性について意見の不一致がいくらか見られる。ニーマイヤー（2000）は、死別介入は、少なくとも人々が悲嘆過程の中で複雑化を経験していない限り、悪影響を及ぼしかねないと主張した。頻繁に引用された主張だが、実証的妥当性に関しては疑問がある。最近のラーソンとホイト（Larson & Hoyt, 2007）によるレビューはこの主張に挑戦している。私たち自身が行ったレビューでも、害を及ぼすパターンを見出していない（Schut et al. 2001; Schut & Stroebe, 2005）。

本節の最初に記したパターン。Schut et al. 2001; Schut & Stroebe, 2005）。ラーソンとホイト（2007）は、死別した人への介入の作用に対して、全般に私たちより肯定的である（つまり、長期的効果のフォローアップ研究を含まないオールアンボーとホイト（Allumbaugh & Hoyt, 1999）のレビューに彼らが基づいていることによるのではないか。長期的効果を含まないと、肯定的印象を与えるものである（長期的効果は再発の影響をかなり受けるので、一般的に短期的効果の方が強い）。効果フォローアップの結果を検討しなければならないが、結論の妥当性を確かなものとするためには、ここでも実証的研究の助けがさらに必要である。

すでにある程度の進展は見られるものの、死別者への心理学的介入プログラムの効果をさらに研究することが最重要課題である。死別した家族への家族介入研究に関するキサーンとリヒテンタールによるレビュー（Ch 23）は、

267　第11章　死別研究──21世紀の展望

その種の介入を支持する強い証拠を得られなかった（彼ら自身の研究は効果実証に貢献するものだが）。研究は、確固とした計画と方法論的基準に従うべきである。活字化する基準も設ける必要がある。活字化されたものがパイロット調査であったり、中間報告であったりすることがあまりにも多い（長期計画のうちの初期測定のみの報告、統制群の欠如など）。援助の必要のある死別者を統制群条件に割り当てることはできないと主張するだけでは不十分である（提供するプログラムの効果を科学的方法で検証しないのは非倫理的である）。そのような困難を克服する方法はいくつもある。たとえば、サンドラーら（Ch 25）は、死別した子どもの複数の保護的要因を対象としてランダム化実験計画を用いることができることを示している。非介入統制群の存在が欠かせない。非介入統制群なしに2種の心理療法を比較したとしても、非介入がいずれの介入よりもさらに良い結果をもたらす可能性を否定できない（たとえば、介入の効果は、治療ではなく時間によるものかもしれない）。

最後に、死別後の悲嘆症状の改善ないし悪化の検証だけでなく、介入効果研究の範囲を広げる必要がある。研究は、（ケイゼル（de Keijser, 1997）によるオランダの研究で見出されたように）公式的援助が提供されたときに非公式の援助者が手を引くといった、介入によって間接的に支払わないといけない対価の調査も含めた方がよい。また、改善（あるいはその欠如）に伴う過程を含めた方がよい。たとえば、「伴侶と死別した人の注意を自らおよび他者の悲嘆に焦点づけ、その焦点づけが、悲嘆からの早い［測定可能な］回復を妨げてしまうかもしれない」（Tudiver et al. 1992, p.160）。最終的には（ただし質の高い研究が十分得られてから）、広範にわたるさまざまの集団に対して異なった影響を与える介入効果を特定するために、メタ分析が行われるべきである。

投薬介入の効果

残念ながら、死別者に対する投薬ないし医療介入の効果に関するまとまった研究はない（詳しくは、

Alexopoulos, 2005; Raphael et al., 2001 を参照)。おそらく、死別者に対する投薬治療は良くないとかつて考えられていたからであろう(またこれには今も議論の余地がある)。しかし、あらゆる向精神薬投薬介入に対する初期の懐疑的態度は道を譲り、死別に関係する心理症状に投薬は有効か、またそうであればどのようなタイプの投薬が有効かを検証する努力が始まっている。

プライジャーソンら(Ch 8)は、死別に関わる抑うつに対する薬物治療を弁別するために今までの研究から何が言えるかを検討し、悲嘆症状は抑うつ症状と区別され、投薬治療介入を計画する際にはその差異を考慮しなければならないと述べた。投薬治療の効果についてはさらに研究が必要である。プライジャーソンたちは、悲嘆症状を軽減するための投薬治療に関するランダム化治験は、将来有望な試みが一部にあるものの、まだ行われていないことを指摘している。慢性悲嘆症状の軽減に対する投薬の有効性について何らかの決定的な結論を導くには、偽薬統制群を用いたランダム化治験が必要であると彼らは主張している。

結論

今までに出版した2冊の『ハンドブック』のうち最初のものは、死別に関するさまざまな基本的問題を読者に提供するものであった。第2版は、基礎が十分にできたのちに迫ることのできる、影響、対処、死別者ケアの範囲にまたがる新しい主題を扱った。第2版の『ハンドブック』の結論に、私たちは、将来の死別研究の視野に必要なのは移動ではなく拡大だと記した。その版に報告された研究のうち継続すべき重要なものと、その版の中で取り上げられた(論争点も含む)主題に関する、数多くのリサーチ・クエスチョンをそこに記した。また触れるこ

とができなかった主題についても記した。そして、社会の変化が死別体験を変化させる可能性があり、それが科学的探究に影響するであろうことも記した。

本書は、前の『ハンドブック』が終わったところから出発した。第1版で建設された基礎の上に構築され、第2版には含むことのできなかった話題のいくつかにも迫った。論争的な問題の現状を反映し、社会の変化に焦点を当てて検証した。加えて、新しい科学的手法を検討したが、そのいくつかは以前の『ハンドブック』の時点では想像することさえできなかったものである。概念と理論の精錬についても記述した。

何より本書では、死別研究と実践を結び付ける試みを行った。以前はこの点を追求する紙面のゆとりがなく、一部に絞らざるを得なかった。しかし私たちの見るところ、両者のギャップの架橋は——文化などによる下位集団の差異の研究、介入効果研究、複雑性悲嘆の診断に関する考察、さらには今までの章に実践的応用が掲げられた他の多くの主題を通して——この分野において21世紀の科学的探究が目指さねばならない最大の課題である。

マーガレット・S・シュトレーベ（ユトレヒト大学）
ロバート・O・ハンソン（タルサ大学名誉教授）
ヘンク・シュト（ユトレヒト大学）
ウォルフガング・シュトレーベ（ユトレヒト大学）

訳者あとがき

本書は、オランダ、ユトレヒト大学教授、マーガレット・S・シュトレーベ (Margaret S. Stroebe) のグループの編集による、*Handbook of Bereavement Research and Practice: Advances in Theory and Intervention.*（『死別研究実践ハンドブック——理論と介入の発展』2008）の抜粋訳である。原書は、「死別」を主題とした3版として、現在手に入る最も包括的なものである。2001年に第1版が発行されて以来、今回底本とした3版を重ねており、その間、死別研究の見取り図を提供し続け、この分野を牽引してきた存在である。

わが国でも死別研究や死別者支援、悲嘆作業（グリーフ・ワーク）に関わる支援など、この分野の実践や研究はすでに長年積み重ねられてきている。死別の問題は現代社会にとってますます重要な主題となっており、今後もさらに重要となるだろう。死別研究に関心を持つ日本の多くの読者にこの分野の見取り図を提供するには本書の翻訳が最適と考えたのが、翻訳計画の始まりであった。

しかし、原書は600頁、27章にもわたる大書である。その全体を訳出する作業に大変な労力を要するだけでなく、あまりに大部になると読者が手に取りにくくなると思われた。死別研究のある程度の全体像をつかむために通読することができる書物を提供することを目指し、抜粋訳とすることにした。そのため、関連事項を網羅する原書の性質が失われたので、編集部からの助言も得て、『ハンドブック』という原書タイトルを変更し、『死別体験——研究と介入の最前線』とした。

章の選択は、基本的概念や理論に関する章を収録するのは当然として、その他は、「死別体験のさまざま」を扱った章を中心に選択することにした。つまり「子どもの死」「親の死」「後半生における伴侶の死」「災害死」といっ

271

た主題である。それらによって、死別研究の諸分野を見渡せると考えたからである。逆に言うと、割愛せざるを得なかった章は、主として次の二つの分野である。第1は「文化」あるいは「文化差」を扱った章、第2は「実践」を扱った章である。いずれもこの第3版で拡張された部分である。

文化の問題の重要性は、編者執筆の第1章、第11章でも強調されている。欧米を中心に始まった死別研究だが、対象とする地域や、研究者の国が広がりを見せるにつれ、文化差の問題への関心が高まってきたのが近年の傾向である。日本の研究者、実践家にとっても、日本文化における死別体験の特質は大いに関心のあるところである。しかしこの第3版がはじめての翻訳となる日本では、欧米を中心とする現在までの研究状況を概観することを優先して割愛することにした。実践も、現在の日本において大いに関心が持たれているはずの主題である。「ハンドブック」としては是非収録したいところだが、実際に実践に当たっている専門家は、すでにこれらの章で紹介されている情報を得ながら、方法を選択しているはずである。もしそうでなかったとしても、実践技法を学ぶ場合に、本書のそれらの章だけでは具体的な手続きまで習得することはできない。本書は技法を学ぶための実践的ハンドブックを目指したものではないからである。実践手法を求める立場にある方は、他の情報源に当たることをお願いしたい。

全体を概観する「第1章」「第11章」は、割愛した章の内容にも触れている。その内容に関心を抱かれた読者には、当該の章が存在しないことに不満を抱かれる方が当然おられるだろう。実は、これら二つの章の訳出の際、割愛した部分を削除することも考えたが、むしろ編者によるこの二つの文章によって原書の全体像を知ることができると考え、全体を訳出した。

本書は、死別の問題を科学的に探求することを目指して書かれている。編集者たちも、各章の著者たちも、実証的研究に基づいて分かっていることを整理し、記述している。科学研究は、データに表されたものに基づいて考

272

え、データが得られていないものについては、今後の研究にゆだねる。物事を細分化して、ある部分は明確に見えてくるが、研究で焦点を当てなかった部分については分からないということがある。あるいは、分からないというのはむしろ希薄である。その意味で、死別に関するまとまった理解を得ようとする読者は、さまざまの見解の紹介の中でむしろ道に迷い、「要するにどうなのか」と問いかけたくなるかもしれない。

しかし、かつて深い人生知と思われていたものが、実は数少ない例を一般化したものであったり、思弁的な推論によるものであったりして、フロイトの悲嘆作業の概念への批判的検討である。本書には、実証研究によって否定されることがある。その一例は、フロイトの悲嘆作業の概念への批判的検討である。他方で、実証的死別研究が悲嘆作業を狭く考えすぎるという批判を行っている章もある。この批判されている。他方で、実証的死別研究が悲嘆作業を狭く考えすぎるという批判を行っている章もある。この批判されている。他方で、実証的死別研究が悲嘆作業を狭く考えすぎるという批判を行っている章もある。この批判されている。他方で、実証的死別研究に基づいて論じるのが本書の方針であり、その過程で見解の統一を見ていない議論は、その現状のままに提示される。

考えてみれば、死別の主題に限らず、宗教で扱ってきた問題に心理学の光を当て、科学によって置き換えていくことがフロイトの目論見だった。それと対照すると、本書の姿勢は、宗教の役割についてさえ非科学的と否定せず、科学的に検証していくことにある。つまり、フロイトの科学的姿勢を引き継ぎながら、さらに客観的な立場を取っていると言える。もしフロイトが本書を手にしたらどんな感想を漏らすか想像をめぐらせてみるのも一興だろう。

本書で採用した訳語についていくつかの注釈を加えておきたい。

頻出する attachment（アタッチメント）には「愛着」の訳語を当てた。この訳は決して珍しいものではないが、動詞の「くっつける」を語源とする前者に対して、むしろ「愛」の意味が勝っている「愛着」には「物理的にくっ

273　訳者あとがき

つく」というニュアンスが乏しい。アタッチメントは、不安な状況において安全基地としての対象（人間）に接近する行動を意味する言葉で、常に不安に対する対処に関係づけられる概念だが、「愛着」を用いると、意味が拡大してしまうきらいがあるため、「アタッチメント」という片仮名表記を求める研究者も多い。しかし、研究者以外の読者を想定した場合、アタッチメントという表記に違和感が生じる恐れを否定できない。私は、「アタッチメント」という言葉を学術上用いることに異論はないが、読者の範囲を考えて「愛着」を採用することにした。読者は、本書で使われる「愛着」がアタッチメントの訳語であることを念頭に置いて、その意味を内容から確認しながら読んでいただきたい。

resilience（レジリエンス）の訳には「復元力」を用いた。この言葉には、「回復力」「弾力」などの訳語もあるが、どれもが意味が限定的になってしまうため、「レジリエンス」と片仮名表記をする場合が多い。アタッチメントの場合は、「愛着」もしばしば用いられるが、レジリエンスは、少なくとも心理学、精神医学などの臨床分野では片仮名表記がほとんどで、訳語を用いることは少ない。そのため本書でも「レジリエンス」と表記することを当初考えた。しかし、逆に、この概念になじみのない読者の読みやすさを考えると、アタッチメント以上に分かりづらい言葉である。これほど頻発する言葉が分かりづらいと全体の読みやすさに影響するという編集部の意見もあり、「復元力」と表記したうえで「レジリエンス」とルビを振ることにした。この言葉が日本語でどう定着するかは、今後に注目したい。

翻訳作業全体についてであるが、原書は章によって文体の差がかなりある。英語を母語としない執筆者も多い。そのためばかりとは言えないだろうが、言わば「癖のある」文体で書かれた章もある。いわゆる「論文集」であれば、著者の文体を生かした訳文にするのが望ましいであろうが、一冊の「ハンドブック」としては、文体に忠実であることを心がけると、読みにくさの方が目につく恐れがあった。そのため、なるべく文体を均一化させる方向で訳すことにをなった。その結果への評価は読者の判断にゆだねたいが、統一感が少しでも増していれば訳者

274

私自身は、死別よりはトラウマを専門分野の中心に置いてきた。しかし、震災を例に挙げるまでもなく、トラウマ的事象を扱っていると、死別体験が含まれる場合が多い。また、自然災害だけでなく、人生史の中で多くのトラウマ的出来事を経てきた人の体験に死別体験が含まれていることは珍しくない。トラウマ性障害の治療を考えると、必然的に死別体験の意味を考えないではいられないのである。私自身が死別体験に対する理解をさらに深めたいと考えたことも翻訳動機の一つであった。

　翻訳作業は、東日本大震災によって死別支援が大きな課題となることが目に見えていた時期に重なり、本書の出版が少しでも支援対策に貢献できればと考えながら作業を進めてきた。しかし諸事情によって、構想から出版までにずいぶんの時間が経ってしまった。誠信書房編集部の、松山由理子、曽我翔太の両氏は、本書の価値をすぐに認めてくださっただけでなく、時宜を得た出版になることを望んで再三にわたる催促をしてくださった。その後押しがなければ、東日本大震災から3年という区切りにも間に合わすことができなかっただろう。ここに深い感謝の気持ちを記したい。

訳者を代表して

森　茂起

Durkheim, E.（1987）. *Suicide: A study in sociology.*〔宮島喬訳（1985）『自殺論』中央公論社〕

Freud, S.（1957）. Mourning and melancholia.〔伊藤正博訳（2010）「喪とメランコリー」『フロイト全集14』岩波書店〕

Freud, S.（1958）. Remembering, repeating and working through.〔道籏泰三訳「想起、反復、反芻処理」『フロイト全集13』岩波書店〕

Greenberg, J. R., & Mitchell, S. A.（1983）. *Object relations in psychoanalytic theory.*〔横井公一監訳（2001）『精神分析理論の展開——「欲動」から「関係」へ』ミネルヴァ書房〕

Klein, M.（1940）. Mourning and its relation to manic-depressive states.〔森山研介訳（1983）「喪とその躁うつ状態との関係」西園昌久・牛島定信編訳『メラニー・クライン著作集3　愛、罪そして償い』誠信書房〕

Lewis, C. S.（1961）. *A grief observed.*〔西村徹訳（1976）『C. S. ルイス宗教著作集6 悲しみをみつめて』新教出版社〕

Lorenz, K.（1966）. *On aggression.*〔日高敏隆・久保和彦訳（1985）『攻撃——悪の自然誌』みすず書房〕

Parkes, C. M.（1996）. *Bereavement: Studies of grief in adult life*（3rd ed.）.〔桑原治雄・三野善央訳（2002）『死別——遺された人たちを支えるために』メディカ出版〕

Parkes, C. M., & Weiss, R.（1983）. *Recovery from bereavement.*〔池辺明子訳（1987）『死別からの恢復』図書出版社〕

Schauer, M., Neuner, F., & Elbert, T.（2004）. *Narrative exposure therapy: A short-term intervention for traumatic stress disorders after war, terrorism, or torture.*〔森茂起・明石加代・牧田潔・森年恵訳（2010）『ナラティヴ・エクスポージャー・セラピー——人生史を語るトラウマ治療』金剛出版〕

Worden, J. W.（1991）. *Grief counseling and grief therapy*（2nd ed.）.〔大学専任カウンセラー会訳（1993）『グリーフカウンセリング——悲しみを癒すためのハンドブック』川島書店〕

邦訳文献

American Psychiatric Association. (1987). *Diagnostic and statistical manual of mental disorders* (3rd ed., rev.).〔高橋三郎訳（1988）『DSM-Ⅲ-R　精神障害の診断・統計マニュアル』医学書院〕

American Psychiatric Association. (1994). *Diagnostic and statistical manual of mental disorders* (4th ed.).〔高橋三郎・大野裕・染矢俊幸訳（1996）『DSM-Ⅳ　精神疾患の診断・統計マニュアル』医学書院〕

Bowlby, J. (1969). *Attachment and loss:* Vol. 1. *Attachment.*〔黒田実郎ほか訳（1991）『母子関係の理論Ⅰ　愛着行動』岩崎学術出版社〕

Bowlby, J. (1973). *Attachment and loss: Vol. 2. Separation: Anxiety and anger.*〔黒田実郎・大羽蓁・岡田洋子・黒田聖一訳（1991）『母子関係の理論Ⅱ　分離不安』岩崎学術出版社〕

Bowlby, J. (1979). *The making and breaking of affectional bonds.*〔作田勉監訳（1981）『ボウルビイ母子関係入門』星和書店〕

Bowlby, J. (1980). *Attachment and loss:* Vol. 3. *Loss: Sadness and depression.*〔黒田実郎・大羽蓁・岡田洋子・黒田聖一訳（1991）『母子関係の理論Ⅲ　対象喪失』岩崎学術出版社〕

Bowlby, J. (1988). *A secure base: Clinical applications of attachment theory.*〔二木武監訳（1993）『母と子のアタッチメント——心の安全基地』医歯薬出版〕

Burlingham, D., & Freud, A. (1944). *Infants without families.*〔中沢たえ子訳（1982）『アンナ・フロイト著作集　第3〜4巻　家庭なき幼児たち——ハムステッド保育所報告 1939-1945』岩崎学術出版社〕

Didion, J. (2005). *The year of magical thinking.*〔池田年穂訳（2011）『悲しみにある者』慶應義塾大学出版会〕

Durkheim, E. (1915). *The elementary forms of religious life.*〔古野清人訳（1975）『宗教生活の原初形態』岩波書店〕

trial. *Evaluation & the Health Professions, 15,* 147–162.

Wijngaards-de Meij, L., Stroebe, M., Schut, H., Stroebe, W., van den Bout, J., Heijmans, P., & Dijkstra, I. (2005). Couples at risk following the death of their child: Predictors of grief versus depression. *Journal of Consulting and Clinical Psychology, 73,* 617–623.

& H. Schut (Eds.), *Handbook of bereavement research: Consequences, coping, and care* (pp. 587–612). Washington, DC: American Psychological Association.

Rosenblatt, P. (1993). Cross-cultural variation in the experience, expression, and understanding of grief. In D. Irish, K. Lundquist, & V. Nelsen (Eds.), *Ethnic variations in dying, death, and grief* (pp. 13–19). Washington, DC: Taylor & Francis.

Rubin, S. S. (1991). Adult child loss and the two-track model of bereavement. *Omega: The Journal of Death and Dying, 24,* 183–202.

Schaefer, J., & Moos, R. (2001). Bereavement experiences and personal growth. In M. S. Stroebe, R. O. Hansson, W. Stroebe, & H. Schut (Eds.), *Handbook of bereavement research: Consequences, coping, and care* (pp. 145–167). Washington, DC: American Psychological Association.

Schut, H., & Stroebe, M. (2005). Interventions to enhance adaptation to bereavement. *Journal of Palliative Medicine, 8,* S140–S147.

Schut, H., Stroebe, M., van den Bout, J., & Terheggen, M. (2001). The efficacy of bereavement interventions: Determining who benefits. In M. Stroebe, R. O. Hansson, W. Stroebe, & H. Schut (Eds.), *Handbook of bereavement research: Consequences, coping, and care* (pp. 705–737). Washington, DC: American Psychological Association.

Shaver, P., & Tancredy, C. (2001). Emotion, attachment, and bereavement: A conceptual commentary. In M. S. Stroebe, R. O. Hansson, W. Stroebe, & H. Schut (Eds.), *Handbook of bereavement research: Consequences, coping, and care* (pp. 63–88). Washington, DC: American Psychological Association.

Shear, K., Frank, E., Houck, P., & Reynolds, C., III. (2005). Treatment of complicated grief: A randomised controlled trial. *Journal of the American Medical Association, 293,* 2601–2608.

Silverman, P., & Worden, J. W. (1993). Children's reactions to death of a parent. In M. S. Stroebe, W. Stroebe, & R. O. Hansson (Eds.), *Handbook of bereavement research: Theory, research, and intervention* (pp. 300–316). New York: Cambridge University Press.

Simon, G., VonKorff, M., Piccinelli, M., Fullerton, C., & Ormel, J. (1999). An international study of the relation between somatic symptoms and depression. *New England Journal of Medicine, 341,* 1329–1334.

Stroebe, M., Folkman, S., Hansson, R. O., & Schut, H. (2006). The prediction of bereavement outcome: Development of an integrative risk factor framework. *Social Science & Medicine, 63,* 2446–2451.

Stroebe, M., Hansson, R. O., Stroebe, W., & Schut, H. (2001a). Future directions for bereavement research. In M. Stroebe, R. O. Hansson, W. Stroebe, & H. Schut (Eds.), *Handbook of bereavement research: Consequences, coping, and care* (pp. 741–766). Washington, DC: American Psychological Association.

Stroebe, M., Hansson, R. O., Stroebe, W., & Schut, H. (Eds.). (2001b). *Handbook of bereavement research: Consequences, coping, and care.* Washington, DC: American Psychological Association Press.

Stroebe, M., & Schut, H. A. W. (1999). The dual process model of coping with bereavement: Rationale and description. *Death Studies, 23,* 1–28.

Stroebe, M., Stroebe, W., & Hansson, R. (Eds.). (1993). *Handbook of bereavement: Theory, research and intervention.* New York: Cambridge University Press.

Tudiver, F., Hilditch, J., Permaul, J. A., & McKendree, D. J. (1992). Does mutual help facilitate newly bereaved widowers? Report from a randomized controlled

ment research: Consequences, coping, and care (pp. 563–584). Washington, DC: American Psychological Association.

Freud, S. (1957). Mourning and melancholia. In J. Strachey (Ed. & Trans.), *Standard edition of the complete works of Sigmund Freud* (pp. 152–170). London: Hogarth Press. (Original work published 1917)

Genevro, J., & Miller, T. (2006). *Health care professionals and health systems: The costs of bereavement.* Unpublished manuscript.

Hansson, R. O., & Stroebe, M. S. (2007). *Bereavement in later life: Coping, adaptation, and developmental influences.* Washington, DC: American Psychological Association.

Lunney, J., Foley, K., Smith, T., & Gelband, H. (Eds.). (2003). *Describing death in America: What we need to know.* Washington, DC: National Academies Press.

Janoff-Bulman, R., & Frantz, C. (1997). The impact of trauma on meaning: From meaningless world to meaningful life. In M. Power & C. Brewin (Eds.), *The transformation of meaning in psychological therapies* (pp. 91–106). New York: Wiley.

Klass, D., Silverman, P., & Nickman, S. (Eds.). (1996). *Continuing bonds: New understandings of grief.* Washington, DC: Taylor & Francis.

Larson, D., & Hoyt, W. (2007). What has become of grief counselling? An evaluation of the empirical foundation of the new pessimism. *Professional Psychology: Research and Practice, 38,* 347–355.

Maciejewski, P., Zhang, B., Block, S., & Prigerson, H. (2007). An empirical examination of the stage theory of grief. *Journal of the American Medical Association, 297,* 716–723.

Moss, M., Moss, S., & Hansson, R. (2001). Bereavement and old age. In M. Stroebe, R. O. Hansson, W. Stroebe, & H. Schut (Eds.), *Handbook of bereavement research: Consequences, coping, and care* (pp. 241–260). Washington, DC: American Psychological Association.

Neimeyer, R. (2000). Searching for the meaning of meaning: Grief therapy and the process of reconstruction. *Death Studies, 24,* 541–558.

Neimeyer, R. (2001). *Meaning reconstruction and the experience of loss.* Washington, DC: American Psychological Association.

Nolen-Hoeksema, S. (2001). Ruminative coping and adjustment to bereavement. In M. Stroebe, R. O. Hansson, W. Stroebe, & H. Schut (Eds.), *Handbook of bereavement research: Consequences, coping, and care* (pp. 545–562). Washington, DC: American Psychological Association.

Oltjenbruns, K. (2001). Developmental context of childhood: Grief and regrief phenomena. In M. Stroebe, R. O. Hansson, W. Stroebe, & H. Schut (Eds.), *Handbook of bereavement research: Consequences, coping, and care* (pp. 169–197). Washington, DC: American Psychological Association.

Parkes, C. M. (Ed.). (2005–2006). Complicated grief: A symposium [Special issue]. *Omega: The Journal of Death and Dying, 52*(1).

Prigerson, H., & Jacobs, S. (2001). Traumatic grief as a distinct disorder: A rationale, consensus criteria, and a preliminary empirical test. In M. S. Stroebe, R. O. Hansson, W. Stroebe, & H. Schut (Eds.), *Handbook of bereavement research: Consequences, coping, and care* (pp. 613–645). Washington, DC: American Psychological Association.

Raphael, B., Minkov, C., & Dobson, M. (2001). Psychotherapeutic and pharmacological intervention for bereaved persons. In M. S. Stroebe, R. O. Hansson, W. Stroebe,

Journal of Psychiatry, 183, 12–21.

World Health Organization. (2005, January 19). WHO warns of widespread psychological trauma among Tsunami victims (WHO Press Release SEA/PR/1384). Retrieved January 17, 2008, from http://www.searo.who.int/EN/Section316/Section503/Section1861_8571.htm

Yuksel, S., & Olgun-Özpolot, T. (2004). Psychological problems associated with traumatic loss in Turkey. Bereavement Care, 23, 5–7.

Zisook, S., Shuchter, S. R., Pedrelli, P., Sable, J., & Deauciuc, S. C. (2001). Buproprion sustained release for bereavement: Results of an open trial. Journal of Clinical Psychiatry, 62, 227–230.

第 11 章

Alexopoulos, G. S. (2005). Depression in the elderly. The Lancet, 365, 1961–1970.

Allumbaugh, D., & Hoyt, W. (1999). Effectiveness of grief counselling: A meta-analysis. Journal of Counseling Psychology, 46, 370–380.

American Psychiatric Association. (1994). Diagnostic and statistical manual of mental disorders (4th ed.). Washington, DC: Author.

Archer, J. (1999). The nature of grief: The evolution and psychology of reactions to loss. London: Routledge.

Archer, J. (2001). Grief from an evolutionary perspective. In M. Stroebe, R. O. Hansson, W. Stroebe, & H. Schut (Eds.), Handbook of bereavement research: Consequences, coping, and care (pp. 263–283). Washington, DC: American Psychological Association.

Balk, D. (2007). Bridging the practice–research gap. The Forum, 33, 1–4.

Boelen, P., de Keijser, J., van den Hout, M., & van den Bout, J. (2007). Treatment of complicated grief: A comparison between cognitive–behavioral therapy and supportive counseling. Journal of Consulting and Clinical Psychology, 75, 277–284.

Boelen, P., & Prigerson, H. (2007). The influence of symptoms of prolonged grief disorder, depression and anxiety on quality of life among bereaved adults: A prospective study. European Archives of Psychiatry and Clinical Neuroscience, 257, 444–452.

Boelen, P., van den Bout, J., & van den Hout, M. (2006). Negative cognitions and avoidance in emotional problems after bereavement: A prospective study. Behavior Research and Therapy, 44, 1657–1672.

Bowlby, J. (1980). Attachment and loss: Vol. 3. Sadness and depression. New York: Basic Books.

Center for the Advancement of Health. (2004). Report on bereavement and grief research. Death Studies, 28, 491–575.

de Keijser, J. (1997). Sociale steun en professionele begeleiding bij rouw [Social support and professional counseling for the bereaved]. Amsterdam: Thesis Publishers.

Durkheim, E. (1915). The elementary forms of the religious life. London: Unwin.

Fleming, S., & Robinson, P. (2001). Grief and cognitive-behavioral therapy: The reconstruction of meaning. In M. Stroebe, R. O. Hansson, W. Stroebe, & H. Schut (Eds.), Handbook of bereavement research: Consequences, coping, and care (pp. 647–669). Washington, DC: American Psychological Association.

Folkman, S. (2001). Revised coping theory and the process of bereavement. In M. Stroebe, R. O. Hansson, W. Stroebe, & H. Schut (Eds.), Handbook of bereave-

violence and disasters: Fact sheet. Washington, DC: Author.

Parkes, C. M. (1997). A typology of disasters. In D. Black, M. Newman, J. Harris-Hendriks, & G. Mezey (Eds.), *Psychological trauma: A developmental approach* (pp. 81–93). London: Gaskell.

Parkes, C. M. (1998). *Bereavement: Studies of grief in adult life.* London: Routledge.

Parkes, C. M. (2006). *Love and loss: The roots of grief and its complications.* London: Routledge.

Parkes, C. M. (2008). Breaking the cycle of violence. In R. Stevenson & G. Cox (Eds.), *Perspectives on violence* (pp. 223–238). Amityville, NY: Baywood.

Parkes, C. M., Laungani, P., & Young, B. (1996). *Death and bereavement across cultures.* London: Routledge.

Parkes, C. M., & Williams, R. M. (1975). Psychosocial effects of disaster: Birth rate in Aberfan. *British Medical Journal, 2,* 303–304.

Pasternak, R. E., Reynolds, C. F., Schlernitzauer, M., Hoch, C. C., Buysse, D. J., Houck, P. R., & Perel, J. M. (1991). Acute open trial nortriptyline therapy of bereavement-related depression in later life. *Journal of Clinical Psychiatry, 52,* 307–310.

Pynoos, R. S., Frederick, C., Nader, K., Arroyo, W., Steinberg, A., Eth, S., et al. (1987). Life threat and post-traumatic stress in school-age children. *Archives of General Psychiatry, 44,* 1057–1063.

Reynolds, C. F., Miller, M. D., Pasternak, R. E., Frank, E., Perel, J. M., Cornes, C., et al. (1999). Treatment of bereavement-related major depressive episodes in later life: A controlled study of acute and continuation treatment with nortriptyline and interpersonal psychotherapy. *American Journal of Psychiatry 156,* 202–208.

Schauer, M., Neuner, F., & Elbert, T. (2004). *Narrative exposure therapy: A short-term intervention for traumatic stress disorders after war, terrorism, or torture.* Cambridge, MA: Hogrefe & Huber.

Scheper-Hughes, N. (1992). *Death without weeping: The violence of everyday life in Brazil.* Berkeley: University of California Press.

Sikkema, K. J., Hansen, N. B., Kochman, A., Tate, D. C., & Defranciesco, W. (2004). Outcomes from a randomised controlled trial of a group intervention for HIV positive men and women coping with AIDS-related loss and bereavement. *Death Studies, 28,* 187–210.

Stroebe, W., & Schut, H. (2001). Risk factors in bereavement outcome: A methodological and empirical review. In M. S. Stroebe, R. O. Hansson, W. Stroebe, & H. Schut (Eds.), *Handbook of bereavement research: Consequences, coping, and care* (pp. 349–371). Washington, DC: American Psychological Association.

Stroebe, W., Stroebe, M., & Domittner, G. (1988). Individual and situational differences in recovery from bereavement: A risk group identified. *Journal of Social Issues, 44,* 143–158.

Tharyan, P. (2005). Traumatic bereavement and the Asian tsunami: Post-tsunami perspectives from Tamil Nadu, India. *Bereavement Care 24,* 23–26.

van Emmerick, A. A., Kamphuis, J. H., Hulsbosch, A. M., & Emmelkamp, P. M. (2002). Single session debriefing after psychological trauma: A meta-analysis. *The Lancet, 360,* 776–771.

Wagner, B., Knaevelsrud, C., & Maercker, A. (2006). Internet-based cognitive–behavioral therapy for complicated grief: A randomised controlled trial. *Death Studies, 30,* 429–453.

Wesseley, S., & Deahl, M. (2003). Psychological debriefing is a waste of time. *British*

bereavement research: Consequences, coping, and care (pp. 405–430). Washington, DC: American Psychological Association.

Zisook, S., DeVaul, R., & Click, M. (1982). Measuring symptoms of grief and bereavement. *American Journal of Psychiatry, 139*, 1590–1593.

Zisook, S., Paulus, M., Shuchter, S. R., & Judd, L. L. (1997). The many faces of depression following spousal bereavement. *Journal of Affective Disorders, 45*, 85–94.

Zisook, S., & Shuchter, S. R. (1991). Depression through the first year after the death of a spouse. *American Journal of Psychiatry, 148*, 1346–1352.

第 10 章

American Psychiatric Association. (1994). *Diagnostic and statistical manual of mental disorders* (4th ed.). Washington, DC: Author.

Ballard, P. H., & Jones, E. (Eds.). (1975). *The year of the valleys: A self-examination by people of the South Wales valleys during the year of the valleys 1974.* Ferndale, Rhondda, Wales: Ron Jones Publications.

Chou, F. H. C., Su, T. T. P., Ou-Yang, W. C., Chien, I. C., Lu, M. K., & Chou, P. (2003). Establishment of a disaster-related psychological screening test. *Australian and New Zealand Journal of Psychiatry, 37*, 97–103.

Erikson, K. T. (1979). *In the wake of the flood*. London: Allen & Unwin.

Gupta, L. (2000). Bereavement recovery following the Rwandan genocide: A community-based intervention for child survivors. *Bereavement Care, 18*, 40–42.

Harris, T. (2006). Volunteer befriending as an intervention for depression: Implications for bereavement care? *Bereavement Care, 25*, 27–30.

Harris, T., Brown, G. W., & Robinson, R. (1999a). Befriending as an intervention for chronic depression among women in an inner city: 1. Randomised control trial. *British Journal of Psychiatry, 174*, 219–224.

Harris, T., Brown, G. W., & Robinson, R. (1999b). Befriending as an intervention for chronic depression among women in an inner city: 2. Role of fresh-start experiences and baseline psycho-social factors in remission from depression. *British Medical Journal, 174*, 225–232.

International Work Group on Death, Dying and Bereavement, Violence and Grief Work Group. (1997–1998). Document on violence and grief. *Omega: The Journal of Death and Dying, 36*, 259–272.

International Work Group on Death, Dying and Bereavement. (2005). Breaking cycles of violence. *Death Studies, 29*, 585–600.

Lorenz, K. (1966). *On aggression*. London: Methuen.

Mitchell, J. T. (1983). When disaster strikes: The critical incident stress debriefing process. *Journal of Emergency Medical Services, 8*, 36–39.

Morgan, L., Scourfield, J., Williams, D., Jasper, A., & Lewis, G. (2003). The Aberfan disaster: 33-year follow-up of survivors. *British Journal of Psychiatry, 182*, 532–536.

National Collaborating Centre for Mental Health. (2005). *Post-traumatic stress disorder: The management of PTSD in adults and children in primary and secondary care* (National Clinical Practice Guideline No. 26, commissioned by the National Institute for Clinical Excellence). Retrieved January 17, 2008, from http://www.nice.org.uk/nicemedia/pdf/CG026fullguideline.pdf

National Institute of Mental Health. (2001). *Helping children and adolescents cope with*

tical applications (pp. 185–200). New York: Hemisphere.

Rynearson, E. K. (1984). Bereavement after homicide: A descriptive study. *American Journal of Psychiatry, 141*, 1452–1454.

Sanders, C. M. (1982–1983). Effects of sudden vs. chronic illness on bereavement outcome. *Omega: The Journal of Death and Dying, 13*, 227–241.

Sanders, C. M. (1993). Risk factors in bereavement outcome. In M. S. Stroebe, W. Stroebe, & R. O. Hansson (Eds.), *Handbook of bereavement: Theory, research, and intervention* (pp. 255–267). Cambridge, England: Cambridge University Press.

Schulz, R., Beach, S., Lind, B., Martire, L., Zdaniuk, B., Hirsch, C., et al. (2001). Involvement in caregiving and adjustment to death of a spouse: Findings from the Caregiver Health Effects Study. *Journal of the American Medical Association, 285*, 3123–3129.

Shah, N., Yount, K., Shah, M., & Menon, I. (2003). Living arrangements of older women and men in Kuwait. *Journal of Cross-Cultural Gerontology, 17*, 337–355.

Singh, B., & Raphael, B. (1981). Post disaster morbidity of the bereaved: A possible role for preventive psychiatry. *Journal of Nervous and Mental Disease, 169*, 203–212.

Spain, D., & Bianchi, S. M. (1996). *Balancing act: Motherhood, marriage and employment among American women.* New York: Russell Sage Foundation.

Stacey, C. A., & Gatz, M. (1991). Cross-sectional age differences and longitudinal change on the Bradburn Affect Balance Scale. *Journal of Gerontology: Psychological Sciences, 46*, 76–78.

Stroebe, M. S., Hansson, R. O., & Stroebe, W. (1993). Contemporary themes and controversies in bereavement research. In M. S. Stroebe, W. Stroebe, & R. O. Hansson (Eds.), *Handbook of bereavement: Theory, research, and intervention* (pp. 457–476). Cambridge, England: Cambridge University Press.

Stroebe, M., & Schut, H. (1999). The dual process model of coping with bereavement: Rationale and description. *Death Studies, 23*, 197–224.

Sweeting, H. N., & Gilhooly, M. (1990). Anticipatory grief: A review. *Social Science & Medicine, 30*, 1073–1080.

Szinovacz, M. E. (2000). Changes in housework after retirement: A panel study. *Journal of Marriage and the Family, 62*, 78–92.

Thompson, L. W., Gallagher-Thompson, D., Futterman, A., Gilewski, M. J., & Peterson, J. (1991). The effects of late life spousal bereavement over a 30-month interval. *Psychology and Aging, 3*, 434–441.

Umberson, D., Wortman, C. B., & Kessler, R. C. (1992). Widowhood and depression: Explaining long-term gender differences in vulnerability. *Journal of Health and Social Behavior, 33*, 10–24.

Utz, R., Reidy, E., Carr, D., Kessler, R. C., Nesse, R. M., & Wortman, C. B. (2004). Changes in housework following widowhood: A story of gender differences and dependence on adult children. *Journal of Family Issues, 25*, 683–712.

Wells, Y. D., & Kendig, H. L. (1997). Health and well-being of spouse caregivers and the widowed. *The Gerontologist, 37*, 666–674.

Worden, J. W. (2002). *Grief counseling and grief therapy: A handbook for the mental health practitioner* (3rd ed.). New York: Springer Publishing Company.

Wortman, C. B., & Silver, R. C. (2001). The myths of coping with loss revisited. In M. S. Stroebe, R. O. Hansson, W. Stroebe, & H. Schut (Eds.), *Handbook of*

George, L. K. (1993). Sociological perspectives on life transitions. *Annual Review of Sociology, 19,* 353–373.

Ha, J., Carr, D., Utz, R., & Nesse, R. (2006). Older adults' perceptions of intergenerational support after widowhood: How do men and women differ? *Journal of Family Issues, 27,* 3–30.

Holmes, T., & Rahe, R. (1967). The Social Readjustment Scale. *Journal of Psychosomatic Research, 11,* 213–218.

Jacobs, S., Kasl, S., & Ostfeld, A. (1986). The measurement of grief: Bereaved versus non-bereaved. *The Hospice Journal, 2,* 21–36.

Kim, C., & Rhee, K. (2000). Living arrangements in old age: Views of elderly and middle-aged adults in Korea. *Hallym International Journal of Aging, 1,* 94–111.

Kraajj, V. E., Arensman, E., & Spinhoven, P. (2002). Negative life events and depression in elderly persons: A meta-analysis. *Journal of Gerontology: Medical Sciences, 57A,* M87–M94.

Kramer, D. (1996–1997). How women relate to terminally ill husbands and their subsequent adjustment to bereavement. *Omega: The Journal of Death and Dying, 34,* 93–106.

Lawton, M., Kleban, M. H., Rajagopal, D., & Dean, J. (1992). Dimensions of affective experience in three age groups. *Psychology and Aging, 7,* 171–184.

Lindemann, E. (1944). Symptomatology and management of acute grief. *American Journal of Psychiatry, 151,* 155–160.

Lopata, H. Z. (1973). *Widowhood in an American city.* Cambridge, MA: Schenkman.

Mendes de Leon, C. F., Kasl, S. V., & Jacobs, S. (1994). A prospective study of widowhood and changes in symptoms of depression in a community sample of the elderly. *Psychological Medicine, 24,* 613–624.

Morioka, K. (1996). Generational relations and their changes as they affect the status of older people in Japan. In T. Hareven (Ed.), *Aging and generational relations over the life course: A historical and cross-cultural perspective* (pp. 511–526). New York: Aldine de Gruyter.

Mroczek, D. K., & Kolarz, C. M. (1998). The effect of age on positive and negative affect: A developmental perspective on happiness. *Journal of Personality and Social Psychology, 75,* 1333–1349.

Neugarten, B., & Hagestad, G. O. (1976). Age and the life course. In G. Binstock & E. Shanas (Eds.), *Handbook of aging and the social sciences* (pp. 35–55). New York: Van Nostrand Reinhold.

Nolen-Hoeksema, S., & Ahrens, C. (2002). Age differences and similarities in the correlates of depressive symptoms. *Psychology and Aging, 17,* 116–124.

Norris, F. H., & Murrell, S. A. (1990). Social support, life events, and stress as modifiers to bereavement by older adults. *Psychology of Aging, 5,* 429–436.

O'Bryant, S. L. (1990–1991). Forewarning of husband's death: Does it make a difference? *Omega: The Journal of Death and Dying, 22,* 227–239.

Parkes, C. M., & Weiss, R. S. (1983). *Recovery from bereavement.* New York: Basic Books.

Reed, M. D. (1998). Predicting grief symptomatology among the suddenly bereaved. *Suicide and Life-Threatening Behavior, 28,* 285–301.

Roach, M. J., & Kitson, C. (1989). Impact of forewarning on adjustment to widowhood and divorce. In D. A. Lund (Ed.), *Older bereaved spouses: Research with prac-*

from preloss to 18-months postloss. *Journal of Personality and Social Psychology, 83*, 1150–1164.

Bongaarts, J., & Zimmer, Z. (2002). Living arrangements of older adults in the developing world: An analysis of demographic and health survey households. *Journal of Gerontology: Social Sciences, 57*, 145–157.

Bruce, M. L., Kim, K., Leaf, P. J., & Jacobs, S. (1990). Depressive episodes and dysphoria resulting from conjugal bereavement in a prospective community sample. *American Journal of Psychiatry, 147*, 608–611.

Byock, I. R. (1996). The nature of suffering and the nature of opportunity at the end of life. *Clinics in Geriatric Medicine, 12*, 237–252.

Carr, D. (2003). A good death for whom? Quality of spouse's death and psychological distress among older widowed persons. *Journal of Health and Social Behavior, 44*, 215–232.

Carr, D. (2004a). The desire to date and remarry among older widows and widowers. *Journal of Marriage and the Family, 66*, 1051–1068.

Carr, D. (2004b). Gender, pre-loss marital dependence and older adults' adjustment to widowhood. *Journal of Marriage and the Family, 66*, 220–235.

Carr, D., House, J. S., Kessler, R. C., Nesse, R. M., Sonnega, J., & Wortman, C. (2000). Marital quality and psychological adjustment to widowhood among older adults: A longitudinal analysis. *Journal of Gerontology: Social Sciences, 55B*, S197–S207.

Carr, D., House, J. S., Wortman, C., Nesse, R., & Kessler, R. C. (2001). Psychological adjustment to sudden and anticipated spousal loss among older widowed persons. *Journals of Gerontology: Social Sciences, 56B*, S237–S248.

Carr, D., Nesse, R. M., & Wortman, C. B. (Eds.). (2006). *Spousal bereavement in late life*. New York: Springer Publishing Company.

Carstensen, L., & Turk-Charles, S. (1994). The salience of emotion across the adult life span. *Psychology and Aging, 9*, 259–264.

de Jong-Gierveld, J., de Valk, H., & Blommesteijn, M. (2002). Living arrangements of older persons and family support in more developed countries. *Population Bulletin of the United Nations, 42–43*, 193–217.

DiGiulio, R. (1989). *Beyond widowhood: From bereavement to emergence and hope*. New York: Free Press.

Federal Interagency Forum on Aging-Related Statistics. (2004). *Older Americans 2004: Key indicators of well-being*. Washington, DC: Author.

Field, M. J., & Cassel, C. K. (1997). *Approaching death: Improving care at the end of life*. Washington, DC: Institute of Medicine.

Fields, J., & Casper, L. M. (2001). *America's families and living arrangements: March 2000* (Current Population Reports, P20-537). Washington, DC: U.S. Census Bureau.

Fooken, I. (1985). Old and female: Psychosocial concomitants of the aging process in a group of older women. In J. Munniches, P. Mussen, E. Olbrich, & P. G. Coleman (Eds.), *Life span and change in a gerontological perspective* (pp. 7–101). Orlando, FL: Academic Press.

Freud, S. (1957). Mourning and melancholia. In J. Strachey (Ed.), *The standard edition of the complete works of Sigmund Freud* (Vol. 14, pp. 152–170). London: Hogarth Press. (Original work published 1917)

British Medical Bulletin, 53, 170–184.

Taylor, S. E., Repetti, R. L., & Seeman, T. (1997). Health psychology: What is an unhealthy environment and how does it get under the skin? Annual Review of Psychology, 48, 411–447.

Tennant, C. (1988). Parent loss in childhood: Its effect in adult life. Archives of General Psychiatry, 45, 1045–1050.

Thompson, M. P., Kaslow, N. J., Price, A. W., Williams, K., & Kingree, J. B. (1998). Role of secondary stressors in the parental death–child distress relation. Journal of Abnormal Child Psychology, 26, 357–366.

Tremblay, G. C., & Israel, A. C. (1998). Children's adjustment to parental death. Clinical Psychology: Science and Practice, 5, 424–438.

Van Eerdewegh, M. M., Bieri, M. D., Parrilla, R. H., & Clayton, P. J. (1982). The bereaved child. British Journal of Psychiatry, 140, 23–29.

Werner, E. E. (1993). Risk, resilience, and recovery: Perspectives from the Kauai Longitudinal Study. Development and Psychopathology, 5, 503–575.

Werner, E. E., & Smith, R. S. (1982). Vulnerable but not invincible: A study of resilient children. New York: McGraw-Hill.

West, S. G., Sandler, I. N., Pillow, D. R., Baca, L., & Gersten, J. C. (1991). The use of structural equation modeling in generative research: Toward the design of a preventative intervention for bereaved children. American Journal of Community Psychology, 19, 459–480.

Worden, J. W., & Silverman, P. R. (1996). Parental death and the adjustment of school-aged children. Omega: The Journal of Death and Dying, 33, 91–102.

Wyman, P. A., Sandler, I. N., Wolchik, S. A., & Nelson, K. (2000). Resilience as cumulative competence promotion and stress protection: Theory and intervention. In J. R. D. Cicchetti, I. Sandler, & R. Weissberg (Eds.), The promotion of wellness in children and adolescents (pp. 133–184). Washington, DC: Child Welfare League of America.

第 9 章

Antonucci, T. C. (1990). Social supports and social relationships. In R. H. Binstock & L. K. George (Eds.), Handbook of aging and the social sciences (3rd ed., pp. 205–226). San Diego, CA: Academic Press.

Baltes, P., Smith, J., & Staudinger, U. (1992). Wisdom and successful aging. In T. Sonderegger (Ed.), Nebraska Symposium on Motivation: Vol. 39. Psychology and aging (pp. 103–21). Lincoln: University of Nebraska Press.

Blauner, R. (1966). Death and social structure. Psychiatry, 29, 378–394.

Bonanno, G. A., & Kaltman, S. (1999). Toward an integrative perspective on bereavement. Psychological Bulletin, 125, 760–776.

Bonanno, G. A., & Kaltman, S. (2001). The varieties of grief experience. Clinical Psychology Review, 21, 705–734.

Bonanno, G. A., Notarius, C. I., Gunzerath, L., Keltner, D., & Horowitz, M. J. (1998). Interpersonal ambivalence, perceived dyadic adjustment, and conjugal loss. Journal of Consulting and Clinical Psychology, 66, 1012–1022.

Bonanno, G. A., Wortman, C. B., Lehman, D. R., Tweed, R. G., Haring, M., Sonnega, J., et al. (2002). Resilience to loss and chronic grief: A prospective study

parental loss on adolescents' psychosocial characteristics. *Adolescence, 25,* 689–701.

Raveis, V. H., Siegel, K., & Karus, D. (1999). Children's psychological distress following the death of a parent. *Journal of Youth and Adolescence, 28,* 165–180.

Reite, M., Kaemingk, K., & Boccia, M. L. (1989). Maternal separation in bonnet monkey infants: Altered attachment and social support. *Child Development, 60,* 473–480.

Repetti, R. L., Taylor, S. E., & Seeman, T. E. (2002). Risky families: Family social environments and the mental and physical health of offspring. *Psychological Bulletin, 128,* 330–366.

Rice, D., & Barone, S. (2000). Critical periods of vulnerability for the developing nervous system: Evidence from human and animal models. *Environmental Health Perspectives, 108,* 511–533.

Rutter, M., O'Connor, T. G., & English and Romanian Adoptees Study Team. (2004). Are there biological programming effects for psychological development? Findings from a study of Romanian adoptees. *Developmental Psychology, 40,* 81–94.

Saler, L., & Skolnick, N. (1992). Childhood parental death and depression in adulthood: Roles of surviving parent and family environment. *American Journal of Orthopsychiatry, 62,* 504–516.

Sanchez, M. M., Noble, P. M., Lyon, C. K., Plotsky, P. M., Davis, M., Nemeroff, C. B., & Winslow, J. T. (2005). Alterations in diurnal cortisol rhythm and acoustic startle response in nonhuman primates with adverse rearing. *Biological Psychiatry, 57,* 373–381.

Sandler, I. N. (2001). Quality and ecology of adversity as common mechanisms of risk and resilience. *American Journal of Community Psychology, 29,* 19–61.

Sandler, I. N., Gersten, J., Reynolds, K., Kallgren, C., & Ramirez, R. (1988). Using theory and data to plan support interventions: Design of a program for bereaved children. In B. Gottlieb (Ed.), *Marshalling social support: Formats, processes and effects* (pp. 53–83). Thousand Oaks, CA: Sage.

Sandler, I. N., Tein, J., Mehta, P., Wolchik, S., & Ayers, T. (2000). Coping efficacy and psychological problems of children of divorce. *Child Development, 71,* 1099–1118.

Sandler, I. N., West, S. G., Baca, L., Pillow, D. R., Gersten, J., Rogosch, F., et al. (1992). Linking empirically based theory and evaluation: The Family Bereavement Program. *American Journal of Community Psychology, 20,* 491–521.

Sandler, I. N., Wolchik, S. A., Davis, C. H., Haine, R. A., & Ayers, T. A. (2003). Correlational and experimental study of resilience for children of divorce and parentally-bereaved children. In S. S. Luthar (Ed.), *Resilience and vulnerability: Adaptation in the context of childhood adversities* (pp. 213–240). New York: Cambridge University Press.

Straub, R. O. (2002). *Health psychology.* New York: Worth.

Stroebe, W., & Stroebe, M. (1993). Determinants of adjustment to bereavement in younger widows and widowers. In M. Stroebe, W. Stroebe, & R. Hansson (Eds.), *Handbook of bereavement: Theory, research, and intervention* (pp. 208–226). New York: Cambridge University Press.

Suomi, S. J. (1997). Early determinants of behavior: Evidence from primate studies.

Luecken, L. J., Appelhans, B. M., Kraft, A., & Brown, A. (2006). Never far from home: A cognitive–affective model of the impact of early-life family relationships on physiological stress responses in adulthood. *Journal of Social and Personal Relationships, 23*, 189–203.

Luecken, L. J., & Lemery, K. (2004). Early caregiving and adult physiological stress responses. *Clinical Psychology Review, 24*, 171–191.

Luecken, L. J., Rodriguez, A., & Appelhans, B. M. (2005). Cardiovascular stress responses in young adulthood associated with family-of-origin relationships. *Psychosomatic Medicine, 67*, 514–521.

Luthar, S. S., Cicchetti, D., & Becker, B. (2000). The construct of resilience: A critical evaluation and guidelines for future work. *Child Development, 71*, 543–562.

Lutzke, J. R., Ayers, T. S., Sandler, I. N., & Barr, A. (1997). Risks and interventions for the parentally bereaved child. In S. Wolchik & I. Sandler (Eds.), *Handbook of children's coping: Linking theory and intervention* (pp. 215–244). New York: Plenum Press.

Mack, K. Y. (2001). Childhood family disruption and adult well-being: The differential effects of divorce and parental death. *Death Studies, 25*, 419–443.

Maier, E. H., & Lachman, M. E. (2000). Consequences of early parental loss and separation for health and well-being in midlife. *International Journal of Behavioral Development, 24*, 183–189.

Masten, A. S., Burt, K. B., Roisman, G. I., Obradovic, J., Long, J. D., & Tellegen, A. (2004). Resources and resilience in the transition to adulthood: Continuity and change. *Development and Psychopathology, 16*, 1071–1094.

Masten, A. S., & Coatsworth, J. D. (1998). The development of competence in favorable and unfavorable environments: Lessons from successful children. *American Psychologist, 53*, 205–220.

McEwen, B. S. (2002). Sex, stress, and the hippocampus: Allostasis, allostatic load, and the aging process. *Neurobiology of Aging, 23*, 921–939.

McEwen, B. S. (2003). Early life influences on life-long patterns of behavior and health. *Mental Retardation and Developmental Disabilities Research Reviews, 9*, 149–154.

Meaney, M. J., Brake, W., & Gratton, A. (2002). Environmental regulation of the development of mesolimbic dopamine systems: A neurobiological mechanism for vulnerability to drug abuse? *Psychoneuroendocrinology, 27*, 127–138.

Mireault, G. C., & Bond, L. A. (1992). Parental death in childhood: Perceived vulnerability and adult depression and anxiety. *American Journal of Orthopsychiatry, 62*, 517–524.

Nemeroff, C. B. (2004). Neurobiological consequences of childhood trauma. *Journal of Clinical Psychiatry, 65*, 18–28.

Nicolson, N. A. (2004). Childhood parental loss and cortisol levels in adult men. *Psychoneuroendocrinology, 29*, 1012–1018.

Plotsky, P. M., Owen, M. J., & Nemeroff, C. B. (1998). Psychoneuroendocrinology of depression: Hypothalamic–pituitary–adrenal axis. *Psychiatric Clinics of North America, 21*, 293–307.

Plotsky, P. M., Thrivikraman, K. V., Nemeroff, C. B., Caldji, C., Sharma, S., & Meaney, M. J. (2005). Long-term consequences of neonatal rearing on central corticotropin-releasing factor systems in adult male rat offspring. *Neuropsychopharmacology, 30*, 2192–2204.

Raphael, B., Cubis, J., Dunne, M., Lewin, T., & Kelly, B. (1990). The impact of

term adjustment. *Omega: The Journal of Death and Dying, 46,* 15–34.

Kendler, K. S., Gardner, C. O., & Prescott, C. A. (2002). Toward a comprehensive developmental model for major depression in women. *American Journal of Psychiatry, 159,* 1133–1145.

Kendler, K. S., Gardner, C. O., & Prescott, C. A. (2006). Toward a comprehensive developmental model for major depression in men. *American Journal of Psychiatry, 163,* 115–124.

Kendler, K. S., Neale, M. C., Kessler, R. C., Heath, A. C., & Eaves, L. J. (1992). Childhood parental loss and adult psychopathology in women. *Archives of General Psychiatry, 49,* 109–116.

Kessler, R. C., Davis, C. G., & Kendler, K. S. (1997). Childhood adversity and adult psychiatric disorder in the U.S. National Comorbidity Survey. *Psychological Medicine, 27,* 1101–1119.

Kivela, S., Luukinen, H., Koski, K., Viramo, P., & Kimmo, P. (1998). Early loss of mother or father predicts depression in old age. *International Journal of Geriatric Psychiatry, 13,* 527–530.

Kranzler, E., Shaffer, D., Wasserman, G., & Davies, M. (1990). Early childhood bereavement. *Journal of the American Academy of Child & Adolescent Psychiatry, 29,* 513–520.

Krause, N. (1998). Early parental loss, recent life events, and changes in health among older adults. *Journal of Aging and Health, 10,* 395–421.

Kuhn, C. M., Pauk, J., & Schanberg, S. (1990). Endocrine responses to mother–infant separation in developing rats. *Developmental Psychobiology, 23,* 395–410.

Langrock, A. M., Compas, B. E., Keller, G., Merchant, M. J., & Copeland, M. E. (2002). Coping with the stress of parental depression: Parent reports of children's coping, emotional, and behavioral problems. *Journal of Clinical Child and Adolescent Psychology, 31,* 312–324.

Lee, C., & Gotlib, I. H. (1991). Adjustment of children of depressed mothers: A 10-month follow-up. *Journal of Abnormal Psychology, 100,* 473–477.

Lewis, M. H., Gluck, J. P., Petitto, J. M., Hensley, L. L., & Ozer, H. (2000). Early social deprivation in nonhuman primates: Long-term effects on survival and cell-mediated immunity. *Biological Psychiatry, 47,* 119–126.

Lin, K. K., Sandler, I. N., Ayers, T. S., Wolchik, S. A., & Luecken, L. J. (2004). Resilience in parentally bereaved children and adolescents seeking preventive services. *Journal of Clinical Child and Adolescent Psychology, 33,* 673–683.

Lowman, B. C., Drossman, D. A., Cramer, E. M., & McKee, D. C. (1987). Recollection of childhood events in adults with irritable bowel syndrome. *Journal of Clinical Gastroenterology, 9,* 324–330.

Luecken, L. J. (1998). Childhood attachment and loss experiences affect adult cardiovascular and cortisol function. *Psychosomatic Medicine, 60,* 765–772.

Luecken, L. J. (2000a). Attachment and loss experiences during childhood are associated with adult hostility, depression, and social support. *Journal of Psychosomatic Research, 49,* 85–91.

Luecken, L. J. (2000b). Parental caring and loss during childhood and adult cortisol responses to stress. *Psychology & Health, 15,* 841–851.

Luecken, L. J., & Appelhans, B. M. (2006). Early parental loss and salivary cortisol in young adulthood: The moderating role of family environment. *Development and Psychopathology, 18,* 295–308.

emy of Sciences: Vol. 807. The integrative neurobiology of affiliation (pp. 419–428). New York: New York Academy of Sciences.

Coe, C. L., & Lubach, G. R. (2003). Critical periods of special health relevance for psychoneuroimmunology. *Brain, Behavior, and Immunity, 17*, 3–12.

Curtis, W. J., & Cicchetti, D. (2003). Moving research on resilience into the 21st century: Theoretical and methodological considerations in examining the biological contributors to resilience. *Development and Psychopathology, 15*, 773–810.

Fahlke, C., Lorenz, J. G., Long, J., Champous, M., Suomi, S. J., & Higley, J. D. (2000). Rearing experiences and stress-induced plasma cortisol as early risk factors for excessive alcohol consumption in nonhuman primates. *Alcoholism: Clinical and Experimental Research, 24*, 644–650.

Felitti, V. J., Anda, R. F., Nordenberg, D., Williamson, D. F., Spitz, A. M., Edwards, V., et al. (1998). Relationship of childhood abuse and household dysfunction to many of the leading causes of death in adults. *American Journal of Preventive Medicine, 14*, 245–258.

Gelfand, D. M., & Teti, D. M. (1990). The effects of maternal depression on children. *Clinical Psychology Review, 10*, 329–353.

Gunnar, M. R., Gonzalez, C. A., Goodlin, B. L., & Levine, S. (1981). Behavioral and pituitary–adrenal responses during a prolonged separation period in infant rhesus macaques. *Psychoneuroendocrinology, 6*, 65–75.

Gunnar, M. R., Morison, S. J., Chisholm, K., & Schuder, M. (2001). Salivary cortisol levels in children adopted from Romanian orphanages. *Development and Psychopathology, 13*, 611–628.

Haine, R. A., Ayers, T., Sandler, I. N., Wolchik, S. A., & Weyer, J. L. (2003). Locus of control and self-esteem as stress-moderators or stress-mediators in parentally bereaved children. *Death Studies, 27*, 619–640.

Haine, R. A., Wolchik, S. A., Sandler, I. N., Millsap, R. E., & Ayers, T. S. (2006). Positive parenting as a protective resource for parentally bereaved children. *Death Studies, 30*, 1–28.

Heim, C., Newport, D. J., Wagner, D., Wilcox, M. M., Miller, A. H., & Nemeroff, C. B. (2002). The role of early adverse experience and adulthood stress in the prediction of neuroendocrine stress reactivity in women: A multiple regression analysis. *Depression and Anxiety, 15*, 117–125.

Heim, C., Plotsky, P. M., & Nemeroff, C. B. (2004). Importance of studying the contributions of early adverse experience to neurobiological findings in depression. *Neuropsychopharmacology, 29*, 641–648.

Hertzman, C. (1999). The biological embedding of early experience and its effects on health in adulthood. In N. E. Adler, M. Marmot, B. S. McEwen, & J. Stewart (Eds.), *Annals of the New York Academy of Sciences: Vol. 896. Socioeconomic status and health in industrial nations: Social, psychological, and biological pathways* (pp. 85–95). New York: New York Academy of Sciences.

Higley, J. D., Suomi, S. J., & Linnoila, M. (1992). A longitudinal assessment of CSF monoamine metabolite and plasma cortisol concentrations in young rhesus monkeys. *Society of Biological Psychiatry, 32*, 127–145.

Hofer, M. A. (1994). Early relationships as regulators of infant physiology and behavior. *Acta Pediatrica, 397*(Suppl.), 9–18.

Kalter, N., Lohnes, K. L., Chasin, J., Cain, A. C., Dunning, S., & Rowan, J. (2002). The adjustment of parentally bereaved children: Factors associated with short-

oretical, and treatment foundations (pp. 53–69). Philadelphia: Brunner/Mazel.

Stroebe, W., & Schut, H. (2001). Risk factors in bereavement outcome: A methodological and empirical review. In M. S. Stroebe, R. O. Hansson, W. Stroebe, & H. Schut (Eds.), *Handbook of bereavement research: Consequences, coping, and care* (pp. 349–371). Washington, DC: American Psychological Association.

Thompson, K. E., & Range, L. M. (1990–1991). Recent bereavement from suicide and other deaths: Can people imagine it as it really is? *Omega: The Journal of Death and Dying, 22*, 249–259.

Thompson, M. P., Norris, F. H., & Ruback, R. B. (1998). Comparative distress levels of inner-city family members of homicide victims. *Journal of Traumatic Stress, 11*, 223–242.

Weisman, A. (1973). Coping with untimely death. *Psychiatry, 36*, 366–379.

第 8 章

Agid, O., Shapira, B., Zislin, J., Ritsner, M., Hanin, B., Murad, H., et al. (1999). Environment and vulnerability to major psychiatric illness: A case control study of early parental loss in major depression, bipolar disorder, and schizophrenia. *Molecular Psychiatry, 4*, 163–172.

Bauer, A. M., Quas, J. A., & Boyce, W. T. (2002). Associations between physiological reactivity and children's behavior: Advantages of a multisystem approach. *Developmental and Behavioral Pediatrics, 23*, 102–113.

Bayart, F., Hayashi, K. T., Faull, K. F., Barchas, J. D., & Levine, S. (1990). Influence of maternal proximity on behavioral and physiological responses to separation in infant rhesus monkeys. *Behavioral Neuroscience, 104*, 98–107.

Ben-Shlomo, Y., & Davey-Smith, G. (1991). Deprivation in infancy or adult life: Which is more important for mortality risk? *The Lancet, 337*, 530–534.

Bifulco, A., Brown, G., & Harris, T. (1987). Childhood loss of parent, lack of adequate parental care and adult depression: A replication. *Journal of Affective Disorders, 12*, 115–128.

Boccia, M. L., Laudenslager, M. L., & Reite, M. L. (1994). Intrinsic and extrinsic factors affect infant responses to maternal separation. *Psychiatry, 57*, 43–50.

Bornstein, M. H., Haynes, O. M., Azuma, H., Galperin, C., Maital, S., Ogino, M., et al. (1998). A cross-national study of self-evaluations and attributions in parenting: Argentina, Belgium, France, Israel, Italy, Japan, and the United States. *Developmental Psychology, 34*, 662–676.

Bowlby, J. (1980). *Attachment and loss: Vol. 3. Loss: Sadness and depression*. New York: Basic Books.

Breier, A., Kelsoe, J. R., Kirwon, P. D., Bellar, S. A., Wolkowitz, O. M., & Pickar, D. (1988). Early parental loss and development of adult psychopathology. *Archives of General Psychiatry, 45*, 987–993.

Brotman, L. M., Gouley, K. K., Klein, R. G., Castellanos, X., & Pine, D. S. (2003). Children, stress, and context: Integrating basic, clinical, and experimental prevention research. *Child Development, 74*, 1053–1057.

Carlson, M., & Earls, F. (1997). Psychological and neuroendocrinological sequelae of early social deprivation in institutionalized children in Romania. In C. S. Carter, I. I. Lederhendler, & B. Kirkpatrick (Eds.), *Annals of the New York Acad-*

time. *Journal of Traumatic Stress, 16,* 17–26.

Murphy, S. A., Johnson, L. C., & Lohan, J. (2000). The aftermath of the violent death of a child: An integration of the assessments of parents' mental distress and PTSD during the first 5 years of bereavement. *Journal of Loss and Trauma, 7,* 203–222.

Murphy, S. A., Johnson, L. C., & Lohan, J. (2003a). The effectiveness of coping resources and strategies used by bereaved parents 1 and 5 years after the violent deaths of their children. *Omega: The Journal of Death and Dying, 47,* 25–44.

Murphy, S. A., Johnson, L. C., & Lohan, J. (2003b). Finding meaning in a child's violent death: A five-year prospective analysis of parents' personal narratives and empirical data. *Death Studies, 27,* 381–404.

Murphy, S. A., Johnson, L. C., & Weber, N. A. (2002). Coping strategies following a child's violent death: How parents differ in their responses. *Omega: The Journal of Death and Dying, 45,* 99–118.

Murphy, S. A., Johnson, L. C., Wu, L., Fan, J. J., & Lohan, J. (2003). Bereaved parents' outcomes 4 to 60 months after their children's deaths by accident, suicide, or homicide: A comparative study demonstrating differences. *Death Studies, 27,* 39–61.

Murphy, S. A., Lohan, J., Braun, T., Johnson, L. C., Cain, K. C., Baugher, R., et al. (1999). Parents' health, health care utilization, and health behaviors following the violent deaths of their 12 to 28 year-old children: A prospective, longitudinal analysis. *Death Studies, 23,* 1–29.

National Center for Health Statistics. (2004). *Deaths: Final data for 2002. National vital statistics reports* (Vol. 53, No. 5). Washington, DC: U.S. Government Printing Office.

Parkerson, G. R., Gehlback, S. H., Wagner, E. H., James, S. A., Clapp, N. E., & Muhlbaier, L. H. (1981). The Duke–UNC Health Profile: An adult health status instrument for primary care. *Medical Care, 19,* 806–828.

Rando, T. A. (1983). An investigation of grief and adaptation in parents whose children have died from cancer. *Journal of Pediatric Psychology, 1,* 3–20.

Rando, T. A. (1996). Complications in mourning traumatic death. In K. Doka (Ed.), *Living with grief after sudden loss* (pp. 139–159). Washington, DC: Taylor & Francis.

Saiki-Craighill, S. (2001). The grieving process of Japanese mothers who have lost a child to cancer. *Journal of Pediatric Oncology Nursing, 18,* 260–275.

Sanders, C. M. (1979–1980). A comparison of adult bereavement in the death of a spouse, child, and parent. *Omega: The Journal of Death and Dying, 10,* 303–322.

Schwab, R. (1992). Effects of a child's death on the marital relationship. *Death Studies, 16,* 141–154.

Séguin, M., Lesage, A., & Kiely, M. C. (1995). Parental bereavement after suicide and accident: A comparative study. *Suicide and Life-Threatening Behavior, 25,* 489–498.

Spanier, G. B. (1976). Measuring dyadic adjustment: New scales for assessing the quality of marriage and similar dyads. *Journal of Marriage and the Family, 38,* 15–27.

Stevens-Guille, M. (1999). Intersections of grief and trauma: Family members' reactions to homicide. In C. R. Figley (Ed.), *Traumatology of grieving: Conceptual, the-*

Gilbert, K. (1997). Couple coping with the death of a child. In C. Figley, B. Bride, & N. Mazza (Eds.), *Death and trauma: The traumatology of grieving* (pp. 101–122). Philadelphia: Taylor & Francis.

Green, B. L. (1990). Defining trauma: Terminology and generic stressor dimensions. *Journal of Applied Social Psychology, 20*, 1632–1642.

Hall, M., & Irwin, M. (2001). Physiological indices of functioning in bereavement. In M. Stroebe, R. Hansson, W. Stroebe, & H. Schut (Eds.), *Handbook of bereavement research: Consequences, coping, and care* (pp. 473–492). Washington, DC: American Psychological Association.

James, L., & Johnson, B. (1997). The needs of parents of pediatric oncology patients during the palliative care phase. *Journal of Pediatric Oncology Nursing, 14*, 83–95.

Janoff-Bulman, R., & Frantz, C. (1997). The impact of trauma on meaning: From meaningless world to meaningful life. In M. Power & C. Brewin (Eds.), *The transformation of meaning in psychological therapies* (pp. 91–106). New York: Wiley.

Jordan, J. R. (2001). Is suicide bereavement different? A reassessment of the literature. *Suicide and Life-Threatening Behavior, 31*, 91–101.

Kazak, A. (2004). Research priorities for family assessment and intervention in pediatric oncology. *Journal of Pediatric Oncology Nursing, 21*, 141–144.

Kessler, R. C., Sonnega, A., Bromet, E., Hughes, M., & Nelson, C. B. (1995). Posttraumatic stress disorder in the National Comorbidity Survey. *Archives of General Psychiatry, 52*, 1048–1060.

Kreicbergs, U., Valdimarsdottir, U., Onelov, E., Henter, J., & Steineck, G. (2004). Anxiety and depression in parents 4–9 years after the loss of a child owing to a malignancy: A population-based follow-up. *Psychological Medicine, 34*, 1431–1441.

Li, J., Mortensen, P., & Olsen, J. (2003). Mortality in parents after death of a child in Denmark: A nationwide follow-up study. *The Lancet, 361*, 363–367.

Martinson, I. M., & Cohen, M. (1988). Themes from a longitudinal study of family reactions to childhood cancer. *Journal of Psychosocial Oncology, 6*(3–4), 81–98.

Martinson, I. M., Guang, C., & Yi-Hua, L. (1993). Chinese families after the death of a child from cancer. *European Journal of Cancer Care, 2*, 169–173.

Martinson, I. M., McClowry, S. G., Davies, B., & Kuhlenkamp, E. J. (1994). Changes over time: A study of family bereavement following childhood cancer. *Journal of Palliative Care, 10*, 19–25.

Martinson, I. M., Lee, H., & Kim, S. (2000). Culturally based interventions for families whose child dies. *Illness, Crisis & Loss, 8*, 17–31.

Menaghan, E. (1983). Individual coping efforts and family studies: Conceptual and methodological issues. *Marriage and Family Review, 6*, 113–135.

Middleton, W., Raphael, B., Burnett, P., & Martinek, N. (1998). A longitudinal study comparing bereavement phenomena in recently bereaved spouses, adult children, and parents. *Australian and New Zealand Journal of Psychiatry, 32*, 235–241.

Murphy, S. A. (1986). Health and recovery status of natural disaster victims one and three years later. *Research in Nursing & Health, 9*, 331–340.

Murphy, S. A. (1997). *Parent bereavement stress and nursing intervention final report* (Report No. RO1 NRO1). Seattle: University of Washington.

Murphy, S. A., Johnson, L. C., Chung, I. J., & Beaton, R. D. (2003). The incidence of PTSD following the violent death of a child and predictors of change over

Rationale and description. *Death Studies, 23,* 197–224.

Stroebe, M. S., & Schut, H. (2001). Models of coping with bereavement: A review. In M. S. Stroebe, R. O. Hansson, W. Stroebe, & H. Schut (Eds.), *Handbook of bereavement: Consequences, coping, and care* (pp. 375–403). Washington, DC: American Psychological Association.

Taylor, S. E. (1983). Adjustment to threatening events: A theory of cognitive adaptation. *American Psychologist, 38,* 1161–1173.

Tedeschi, R. G., & Calhoun, L. G. (1996). The posttraumatic growth inventory: Measuring the positive legacy of trauma. *Journal of Traumatic Stress, 9,* 455–471.

Tedeschi, R. G., & Calhoun, L. G. (2004). Posttraumatic growth: Conceptual foundations and empirical evidence. *Psychological Inquiry, 15,* 1–18.

Tolstikova, K., Fleming, S., & Chartier, B. (2005). Grief, complicated grief, and trauma: The role of the search for meaning, impaired self-reference, and death anxiety. *Illness, Crisis & Loss, 13,* 293–313.

Wortman, C. B. (2004). Posttraumatic growth: Progress and problems. *Psychological Inquiry, 15,* 81–90.

第 7 章

American Psychiatric Association. (1987). *Diagnostic and statistical manual of mental disorders* (3rd ed., rev.). Washington, DC: Author.

Amick-McMullan, A., Kilpatrick, D. G., & Resnick, H. S. (1991). Homicide as a risk factor for PTSD among surviving family members. *Behavior Modification, 15,* 545–559.

Biondi, M., & Picardi, A. (1996). Clinical and biological aspects of bereavement and loss-induced depression: A reappraisal. *Psychotherapy and Psychosomatics, 65,* 229–245.

Birenbaum, L. K., Stewart, B., & Phillips, D. (1996). Health status of bereaved parents. *Nursing Research, 45,* 105–109.

Carver, C. S., Scheier, M. F., & Weintraub, J. K. (1989). Assessing coping strategies: A theoretically based approach. *Journal of Personality and Social Psychology, 56,* 267–283.

Centers for Disease Control and Prevention. (1997, February 7). Rates of homicide, suicide, and firearm-related death among children—26 industrialized countries. *Morbidity and Mortality Weekly Report, 46*(5), 101–105.

Cohen, S., & Rodriguez, M. (1995). Pathways linking affective disturbances and physical disorders. *Health Psychology, 14,* 374–380.

Davis, C. G., Wortman, C. B., Lehman, D. R., & Silver, R. (2000). Searching for meaning in loss: Are clinical assumptions correct? *Death Studies, 24,* 497–540.

Derogatis, L. R. (1977). *BSI—Administration, scoring, and procedures manual I.* Baltimore: Clinical Psychometric Research.

Derogatis, L. R. (1992). *BSI—Administration, scoring, and procedures manual II.* Baltimore: Clinical Psychometric Research.

Dryfoos, J. (1991). Adolescents at risk: A summation of work in the field. Programs and policies. *Journal of Adolescent Health, 12,* 630–637.

comparisons: Coping with traumatic events by perceiving personal growth. *Journal of Personality and Social Psychology, 79*, 327–343.

McMillen, J. C. (2004). Posttraumatic growth: What's it all about? *Psychological Inquiry, 15*, 48–52.

McMullan, J., & Hinze, S. (1999). Westray: The press, ideology, and corporate crime. In C. McCormick (Ed.), *The Westray chronicles: A case study in corporate crime* (pp. 183–217). Halifax, Nova Scotia, Canada: Fernwood.

Michael, S. T., & Snyder, C. R. (2005). Getting unstuck: The roles of hope, finding meaning, and rumination in adjustment to bereavement among college students. *Death Studies, 29*, 435–458.

Miles, M. S., & Crandall, E. K. B. (1983). The search for meaning and its potential for affecting growth in bereaved parents. *Health Values, 7*, 19–23.

Miller, W. R. (2004). The phenomenon of quantum change. *Journal of Clinical Psychology, 60*, 453–460.

Nadeau, J. W. (1998). *Families making sense of death*. Thousand Oaks, CA: Sage.

Neimeyer, R. A. (2005). Widowhood, grief and the quest for meaning: A narrative perspective on resilience. In D. Carr, R. M. Nesse, & C. B. Wortman (Eds.), *Late life widowhood in the United States* (pp. 227–252). New York: Springer Publishing Company.

Neimeyer, R. A. (2006). Re-storying loss: Fostering growth in the posttraumatic narrative. In L. Calhoun & R. Tedeschi (Eds.), *Handbook of posttraumatic growth: Research and practice* (pp. 68–80). Mahwah, NJ: Erlbaum.

Nerken, I. R. (1993). Grief and the reflective self: Toward a clearer model of loss resolution and growth. *Death Studies, 17*, 1–26.

Pals, J. L., & McAdams, D. P. (2004). The transformed self: A narrative understanding of posttraumatic growth. *Psychological Inquiry, 15*, 65–69.

Park, C. L., Cohen, L. H., & Murch, R. L. (1996). Assessment and prediction of stress-related growth. *Journal of Personality, 64*, 71–105.

Parkes, C. M. (1971). Psycho-social transitions: A field for study. *Social Science & Medicine, 5*, 101–115.

Parkes, C. M. (1988). Bereavement as a psychosocial transition: Processes of adaptation to change. *Journal of Social Issues, 44*(3), 53–65.

Parkes, C. M. (1998). *Bereavement: Studies in grief in adult life* (3rd ed.). Madison, CT: International Universities Press.

Schwartzberg, S. S. (1993). Struggling for meaning: How HIV-positive gay men make sense of AIDS. *Professional Psychology: Research and Practice, 24*, 483–490.

Schwartzberg, S. S., & Janoff-Bulman, R. (1991). Grief and the search for meaning: Exploring the assumptive worlds of bereaved college students. *Journal of Social and Clinical Psychology, 10*, 270–288.

Seligman, M. E. P., Rashid, T., & Parks, A. C. (2006). Positive psychotherapy. *American Psychologist, 61*, 774–788.

Silver, R. C., Wortman, C. B., & Crofton, C. (1990). The role of coping in support provision: The self-presentational dilemma of victims of life crises. In B. R. Sarason, I. G. Sarason, & G. R. Pierce (Eds.), *Social support: An interactional view* (pp. 397–426). New York: Wiley.

Stroebe, M., & Schut, H. (1999). The dual process model of coping with bereavement:

benefits, and posttraumatic growth. In S. Lopez & C. R. Snyder (Eds.), *Handbook of positive psychology* (2nd ed.). New York: Oxford University Press.

Davis, C. G., Nolen-Hoeksema, S., & Larson, J. (1998). Making sense of loss and benefiting from the experience: Two construals of meaning. *Journal of Personality and Social Psychology, 75*, 561–574.

Davis, C. G., Wohl, M. J. A., & Verberg, N. (2007). Profiles of posttraumatic growth following an unjust loss. *Death Studies, 31*, 693–712.

Davis, C. G., Wortman, C. B., Lehman, D. R., & Silver, R. C. (2000). Searching for meaning in loss: Are clinical assumptions correct? *Death Studies, 24*, 497–540.

Edmonds, S., & Hooker, K. (1992). Perceived changes in life meaning following bereavement. *Omega: The Journal of Death and Dying, 25*, 307–318.

Epstein, S. (1973). The self-concept revisited: Or a theory of a theory. *American Psychologist, 28*, 404–416.

Frankl, V. (1986). *The doctor and the soul: From psychotherapy to logotherapy* (3rd ed.). New York: Vintage Books. (Original work published 1955)

Gillies, J., & Neimeyer, R. A. (2006). Loss, grief, and the search for significance: Toward a model of meaning reconstruction in bereavement. *Journal of Constructivist Psychology, 19*, 31–65.

Greenwald, A. G. (1980). The totalitarian ego: Fabrication and revision of personal history. *American Psychologist, 35*, 603–618.

Holland, J. M., Currier, J. M., & Neimeyer, R. A. (2007). Meaning reconstruction in the first two years of bereavement: The role of sense-making and benefit-finding. *Death Studies, 31*, 175–191.

Horowitz, M. J. (1986). *Stress response syndromes*. Northville, NJ: Jason Aronson.

Janoff-Bulman, R. (1989). Assumptive worlds and the stress of traumatic events: Applications of the schema construct. *Social Cognition, 7*, 113–136.

Janoff-Bulman, R. (1992). *Shattered assumptions: Towards a new psychology of trauma*. New York: Free Press.

Janoff-Bulman, R. (1999). Rebuilding shattered assumptions after traumatic life events: Coping processes and outcomes. In C. R. Snyder (Ed.), *Coping: The psychology of what works* (pp. 305–322). New York: Oxford University Press.

Janoff-Bulman, R. (2004). Posttraumatic growth: Three explanatory models. *Psychological Inquiry, 15*, 30–34.

Joseph, S., & Linley, P. A. (2005). Positive adjustment to threatening events: An organismic valuing theory of growth through adversity. *Review of General Psychology, 9*, 262–280.

Kessler, B. G. (1987). Bereavement and personal growth. *Journal of Humanistic Psychology, 27*, 228–247.

Lehman, D. R., Davis, C. G., DeLongis, A., Wortman, C. B., Bluck, S., Mandel, D. R., & Ellard, J. H. (1993). Positive and negative life changes following bereavement and their relations to adjustment. *Journal of Social and Clinical Psychology, 12*, 90–112.

Matthews, L. T., & Marwit, S. J. (2003–2004). Examining the assumptive world views of parents bereaved by accident, murder, and illness. *Omega: The Journal of Death and Dying, 48*, 115–136.

McFarland, C., & Alvaro, C. (2000). The impact of motivation on temporal

P. R. Silverman, & S. Nickman (Eds.), *Continuing bonds: New understandings of grief* (pp. 3–27). Washington, DC: Taylor & Francis.

Stroebe, M., Gergen, M., Gergen, K., & Stroebe, W. (1992). Broken hearts or broken bonds? *American Psychologist, 47*, 1205–1212.

Stroebe, M., & Schut, H. (2005). To continue or relinquish bonds: A review of consequences for the bereaved. *Death Studies, 29*, 477–494.

Turton, P., Hughes, P., Fonagy, P., & Fainman, D. (2004). An investigation into the possible overlap between PTSD and unresolved responses following stillbirth: An absence of linkage with only unresolved status predicting infant disorganization. *Attachment and Human Development, 6*, 241–253.

Vaillant, G. E. (1993). *The wisdom of the ego*. Cambridge, MA: Harvard University Press.

van IJzendoorn, M. H. (1995). Adult attachment representations, parental responsiveness, and infant attachment: A meta-analysis on the predictive validity of the Adult Attachment Interview. *Psychological Bulletin, 117*, 387–403.

Wortman, C. B., & Silver, R. C. (1989). The myths of coping with loss. *Journal of Consulting and Clinical Psychology, 57*, 349–357.

Yamamoto, J., Okonogi, K., Iwasaki, T., & Yoshimura, S. (1969). Mourning in Japan. *American Journal of Psychiatry, 125*, 1661–65.

第6章

Affleck, G., & Tennen, H. (1996). Construing benefits from adversity: Adaptational significance and dispositional underpinnings. *Journal of Personality, 64*, 899–922.

Boelen, P. A., Kip, H. J., Voorsluijs, J. J., & van den Bout, J. (2004). Irrational beliefs and basic assumptions in bereaved university students: A comparison study. *Journal of Rational-Emotive and Cognitive Behavioral Therapy, 22*, 111–129.

Bonanno, G. A. (2004). Loss, trauma, and human resilience: Have we underestimated the human capacity to thrive after extremely aversive events? *American Psychologist, 59*, 20–28.

Bowlby, J. (1961). Processes of mourning. *International Journal of Psycho-Analysis, 42*, 317–340.

Bowlby, J. (1980). *Attachment and loss: Vol. 3. Loss: Sadness and depression*. London: Hogarth Press.

Calhoun, L. G., & Tedeschi, R. G. (1989–1990). Positive aspects of critical life problems: Recollections of grief. *Omega: The Journal of Death and Dying, 20*, 265–272.

Coyne, J. C., Wortman, C. B., & Lehman, D. R. (1988). The other side of support: Emotional overinvolvement and miscarried help. In B. H. Gottlieb (Ed.), *Marshaling social support: Formats, processes, and effects* (pp. 305–330). Newbury Park, CA: Sage.

Davis, C. G., & Macdonald, S. L. (2004). Threat appraisals, distress, and the development of positive life changes following September 11th in a Canadian sample. *Cognitive Behavioural Therapy, 33*, 68–78.

Davis, C. G., & McKearney, J. M. (2003). How do people grow from their experience with trauma or loss? *Journal of Social and Clinical Psychology, 22*, 477–492.

Davis, C. G., & Nolen-Hoeksema, S. (in press). Making sense of loss, perceiving

Greenberg, J. R., & Mitchell, S. A. (1983). *Object relations in psychoanalytic theory*. Cambridge, MA: Harvard University Press.

Haraldsson, E. (1988–1989). Survey of claimed encounters with the dead. *Omega: The Journal of Death and Dying, 19,* 103–113.

Hesse, E., Main, M., Abrams, K., & Rifkin, A. (2003). Unresolved states regarding loss or abuse can have "second-generation" effects: Disorganization, role inversion, and frightening ideation in the offspring of traumatized, non-maltreating parents. In M. Solomon & D. Siegel (Eds.), *Healing trauma: Attachment, mind, body, and brain* (pp. 57–106). New York: Norton.

Hilgard, E. (1973). A neodissociation interpretation of pain reduction in hypnosis. *Psychological Review, 80,* 396–411.

Horowitz, M. J., (1986). *Stress response syndromes*. Northvale, NJ: Jason Aronson.

Horowitz, M. J. (1991). Person schemas. In M. J. Horowitz (Ed.), *Person schemas and maladaptive interpersonal patterns* (pp. 13–31). Chicago: University of Chicago Press.

Juri, L. J., & Marrone, M. (2003). Attachment and bereavement. In M. Cortina & M. Marrone (Eds.), *Attachment theory and the psychoanalytic process* (pp. 242–267). London: Whurr.

Klass, D., Silverman, P., & Nickman, S. L. (Eds.). (1996). *Continuing bonds: New understandings of grief*. Washington, DC: Taylor & Francis.

Klass, D., & Walter, T. (2001). Processes of grieving: How bonds are continued. In M. Stroebe, R. Hansson, W. Stroebe, & H. Schut (Eds.), *Handbook of bereavement research: Consequences, coping, and care* (pp. 431–448). Washington, DC: American Psychological Association.

Main, M. (1991). Metacognitive knowledge, metacognitive monitoring, and singular (coherent) vs. multiple (incoherent) models of attachment: Findings and directions for future research. In C. M. Parkes, J. Stevenson-Hinde, & P. Marris (Eds.), *Attachment across the life cycle* (pp. 127–159). London: Tavistock/Routledge.

Main, M., Goldwyn, R., & Hesse, E. (2002). *Adult attachment scoring and classification systems* (Version 7). Unpublished manual.

Main, M., & Solomon, J. (1990). Procedures for identifying infants as disorganized/disoriented during the Ainsworth Strange Situation. In M. T. Greenberg, D. Cicchetti, & E. M. Cummings (Eds.), *Attachment in the preschool years* (pp. 121–160). Chicago: University of Chicago Press.

Neimeyer, R. A. (2001). Reauthoring life narratives: Grief therapy as meaning reconstruction. *Israel Journal of Psychiatry and Related Sciences, 38,* 171–183.

Nolen-Hoeksema, S. (2001). Ruminative coping and adjustment to bereavement. In M. Stroebe, R. Hansson, W. Stroebe, & H. Schut (Eds.), *Handbook of bereavement research: Consequences, coping, and care* (pp. 545–562). Washington, DC: American Psychological Association.

Parkes, C. M. (1988). Bereavement as a psychosocial transition: Processes of adaptation to change. *Journal of Social Issues, 44,* 53–65.

Parkes, C. M. (1998). *Bereavement: Studies of grief in adult life* (3rd ed.). Harmondsworth, England: Pelican Books.

Rando, T. A. (1993). *Treatment of complicated grief*. Champaign, IL: Research Press.

Shear, K., Frank, E., Houck, P. R., & Reynolds, C. F. (2005). Treatment of complicated grief: A randomized controlled trial. *JAMA, 293,* 2601–2608.

Silverman, P. R., & Klass, D. (1996). Introduction: What's the problem? In D. Klass,

第 5 章

Ainsworth, M. D. S., Blehar, M. C., Waters, E., & Wall, S. (1978). *Patterns of attachment: A psychological study of the Strange Situation*. Hillsdale, NJ: Erlbaum.

Attig, T. (2000). *The heart of grief*. New York: Oxford University Press.

Boelen, P. A., Stroebe, M. S., Schut, H. A. W., & Zijerveld, A. M. (2006). Continuing bonds and grief: A prospective analysis. *Death Studies, 30*, 767–776.

Bonanno, G. A., & Kaltman, S. (1999). Toward an integrative perspective on bereavement. *Psychological Bulletin, 125*, 760–776.

Bonanno, G. A., & Keltner, D. (1997). Facial expressions of emotion and the course of conjugal bereavement. *Journal of Abnormal Psychology, 106*, 126–137.

Bowlby, J. (1969). *Attachment and loss: Vol. 1. Attachment*. New York: Basic Books.

Bowlby, J. (1973). *Attachment and loss: Vol. 2. Separation: Anxiety and anger*. New York: Basic Books.

Bowlby, J. (1980). *Attachment and loss: Vol. 3. Loss: Sadness and depression*. New York: Basic Books.

Carlson, F. A. (1998). A prospective longitudinal study of disorganized/disorientated attachment. *Child Development, 69*, 1107–1128.

Davis, C. G., Wortman, C. B., Lehman, D. R., & Silver, R. C. (2000). Searching for meaning in loss: Are clinical assumptions correct? *Death Studies, 24*, 497–540.

Eagle, M. N. (1987). *Recent developments in psychoanalysis*. Cambridge, MA: Harvard University Press.

Fialkow, N. J., & Muslin, H. L. (1987). Working through: A cornerstone of psychotherapy. *American Journal of Psychotherapy, 41*, 443–452.

Field, N. P. (2006a). *Continuing Bonds Interview*. Unpublished measure.

Field, N. P. (2006b). Unresolved loss and the continuing bond to the deceased. *Death Studies, 30*, 739–756.

Field, N. P., Gal-Oz, E., & Bonanno, G. A. (2003). Continuing bonds and adjustment at 5 years after the death of a spouse. *Journal of Consulting and Clinical Psychology, 71*, 1–8.

Field, N. P., Gao, B., & Paderna, L. (2005). Continuing bonds in bereavement: An attachment theory based perspective. *Death Studies, 29*, 1–23.

Field, N. P., Nichols, C., Holen, A., & Horowitz, M. J. (1999). The relation of continuing attachment to adjustment in conjugal bereavement. *Journal of Consulting and Clinical Psychology, 67*, 212–218.

Fraley, R. C., & Shaver, P. R. (1999). Loss and bereavement: Bowlby's theory and recent controversies concerning grief work and the nature of detachment. In J. Cassidy & R. R. Shaver (Eds.), *Handbook of attachment theory and research* (pp. 735–759). New York: Guilford Press.

Freud, S. (1957). Mourning and melancholia. In J. Strachey (Ed. & Trans.), *The standard edition of the complete psychological works of Sigmund Freud* (pp. 152–170). London: Hogarth Press. (Original work published 1917)

George, C., & Solomon, J. (1996). Representational models of relationships: Links between caregiving and attachment. *Infant Mental Health Journal, 17*, 198–216.

Goss, R. E., & Klass, D. (2005). *Dead but not lost: Grief narratives in religious traditions*. New York: Altamira Press.

Shaver, P. R., Schachner, D. A., & Mikulincer, M. (2005). Attachment style, excessive reassurance seeking, relationship processes, and depression. *Personality and Social Psychology Bulletin, 31,* 1–17.

Shaver, P. R., & Tancredy, C. M. (2001). Emotion, attachment, and bereavement: A conceptual commentary. In M. Stroebe, R. O. Hansson, W. Stroebe, & H. Schut (Eds.), *Handbook of bereavement research: Consequences, coping, and care* (pp. 63–88). Washington, DC: American Psychological Association.

Shuchter, S. R., & Zisook, S. (1993). The course of normal grief. In M. Stroebe, W. Stroebe, & R. O. Hansson (Eds.), *Handbook of bereavement: Theory, research, and intervention* (pp. 23–43). New York: Cambridge University Press.

Stroebe, M., Hansson, R. O., Stroebe, W., & Schut, H. (Eds.). (2001). *Handbook of bereavement research: Consequences, coping, and care.* Washington, DC: American Psychological Association.

Stroebe, M., & Schut, H. A. W. (1999). The dual process model of coping with bereavement: Rationale and description. *Death Studies, 23,* 1–28.

Stroebe, M., Schut, H. A. W., & Stroebe, W. (2005). Attachment in coping with bereavement: A theoretical integration. *Review of General Psychology, 9,* 48–66.

Stroebe, W., & Stroebe, M. (1987). *Bereavement and health: The psychological and physical consequences of partner loss.* New York: Cambridge University Press.

van Doorn, C., Kasl, S. V., Beery, L. C., Jacobs, S. C., & Prigerson, H. G. (1998). The influence of marital quality and attachment styles on traumatic grief and depressive symptoms. *Journal of Nervous and Mental Disease, 186,* 566–573.

Vormbrock, J. (1993). Attachment theory as applied to wartime and job-related marital separation. *Psychological Bulletin, 114,* 122–144.

Waskowic, T. D., & Chartier, B. M. (2003). Attachment and the experience of grief following the loss of a spouse. *Omega: The Journal of Death and Dying, 47,* 77–91.

Wayment, H. A., & Vierthaler, J. (2002). Attachment style and bereavement reactions. *Journal of Loss and Trauma, 7,* 129–149.

Wegner, D. M. (1994). Ironic processes of mental control. *Psychological Review, 101,* 34–52.

Weiss, R. S. (1982). Attachment in adult life. In C. M. Parkes & J. Stevenson-Hinde (Eds.), *The place of attachment in human behavior* (pp. 171–184). New York: Basic Books.

Weiss, R. S. (1991). The attachment bond in childhood and adulthood. In C. M. Parkes, J. Stevenson-Hinde, & P. Marris (Eds.), *Attachment across the life cycle* (pp. 66–76). London: Tavistock/Routledge.

Weiss, R. S. (1993). Loss and recovery. In M. S. Stroebe, W. Stroebe, & R. O. Hansson (Eds.), *Handbook of bereavement* (pp. 271–284). New York: Cambridge University Press.

Wenzlaff, R. M., Rude, S. S., Taylor, C. J., Stultz, C. H., & Sweatt, R. A. (2001). Beneath the veil of thought suppression: Attentional bias and depression risk. *Cognition & Emotion, 15,* 435–452.

Zisook, S., Shuchter, S. R., Sledge, P. A., Paulus, M. P., & Judd, L. W. (1994). The spectrum of depressive phenomena after spousal bereavement. *Journal of Clinical Psychiatry, 55,* 29–36.

mental health, prosocial values, and inter-group tolerance. *Psychological Inquiry*, 18, 139–156.

Mikulincer, M., & Shaver, P. R. (2007c). Reflections on security dynamics: Core constructs, psychological mechanisms, relational contexts, and the need for an integrative theory. *Psychological Inquiry*, 18, 197–209.

Murphy, S. A., Braun, T., Tillery, L., Cain, K. C., Johnson, L. C., & Beaton, R. B. (1999). PTSD among bereaved parents following the violent deaths of their 12- to 28-year-old children: A longitudinal prospective analysis. *Journal of Traumatic Stress*, 12, 273–291.

Nager, E. A., & de Vries, B. (2004). Memorializing on the World Wide Web: Patterns of grief and attachment in adult daughters of deceased mothers. *Omega*, 49, 43–56.

Neimeyer, R. A., Prigerson, H. G., & Davies, B. (2002). Mourning and meaning. *American Behavioral Scientist*, 46, 235–241.

Parkes, C. M. (1985). Bereavement. *British Journal of Psychiatry*, 146, 11–17.

Parkes, C. M., & Weiss, R. S. (1983). *Recovery from bereavement*. New York: Basic Books.

Pereg, D., & Mikulincer, M. (2004). Attachment style and the regulation of negative affect: Exploring individual differences in mood congruency effects on memory and judgment. *Personality and Social Psychology Bulletin*, 30, 67–80.

Rando, T. A. (1992). The increased prevalence of complicated mourning: The onslaught is just beginning. *Omega*, 26, 43–60.

Raphael, B. (1983). *The anatomy of bereavement*. New York: Basic Books.

Roberto, K. A., & Stanis, P. I. (1994). Reactions of older women to the death of their close friends. *Omega*, 29, 17–28.

Robertson, J., & Bowlby, J. (1952). Responses of young children to separation from their mothers. *Courrier of the International Children's Center*, 2, 131–140.

Roisman, G. I., Tsai, J. L., & Chiang, K. H. S. (2004). The emotional integration of childhood experience: Physiological, facial expressive, and self-reported emotional response during the Adult Attachment Interview. *Developmental Psychology*, 40, 776–789.

Rubin, S. S. (1991). Adult child loss and the two-track model of bereavement. *Omega*, 24, 183–202.

Schut, H. A. W., Stroebe, M., de Keijser, J., & van den Bout, J. (1997). Intervention for the bereaved: Gender differences in the efficacy of grief counseling. *British Journal of Clinical Psychology*, 36, 63–72.

Shaver, P. R., & Hazan, C. (1993). Adult romantic attachment: Theory and evidence. In D. Perlman & W. Jones (Eds.), *Advances in personal relationships* (Vol. 4, pp. 29–70). London: Jessica Kingsley.

Shaver, P. R., Hazan, C., & Bradshaw, D. (1988). Love as attachment: The integration of three behavioral systems. In R. J. Sternberg & M. Barnes (Eds.), *The psychology of love* (pp. 68–99). New Haven, CT: Yale University Press.

Shaver, P. R., & Mikulincer, M. (2002). Attachment-related psychodynamics. *Attachment and Human Development*, 4, 133–161.

Shaver, P. R., & Mikulincer, M. (2007). Adult attachment strategies and the regulation of emotion. In J. J. Gross (Ed.), *Handbook of emotion regulation* (pp. 446–465). New York: Guilford Press.

bereavement. *Psychology and Aging, 5,* 273–280.
George, C., Kaplan, N., & Main, M. (1996). *Adult Attachment Interview* (3rd ed.). Unpublished manuscript, University of California, Berkeley.
Gilbert, S. M. (2006). *Death's door: Modern dying and the ways we grieve.* New York: Norton.
Gillath, O., Bunge, S. A., Shaver, P. R., Wendelken, C., & Mikulincer, M. (2005). Attachment-style differences in the ability to suppress negative thoughts: Exploring the neural correlates. *Neuroimage, 28,* 835–847.
Grund, D. (1998). *Positive attachment to the deceased and death anxiety.* Unpublished honors thesis, University of Saskatchewan, Saskatoon, Saskatchewan, Canada.
Hazan, C., & Zeifman, D. (1999). Pair-bonds as attachments: Evaluating the evidence. In J. Cassidy & P. R. Shaver (Eds.), *Handbook of attachment: Theory, research, and clinical applications* (pp. 336–354). New York: Guilford Press.
Hesse, E. (1999). The Adult Attachment Interview: Historical and current perspectives. In J. Cassidy & P. R. Shaver (Eds.), *Handbook of attachment: Theory, research, and clinical applications* (pp. 395–433). New York: Guilford Press.
Klass, D., Silverman, P., & Nickman, S. (Eds.). (1996). *Continuing bonds: New understandings of grief.* Washington, DC: Taylor & Francis.
Leonard, J. (2005). The black album [Review of the book *The year of magical thinking*]. *New York Review of Books, 52*(16). Retrieved December 12, 2007, from http://www.nybooks.com/articles/18352
Lichtenthal, W. G., Cruess, D. G., & Prigerson, H. G. (2004). A case for establishing complicated grief as a distinct mental disorder in *DSM–V. Clinical Psychology Review, 24,* 637–662.
Lyons-Ruth, K., & Jacobvitz, D. (1999). Attachment disorganization: Unresolved loss, relational violence, and lapses in behavioral and attentional strategies. In J. Cassidy & P. R. Shaver (Eds.), *Handbook of attachment: Theory, research, and clinical applications* (pp. 520–554). New York: Guilford Press.
Mikulincer, M., Dolev, T., & Shaver, P. R. (2004). Attachment-related strategies during thought-suppression: Ironic rebounds and vulnerable self-representations. *Journal of Personality and Social Psychology, 87,* 940–956.
Mikulincer, M., Florian, V., & Weller, A. (1993). Attachment styles, coping strategies, and posttraumatic psychological distress: The impact of the Gulf war in Israel. *Journal of Personality and Social Psychology, 64,* 817–826.
Mikulincer, M., & Orbach, I. (1995). Attachment styles and repressive defensiveness: The accessibility and architecture of affective memories. *Journal of Personality and Social Psychology, 68,* 917–925.
Mikulincer, M., & Shaver, P. R. (2003). The attachment behavioral system in adulthood: Activation, psychodynamics, and interpersonal processes. In M. P. Zanna (Ed.), *Advances in experimental social psychology* (Vol. 35, pp. 53–152). New York: Academic Press.
Mikulincer, M., & Shaver, P. R. (2005). Mental representations of attachment security: Theoretical foundation for a positive social psychology. In M. W. Baldwin (Ed.), *Interpersonal cognition* (pp. 233–266). New York: Guilford Press.
Mikulincer, M., & Shaver, P. R. (2007a). *Attachment in adulthood: Structure, dynamics, and change.* New York: Guilford Press.
Mikulincer, M., & Shaver, P. R. (2007b). Boosting attachment security to promote

Basic Books.

Bowlby, J. (1982). *Attachment and loss: Vol. 1. Attachment* (2nd ed.). New York: Basic Books.

Bowlby, J. (1988). *A secure base: Clinical applications of attachment theory*. London: Routledge.

Bowlby, J. (1990). *Charles Darwin: A new life*. New York: Norton.

Brennan, K. A., Clark, C. L., & Shaver, P. R. (1998). Self-report measurement of adult romantic attachment: An integrative overview. In J. A. Simpson & W. S. Rholes (Eds.), *Attachment theory and close relationships* (pp. 46–76). New York: Guilford Press.

Burlingham, D., & Freud, A. (1944). *Infants without families*. London: Allen & Unwin.

Cassidy, J., & Kobak, R. R. (1988). Avoidance and its relationship with other defensive processes. In J. Belsky & T. Nezworski (Eds.), *Clinical implications of attachment* (pp. 300–323). Hillsdale, NJ: Erlbaum.

Didion, J. (2005). *The year of magical thinking*. New York: Knopf.

Field, N. P., & Sundin, E. C. (2001). Attachment style in adjustment to conjugal bereavement. *Journal of Social and Personal Relationships, 18*, 347–361.

Foa, E. B., & Rothbaum, B. O. (1998). *Treating the trauma of rape: Cognitive–behavior therapy for PTSD*. New York: Guilford Press.

Forgas, J. P. (1995). Mood and judgment: The affect infusion model (AIM). *Psychological Bulletin, 117*, 39–66.

Fraley, R., & Bonanno, G. A. (2004). Attachment and loss: A test of three competing models on the association between attachment-related avoidance and adaptation to bereavement. *Personality and Social Psychology Bulletin, 30*, 878–890.

Fraley, R. C., Garner, J. P., & Shaver, P. R. (2000). Adult attachment and the defensive regulation of attention and memory: Examining the role of preemptive and postemptive defensive processes. *Journal of Personality and Social Psychology, 79*, 816–826.

Fraley, R. C., & Shaver, P. R. (1997). Adult attachment and the suppression of unwanted thoughts. *Journal of Personality and Social Psychology, 73*, 1080–1091.

Fraley, R. C., & Shaver, P. R. (1999). Loss and bereavement: Attachment theory and recent controversies concerning grief work and the nature of detachment. In J. Cassidy & P. R. Shaver (Eds.), *Handbook of attachment: Theory, research, and clinical applications* (pp. 735–759). New York: Guilford Press.

Fraley, R. C., & Shaver, P. R. (2000). Adult romantic attachment: Theoretical developments, emerging controversies, and unanswered questions. *Review of General Psychology, 4*, 132–154.

Freud, S. (1957). Mourning and melancholia. In J. Strachey (Ed. & Trans.), *The standard edition of the complete psychological works of Sigmund Freud* (Vol. 14, pp. 237–260). New York: Basic Books. (Original work published 1917)

Freud, S. (1959). Inhibitions, symptoms, and anxiety. In J. Strachey (Ed. & Trans.), *The standard edition of the complete psychological works of Sigmund Freud* (Vol. 20, pp. 75–175). London: Hogarth Press. (Original work published 1926)

Futterman, A., Gallagher, D., Thompson, L. W., & Lovett, S. (1990). Retrospective assessment of marital adjustment and depression during the first 2 years of spousal

435–449.

Videka-Sherman, L. (1982). Coping with death of a child: A study over time. *American Journal of Orthopsychiatry, 52*, 688–698.

Wegner, D. M., & Zanakos, S. (1994). Chronic thought suppression. *Journal of Personality, 62*, 615–640.

Wijngaards-de-Meij, L., Stroebe, M. S., Schut, H., Stroebe, W., van den Bout, J., & van der Heijden, P. (2005). Couples at risk following the death of their child: Predictors of grief versus depression. *Journal of Consulting and Clinical Psychology, 73*, 617–623.

Wortman, C. B., & Silver, R. C. (1989). The myths of coping with loss. *Journal of Consulting and Clinical Psychology, 57*, 349–357.

Wright, S. (1922). Coefficients of inbreeding and relationship. *American Naturalist, 56*, 330–338.

第 4 章

Ainsworth, M. D. S. (1991). Attachment and other affectional bonds across the life cycle. In C. M. Parkes, J. Stevenson-Hinde, & P. Marris (Eds.), *Attachment across the life cycle* (pp. 33–51). New York: Routledge.

Ainsworth, M. D. S., Blehar, M. C., Waters, E., & Wall, S. (1978). *Patterns of attachment: Assessed in the strange situation and at home*. Hillsdale, NJ: Erlbaum.

Alonso-Arbiol, I., Shaver, P. R., & Yárnoz, S. (2002). Insecure attachment, gender roles, and interpersonal dependency in the Basque country. *Personal Relationships, 9*, 479–490.

Bartholomew, K., & Horowitz, L. M. (1991). Attachment styles among young adults: A test of a four-category model. *Journal of Personality and Social Psychology, 61*, 226–244.

Beck, A. T. (1972). *Depression: Causes and treatment*. Philadelphia: University of Pennsylvania Press.

Berant, E., Mikulincer, M., & Florian, V. (2001). Attachment style and mental health: A one-year follow-up study of mothers of infants with congenital heart disease. *Personality and Social Psychology Bulletin, 8*, 956–968.

Boelen, P. A., van den Bout, J., & van den Hout, M. A. (2003). The role of cognitive variables in psychological functioning after the death of a first degree relative. *Behavior Research and Therapy, 41*, 1123–1136.

Boelen, P. A., van den Hout, M. A., & van den Bout, J. (2006). A cognitive–behavioral conceptualization of complicated grief. *Clinical Psychology: Science and Practice, 13*, 109–128.

Bonanno, G. (2001). Grief and emotion: A social–functional perspective. In M. Stroebe, W. Stroebe, R. O. Hansson, & H. A. W. Schut (Eds.), *Handbook of bereavement research: Consequences, coping, and care* (pp. 493–515). Washington, DC: American Psychological Association.

Bowlby, J. (1969). *Attachment and loss: Vol. 1. Attachment*. New York: Basic Books.

Bowlby, J. (1973). *Attachment and loss: Vol. 2. Separation: Anxiety and anger*. New York: Basic Books.

Bowlby, J. (1979). *The making and breaking of affectional bonds*. London: Tavistock.

Bowlby, J. (1980). *Attachment and loss: Vol. 3. Sadness and depression*. New York:

Pollock, G. H. (1961). Mourning and adaptation. *International Journal of Psychoanalysis, 42*, 341–361.

Prigerson, H. G., Shear, M. K., Bierhals, A. J., Pilkonis, P. A., Wolfson, L., Hall, M., et al. (1997). Case histories of complicated grief. *Omega: The Journal of Death and Dying, 35*, 9–24.

Prigerson, H. G., Shear, M. K., Frank, E., Beery, L. C., Silberman, R., Prigerson, J., & Reynolds, C. F., III (1997). Traumatic grief: A case of loss-induced trauma. *American Journal of Psychiatry, 154*, 1003–1009.

Range, L. M., Kovac, S. H., & Marion, M. S. (2000). Does writing about the bereavement lessen grief following sudden, unintentional death? *Death Studies, 24*, 115–134.

Schut, H. A. W., Stroebe, M. S., van den Bout, J., & de Keijser, J. (1997). Intervention for the bereaved: Gender differences in the efficacy of two counselling programmes. *British Journal of Clinical Psychology, 36*, 63–72.

Segal, N. L., & Bouchard, T. J. (1993). Grief intensity following the loss of a twin and other relatives: Test of kinship hypotheses. *Human Biology, 65*, 87–105.

Segal, N. L., & Ream, S. L. (1998). Decreases in grief intensity for deceased twin and non-twin relatives: An evolutionary perspective. *Personality and Individual Differences, 25*, 317–325.

Segal, N. L., Welson, S. M., Bouchard, T. J., & Gitlin, D. G. (1995). Comparative grief experiences of bereaved twins and other bereaved relatives. *Personality and Individual Differences, 18*, 525–534.

Shackleton, C. H. (1984). The psychology of grief: A review. *Advances in Behavior Research and Therapy, 6*, 153–205.

Shand, A. F. (1914). *The foundations of character*. London: Macmillan.

Shand, A. F. (1920). *The foundations of character* (2nd ed.). London: Macmillan.

Shuchter, S. R. (1986). *Dimensions of grief: Adjusting to the death of a spouse*. San Francisco: Jossey-Bass.

Sloan, D. M., Marx, B. P., & Epstein, E. M. (2005). Further examination of the exposure model underlying the efficacy of written emotional disclosure. *Journal of Consulting and Clinical Psychology, 73*, 549–554.

Stroebe, M. (1992–1993). Coping with bereavement: A review of the grief work hypothesis. *Omega: The Journal of Death and Dying, 26*, 19–42.

Stroebe, M. S., & Schut, H. A. W. (1999). The dual process model of coping with bereavement: Rationale and description. *Death Studies, 23*, 197–224.

Stroebe, M., Schut, H., & Stroebe, W. (2005). Attachment in coping with bereavement: A theoretical integration. *Review of General Psychology, 9*, 48–66.

Stroebe, M., & Stroebe, W. (1991). Does "grief work" work? *Journal of Consulting and Clinical Psychology, 59*, 479–482.

Stroebe, M., Stroebe, W., Schut, H., Zech, E., & van den Bout, J. (2002). Does disclosure of emotions facilitate recovery from bereavement? Evidence from two prospective studies. *Journal of Consulting and Clinical Psychology, 70*, 169–178.

Tancredy, C. M., & Fraley, R. C. (2006). The nature of adult twin relationships: An attachment-theoretical perspective. *Journal of Personality and Social Psychology, 90*, 78–93.

Toedter, L. J., Lasker, J. N., & Alhadeff, J. M. (1988). The Perinatal Grief Scale: Development and initial evaluation. *American Journal of Orthopsychiatry, 58*,

Applications of the schema construct. *Social Cognition, 7*, 113–136.

Janoff-Bulman, R. (1993). *Shattered assumptions: Towards a new psychology of trauma*. New York: Free Press.

Klass, D., & Walter, T. (2001). Process of grieving: How bonds are continued. In M. S. Stroebe, W. Stroebe, R. O. Hanson, & H. Schut (Eds.), *Handbook of bereavement research: Consequences, coping, and care* (pp. 431–448). Washington, DC: American Psychological Association.

Klinger, E. (1975). Consequences of commitment to and disengagement from incentives. *Psychological Review, 82*, 1–25.

Lepore, S. J., Ragan, J. D., & Jones, S. (2000). Talking facilitates cognitive–emotional processes of adaptation to an acute stressor. *Journal of Personality and Social Psychology, 78*, 499–508.

Lewis, C. S. (1961). *A grief observed*. London: Faber & Faber.

Masters, R., Friedman, L. N., & Getzel, G. (1988). Helping families of homicide victims: A multidimensional approach. *Journal of Traumatic Stress, 1*, 109–125.

McIntosh, D. N., Silver, R. C., & Wortman, C. B. (1993). Religion's role in adjustment to a negative life event: Coping with the loss of a child. *Journal of Personality and Social Psychology, 65*, 812–821.

Murphy, A. A., Johnson, L. C., & Lohan, J. (2003). Finding meaning in a child's violent death: A five-year prospective analysis of parents' personal narratives and empirical data. *Death Studies, 27*, 381–404.

Nesse, R. (2000). Is grief really maladaptive? [Review of the book *The Nature of Grief: The Evolution and Psychology of Reactions to Loss*]. *Evolution and Human Behavior, 21*, 59–61.

Parkes, C. M. (1971). Psychosocial transitions: A field for study. *Social Science & Medicine, 5*, 101–115.

Parkes, C. M. (1972a). *Bereavement: Studies of grief in adult life*. New York: Tavistock.

Parkes, C. M. (1972b). Components of the reaction to loss of a limb, spouse or home. *Journal of Psychosomatic Research, 16*, 343–349.

Parkes, C. M., & Weiss, R. S. (1983). *Recovery from bereavement*. New York: Basic Books.

Pennebaker, J. W. (1997). Writing about emotional experiences as a therapeutic process. *Psychological Science, 8*, 162–166.

Pennebaker, J. W., & Beall, S. K. (1986). Confronting a traumatic event: Toward an understanding of inhibition and disease. *Journal of Abnormal Psychology, 95*, 274–281.

Pennebaker, J. W., Mayne, T. J., & Francis, M. E. (1997). Linguistic predictors of adaptive bereavement. *Journal of Personality and Social Psychology, 72*, 863–871.

Pennebaker, J. W., & O'Heeron, R. C. (1984). Confiding in others and illness rate among spouses of suicide and accidental-death victims. *Journal of Abnormal Psychology, 93*, 473–476.

Pennebaker, J. W., Zech, E., & Rimé, B. (2001). Disclosing and sharing emotion: Psychological, social and health consequences. In M. S. Stroebe, W. Stroebe, R. O. Hansson, & H. Schut (Eds.), *Handbook of bereavement research: Consequences, coping, and care* (pp. 517–543). Washington, DC: American Psychological Association.

Psychoanalysis, 39, 350–373.

Bowlby, J. (1961). Processes of mourning. *International Journal of Psychoanalysis, 42,* 317–340.

Bowlby, J. (1969). *Attachment and loss: Vol. 1. Attachment.* London: Hogarth Press & Institute of Psychoanalysis.

Bowlby, J. (1973). *Attachment and loss: Vol. 2. Separation: Anxiety and anger.* London: Hogarth Press & Institute of Psychoanalysis.

Bowlby, J. (1980). *Attachment and loss: Vol. 3. Loss: Sadness and depression.* London: Hogarth Press & Institute of Psychoanalysis.

Burks, V. K., Lund, D. A., Gregg, C. H., & Bluhm, H. P. (1988). Bereavement and remarriage for older adults. *Death Studies, 12,* 51–60.

Crawford, C. B., Salter, B. E., & Jang, K. L. (1989). Human grief: Is its intensity related to the reproductive value of the deceased? *Ethology and Sociobiology, 10,* 297–307.

Darwin, C. (1904). *The expression of the emotions in man and animals.* London: Murray. (Original work published 1872)

Davis, C. G., Nolen-Hoeksema, S., & Larson, J. (1998). Making sense of loss and benefiting from the experience: Two construals of meaning. *Journal of Personality and Social Psychology, 75,* 561–574.

Davis, C. G., Wortman, C. B., Lehman, D. R., & Silver, R. C. (2000). Searching for meaning in loss: Are clinical assumptions correct? *Death Studies, 24,* 497–540.

Fisher, R. A. (1930). *The genetical theory of natural selection.* Oxford, England: Clarendon Press.

Fraley, R. C., & Bonanno, G. A. (2004). Attachment and loss: A test of three competing models on the association between attachment-related avoidance and adaptation to bereavement. *Personality and Social Psychology Bulletin, 30,* 878–890.

Fraley, R. C., & Shaver, P. R. (2000). Adult romantic attachment: Theoretical developments, emerging controversies, and unanswered questions. *Review of General Psychology, 4,* 132–154.

Freud, S. (1957). Mourning and melancholia. In J. Strachey (Ed. & Trans.), *The standard edition of the complete psychological works of Sigmund Freud* (Vol. 14, pp. 239–260). London: Hogarth Press & Institute of Psychoanalysis. (Original work published 1917)

Freud, S. (1958). Remembering, repeating and working through. In J. Strachey (Ed. & Trans.), *The standard edition of the complete psychological works of Sigmund Freud* (Vol. 12, pp. 147–156). London: Hogarth Press & Institute of Psychoanalysis. (Original work published 1914)

Griffin, D., & Bartholomew, K. (1994). Models of the self and other: Fundamental dimensions underlying measures of adult attachment. *Journal of Personality and Social Psychology, 67,* 430–445.

Hazan, C., & Shaver, P. R. (1987). Romantic love conceptualized as an attachment process. *Journal of Personality and Social Psychology, 52,* 511–524.

Horowitz, M. J. (1976). *Stress response syndrome.* New York: Jason Aronson.

Horowitz, M. J. (1988). *Introduction to psychodymanics: A new synthesis.* New York: Basic Books.

Janoff-Bulman, R. (1989). Assumptive worlds and the stress of traumatic events:

W. Stroebe, & H. Schut (Eds.), *Handbook of bereavement research: Consequences, coping, and care* (pp. 47–62). Washington, DC: American Psychological Association.

Wenger, G. C., & Burholt, V. (2004). Changes in levels of social isolation and loneliness among older people in a rural area: A twenty-year longitudinal study. *Canadian Journal on Aging, 23,* 115–127.

Wortman, C. B., Silver, R. C., & Kessler, R. C. (1993). The meaning of loss and adjustment to bereavement. In M. S. Stroebe, W. Stroebe, & R. O. Hansson (Eds.), *Handbook of bereavement: Theory, research and intervention* (pp. 349–366). Cambridge, England: Cambridge University Press.

第 3 章

Ainsworth, M. D. S., Blehar, M. C., Waters, E., & Wall, S. (1978). *Patterns of attachment: A psychological study of the strange situation.* Hillsdale, NJ: Erlbaum.

Archer, J. (1999). *The nature of grief.* London: Routledge.

Archer, J. (2001a). Broad and narrow perspectives in grief theory: Comment on Bonanno and Kaltman (1999). *Psychological Bulletin, 127,* 554–560.

Archer, J. (2001b). Grief from an evolutionary perspective. In M. S. Stroebe, W. Stroebe, R. O. Hansson, & H. Schut (Eds.), *Handbook of bereavement research: Consequences, coping, and care* (pp. 263–283). Washington, DC: American Psychological Association.

Archer, J., & Rhodes, V. (1993). The grief process and job loss: A cross sectional study. *British Journal of Psychology, 84,* 395–410.

Archer, J., & Rhodes, V. (1995). A longitudinal study of job loss in relation to the grief process. *Journal of Community and Applied Social Psychology, 5,* 183–188.

Averill, J. R. (1968). Grief: Its nature and significance. *Psychological Bulletin, 70,* 721–748.

Bartholomew, K., & Horowitz, L. M. (1991). Attachment styles among young adults: A test of a four-category model. *Journal of Personality and Social Psychology, 61,* 226–244.

Bonanno, G. A. (2004). Loss, trauma and human resilience: Have we underestimated the human capacity to thrive after extremely aversive events? *American Psychologist, 59,* 20–28.

Bonanno, G. A., & Kaltman, S. (1999). Toward an integrative perspective on bereavement. *Psychological Bulletin, 125,* 760–776.

Bonanno, G. A., & Keltner, D. (1997). Facial expression of emotion and the course of conjugal bereavement. *Journal of Abnormal Psychology, 106,* 126–137.

Bonanno, G. A., Keltner, D., Holen, A., & Horowitz, M. J. (1995). When avoiding unpleasant emotions might not be such a bad thing: Verbal-autonomic response dissociation and midlife conjugal bereavement. *Journal of Personality and Social Psychology, 69,* 975–989.

Bonanno, G. A., Papa, A., Lalande, K., Zhang, N., & Noll, J. G. (2005). Grief processing and deliberate grief avoidance: A prospective comparison of bereaved spouses and parents in the United States and the People's Republic of China. *Journal of Consulting and Clinical Psychology, 73,* 86–98.

Bowlby, J. (1958). The nature of the child's tie to his mother. *International Journal of*

Mason, W. A., & Mendoza, S. P. (1998). Generic aspects of primate attachments: Parents, offspring and mates. *Psychoneuroendocrinology, 23*, 765–778.

Neimeyer, R. A., Prigerson, H. G., & Davies, B. (2002). Mourning and meaning. *American Behavioral Scientist, 46*, 235–251.

Osterweis, M., Solomon, F., & Green, M. (Eds.). (1984). *Bereavement: Reactions, consequences, and care.* Washington, DC: National Academy Press.

Parkes, C. M. (1970). "Seeking" and "finding" a lost object: Evidence from recent studies of the reaction to bereavement. *Social Science & Medicine, 4*, 187–201.

Parkes, C. M. (1971). Psychosocial transitions: A field for study. *Social Science & Medicine, 5*, 101–115.

Parkes, C. M. (1991). Attachment, bonding, and psychiatric problems after bereavement in adult life. In C. M. Parkes, J. Stevenson-Hinds, & P. Marris (Eds.), *Attachment across the life cycle* (268–292). New York: Routledge.

Parkes, C. M. (2005). *Love and loss: The roots of grief and its complications.* New York: Routledge.

Parkes, C. M. (Ed.). (2005–2006). Complicated grief [Special issue]. *Omega: The Journal of Death and Dying, 52*(1).

Parkes, C. M., & Weiss, R. S. (1983). *Recovery from bereavement.* New York: Basic Books.

Prigerson, H. G., & Jacobs, S. C. (2001). Traumatic grief as a distinct disorder: A rationale, consensus criteria, and a preliminary empirical test. In M. S. Stroebe, R. O. Hansson, W. Stroebe, & H. Schut (Eds.), *Handbook of bereavement research: Consequences, coping, and care* (pp. 613–637). Washington, DC: American Psychological Association.

Russell, J. A. (1994). Is there universal recognition of emotion from facial expression? A review of the cross-cultural studies. *Psychological Bulletin, 115*, 102–141.

Shear, K., Frank, E., Houck, P. R., & Reynolds, C. F. (2005). Treatment of complicated grief: A randomized controlled trial. *Journal of the American Medical Association, 293*, 2601–2607.

Shuchter, S., & Zisook, S. (1993). The course of normal grief. In M. S. Stroebe, W. Stroebe, & R. O. Hansson (Eds.), *Handbook of bereavement: Theory, research and intervention* (pp. 23–43). Cambridge, England: Cambridge University Press.

Stroebe, M. S., Hansson, R. O., Stroebe, W., & Schut, H. (2001). Introduction: Concepts and issues in contemporary research on bereavement. In M. S. Stroebe, R. O. Hansson, W. Stroebe, & H. Schut (Eds.), *Handbook of bereavement research: Consequences, coping, and care* (pp. 3–22). Washington, DC: American Psychological Association.

Stroebe, M. S., Schut, H., & Stroebe, W. (2005). Attachment in coping with bereavement: A theoretical integration. *Review of General Psychology, 9*, 48–66.

Stroebe, W., Schut, H., & Stroebe, M. (2005). Grief work, disclosure and counseling: Do they help the bereaved? *Clinical Psychology Review, 20*, 57–75.

Stroebe, W., Stroebe, M. S., & Abakoumkin, G. (1996). The role of loneliness and social support in adjustment to loss: A test of attachment versus stress theory. *Journal of Personality and Social Psychology, 70*, 1241–1249.

Walter, T. (1999). *On bereavement: The culture of grief.* Buckingham, England: Open University Press.

Weiss, R. S. (2001). Grief, bonds, and relationships. In M. S. Stroebe, R. O. Hansson,

interventions. In M. S. Stroebe, R. O. Hansson, W. Stroebe, & H. Schut (Eds.), *Handbook of bereavement research: Consequences, coping, and care* (pp. 671–703). Washington, DC: American Psychological Association.

Goodkin, K., Lee, D., Frasca, A., Molina, R., Zheng, W., O'Mellan, S., et al. (2005). Complicated bereavement: A commentary on its state of evolution. *Omega: The Journal of Death and Dying, 52,* 99–105.

Gundel, H., O'Connor, M.-F., Littrell, L., Fort, C., & Lane, R. D. (2003). Functional neuroanatomy of grief: An fMRI Study. *American Journal of Psychiatry, 160,* 1946–1953.

Hempel, C. G. (1963). Typological methods in the social sciences. In M. Natanson (Ed.), *Philosophy of the social sciences* (pp. 210–230). New York: Random House.

Hofer, M. A. (1984). Relationships as regulators: A psychobiologic perspective on bereavement. *Psychosomatic Medicine, 46,* 183–197.

Hofer, M. A. (1996). On the nature and consequences of early loss. *Psychosomatic Medicine, 58,* 570–581.

Horowitz, M. J. (1990). A model of mourning: Change in schemas of self and other. *Journal of the American Psychoanalytic Association, 38,* 297–324.

Horowitz, M. J. (2005). Meditating on complicated grief disorder as a diagnosis. *Omega: The Journal of Death and Dying, 52,* 87–89.

Horowitz, M. J., Bonanno, G. A., & Holen, A. (1993). Pathological grief: Diagnosis and explanation. *Psychosomatic Medicine, 55,* 260–273.

Horowitz, M. J., Siege, B., Holen, A., Bonanno, G. A., Milbrath, C., & Stinson, C. (1997). Diagnostic criteria for complicated grief disorder. *American Journal of Psychiatry, 154,* 904–910.

Janoff-Bulman, R. (1989). Assumptive worlds and the stress of traumatic events: Applications of the schema construct. *Social Cognition, 7,* 113–136.

Janoff-Bulman, R. (1993). *Shattered assumptions: Towards a new psychology of trauma.* New York: Free Press.

Klass, D., Silverman, P. R., & Nickman, S. L. (Eds.). (1996). *Continuing bonds: New understandings of grief.* Washington, DC: Taylor & Francis.

Klass, D., & Walter, T. (2001). Processes of grieving: How bonds are continued. In M. S. Stroebe, R. O. Hansson, W. Stroebe, & H. Schut (Eds.), *Handbook of bereavement research: Consequences, coping, and care* (pp. 431–448). Washington, DC: American Psychological Association.

Lehman, D. R., Wortman, C. B., & Williams, A. F. (1987). Long-term effects of losing a spouse or child in a motor vehicle crash. *Journal of Personality and Social Psychology, 52,* 218–231.

Lewis, C. S. (1961). *A grief observed.* New York: Seabury Press.

Main, M. (1999). Attachment theory: Eighteen points with suggestions for future studies. In J. Cassidy & P. R. Shaver (Eds.), *Handbook of attachment: Theory, research and clinical applications* (pp. 845–887). New York: Guilford Press.

Malkinson, R., & Bar-Tur, L. (2005). Long term bereavement processes of older parents: The three phases of grief. *Omega: The Journal of Death and Dying, 50,* 103–129.

Marris, P. (1958). *Widows and their families.* London: Routledge & Kegan Paul.

Marris, P. (1974). *Loss and change.* London: Routledge & Kegan Paul.

第 2 章

American Psychiatric Association. (1994). *Diagnostic and statistical manual of mental disorders* (4th ed.). Washington, DC: Author.

Archer, J. (1999). *The nature of grief: The evolution and psychology of reactions to loss.* London: Routledge.

Bonanno, G. A. (2001). Grief and emotion: A social–functional perspective. In M. S. Stroebe, R. O. Hansson, W. Stroebe, & H. Schut (Eds.), *Handbook of bereavement research: Consequences, coping, and care* (pp. 493–516). Washington, DC: American Psychological Association.

Bonanno, G. A., & Kaltman, S. (2001). The varieties of grief experience. *Clinical Psychology Review, 21*, 705–734.

Bonanno, G. A., Keltner, D., Holen, A., & Horowitz, M. J. (1995). When avoiding unpleasant emotions might not be such a bad thing: Verbal–autonomic response dissociation and midlife conjugal bereavement. *Journal of Personality and Social Psychology, 69*, 975–989.

Bonanno, G. A., Wortman, C. B., & Lehman, D. R. (2002). Resilience to loss and chronic grief: A prospective study from preloss to 18-months postloss. *Journal of Personality and Social Psychology, 83*, 1150–1164.

Bowlby, J. (1961). Processes of mourning. *International Journal of Psychoanalysis, 42*, 317–340.

Bowlby, J. (1969). *Attachment.* New York: Basic Books.

Bowlby, J. (1973). *Separation: Anxiety and anger.* New York: Basic Books.

Bowlby, J. (1980). *Loss: Sadness and depression.* New York: Basic Books.

Bowlby, J., & Parkes, C. M. (1970). Separation and loss within the family. In E. J. Anthony & C. Koupernik (Eds.), *International yearbook of child psychiatry and allied professions: Vol. 3. The child in his family* (pp. 197–216). New York: Wiley.

Darwin, C. (with Introduction, Afterword, and Commentary by P. Ekman). (1998). *The expression of the emotions in man and animals* (3rd ed.). New York: Philosophical Library. (Original work published 1872)

Ekman, P. (1999). Basic emotions. In T. Dalgleish & M. Power (Eds.), *Handbook of cognition and emotion* (pp. 45–60). Sussex, England: Wiley.

Ekman, P., Sorenson, E. R., & Friesen, W. V. (1969, April 4). Pan-cultural elements in facial displays of emotion. *Science, 164*, 86–88.

Field, N. P., Gal-Oz, E., & Bonanno, G. A. (2003). Continuing bonds and adjustment at 5 years after the death of a spouse. *Journal of Consulting and Clinical Psychology, 71*, 110–117.

Field, N. P., Gao, B., & Paderna, L. (2005). Continuing bonds in bereavement: An attachment theory based perspective. *Death Studies, 29*, 277–299.

Field, N. P., Nichols, C., Holen, A., & Horowitz, M. J. (1999). The relation of continuing attachment to adjustment in conjugal bereavement. *Journal of Consulting and Clinical Psychology, 67*, 212–218.

Fraley, E. C., & Shaver, P. (1999). Loss and bereavement: Attachment theories and recent controversies concerning "grief work" and the nature of detachment. In J. Cassidy & P. R. Shaver (Eds.), *Handbook of attachment: Theory, research and clinical applications* (pp. 735–759). New York: Guilford Press.

Goodkin, K., Baldewicz, T. T., Blaney, N. T., Asthana, D., Kumar, M., Shapshak, P., et al. (2001). Physiological effects of bereavement and bereavement support group

(pp. 89–118). Washington, DC: American Psychological Association.
Parkes, C. M. (1965). Bereavement and mental illness. *British Journal of Medical Psychology, 38*, 1–26.
Parkes, C. M. (1972). *Bereavement: Studies of grief in adult life.* London: Routledge.
Parkes, C. M. (1986). *Bereavement: Studies of grief in adult life* (2nd ed.). London: Routledge.
Parkes, C. M. (1996). *Bereavement: Studies of grief in adult life* (3rd ed.). London: Routledge.
Parkes, C. M. (Ed.). (2005). Complicated grief: A symposium [Special issue]. *Omega: The Journal of Death and Dying, 52*(1).
Parkes, C. M., Laungani, P., & Young, B. (Eds.). (1997). *Death and bereavement across cultures.* New York: Routledge.
Parkes, C. M., & Weiss, R. (1983). *Recovery from bereavement.* New York: Basic Books.
Raphael, B. (1983). *The anatomy of bereavement.* New York: Basic Books.
Rosenblatt, P. C., & Wallace, B. R. (2005). *African American grief.* New York: Routledge.
Rubin, S., & Yasien-Esmael, H. (2004). Loss and bereavement among Israel's Muslims: Acceptance of God's will, grief, and relationship to the deceased. *Omega: The Journal of Death and Dying, 49*, 149–162.
Silverman, P. (1986). *Widow-to-widow.* New York: Springer Publishing Company.
Stroebe, M., Folkman, S., Hansson, R. O., & Schut, H. (2006). The prediction of bereavement outcome: Development of an integrative risk factor framework. *Social Science & Medicine, 63*, 2446–2451.
Stroebe, M., Hansson, R. O., Stroebe, W., & Schut, H. (Eds.). (2001). *Handbook of bereavement research: Consequences, coping, and care.* Washington, DC: American Psychological Association.
Stroebe, M., Stroebe, W., & Hansson, R. O. (1993). *Handbook of bereavement: Theory, research, and intervention.* New York: Cambridge University Press.
Stroebe, W., & Stroebe, M. (1987). *Bereavement and health: The psychological and physical consequences of partner loss.* New York: Cambridge University Press.
Vachon, M., Sheldon, A., Lancee, W., Lyall, W., Rogers, J., & Freeman, S. (1982). Correlates of enduring distress patterns following bereavement: Social network, life situation, and personality. *Psychological Medicine, 12*, 783–788.
Walter, T. (1997). Secularization. In C. M. Parkes, P. Laungani, & B. Young (Eds.), *Death and bereavement across cultures* (pp. 166–187). New York: Routledge.
Weiss, R. (1993). Loss and recovery. In M. Stroebe, W. Stroebe, & R. O. Hansson (Eds.), *Handbook of bereavement: Theory, research, and intervention* (pp. 271–284). New York: Cambridge University Press.
Worden, J. W. (1982). *Grief counseling and grief therapy.* New York: Springer Publishing Company.
Worden, J. W. (1991). *Grief counseling and grief therapy* (2nd ed.). New York: Springer Publishing Company.
Worden, J. W. (2001). *Grief counseling and grief therapy* (3rd ed.). New York: Springer Publishing Company.

文　献

第1章

American Psychiatric Association. (1994). *Diagnostic and statistical manual of mental disorders* (4th ed.). Washington, DC: Author.

Archer, J. (1999). *The nature of grief: The evolution and psychology of reactions to loss.* London: Routledge.

Averill, J. (1968). Grief: Its nature and significance. *Psychological Bulletin, 70,* 721–728.

Bowlby, J. (1980). *Attachment and loss: Vol. 3. Loss: Sadness and depression.* Harmondsworth, England: Penguin Books.

Clayton, P. (1979). The sequelae and nonsequelae of conjugal bereavement. *American Journal of General Psychiatry, 136,* 1530–1534.

Deutsch, H. (1937). Absence of grief. *Psycho-Analytic Quarterly, 6,* 12–22.

Durkheim, E. (1987). *Suicide: A study in sociology.* Glencoe, IL: Free Press. (Original work published 1951)

Farr, W. (1975). Influence of marriage on the mortality of the French people. In N. Humphreys (Ed.), *Vital statistics: A memorial volume of selections from reports and writings of William Farr* (pp. 438–441). New York: Methuen. (Original work published 1858)

Freud, S. (1957). Mourning and melancholia. In J. Strachey (Ed. & Trans.), *The standard edition of the complete psychological works of Sigmund Freud* (Vol. 14, pp. 152–170). London: Hogarth Press. (Original work published 1917)

Gielen, U. (1997). A death on the roof of the world: The perspective of Tibetan Buddhism. In C. M. Parkes, P. Laungani, & B. Young (Eds.), *Death and bereavement across cultures* (pp. 73–97). New York: Routledge.

Jacobs, S. (1993). *Pathologic grief: Maladaptation to loss.* Washington, DC: American Psychiatric Association.

Klein, M. (1940). Mourning and its relation to manic-depressive states. *International Journal of Psycho-Analysis, 21,* 125–153.

Kraus, A., & Lilienfeld, A. (1959). Some epidemiological aspects of the high mortality rate in the young widowed group. *Journal of Chronic Diseases, 10,* 207–217.

Li, J., Precht, D., Mortensen, P., & Olsen, J. (2003). Mortality in parents after death of a child in Denmark: A nationwide follow-up study. *The Lancet, 361,* 363–367.

Lindemann, E. (1944). Symptomatology and management of acute grief. *American Journal of Psychiatry, 101,* 141–148.

Maddison, D., & Viola, A. (1968). The health of widows in the year following bereavement. *Journal of Psychosomatic Research, 12,* 297–306.

Maddison, D., & Walker, W. (1967). Factors affecting the outcome of conjugal bereavement. *British Journal of Psychiatry, 113,* 1057–1067.

Neimeyer, R. A., & Hogan, N. S. (2001). Quantitative or qualitative? Measurement issues in the study of grief. In M. Stroebe, R. O. Hansson, W. Stroebe, & H. Schut (Eds.), *Handbook of bereavement research: Consequences, coping, and care*

霊長類　*179*
レジリエンス　*66, 68*
恋愛関係　*77*
ロンドン爆破　*214*

ワ行
ワーキング・モデル　*41*
ワークスルー　*16, 103, 105, 113, 205, 206, 250*
ワーデン（Worden, J. W.）　*8, 11, 170, 172, 205, 242*

反芻思考　　49, 59, 82, 86, 103
反芻処理（ワークスルー）　16, 103, 105, 113, 205, 206, 250
ハンティントン病　19
「悲哀とメランコリー」→「喪とメランコリー」
悲嘆カウンセリング　8
悲嘆の欠如　86, 90, 94
PTSD　6, 57, 66, 78, 146-150, 153, 199, 214, 229, 230, 234
　──診断　229
病理的悲嘆　11, 38
　──反応　72
ヒルガード（Hilgard, E.）　110
ファー（Farr, W.）　9
不安型愛着　72
復元力（レジリエンス）　66, 68
複雑性悲嘆　5-8, 18, 95, 102, 131, 230, 244, 252, 253
仏教　4
フランクル（Frankl, V.）　138
フロイト（Freud, S.）　9, 48-50, 56, 80-82, 92, 101, 105, 109, 202, 207, 250
フロイト派　102
文化差　78
分離の苦痛　51, 76
ペアの絆　40, 77
米国　58
ヘラルド・オブ・フリーエンタープライズ号　217, 228
ボウルビィ（Bowlby, J.）　11, 31, 34-36, 39-42, 45, 50, 51, 54, 55, 65, 66, 71-74, 76-79, 81, 82, 84-86, 89-91, 93, 94, 96, 97, 108-110, 116, 120, 124, 172, 173, 241, 255, 265
ポジティヴ心理学　245
ポストモダン　257
発作的悲嘆　33, 34

ボパール化学工場事故　217
ホロウィッツ（Horowitz, M. J.）　37, 41, 55-57, 66, 74, 103, 128
ポロック（Pollock, G. H.）　50

マ行
魔術的思考　70, 78, 82
マリス（Marris, P.）　42, 46
慢性悲嘆　7, 11, 37, 86
未解決の喪失　111, 112
無秩序型愛着　112, 113
免疫機能　153
免疫システム　179
「喪とメランコリー」　9, 48, 101
喪の儀式　78
喪の欠如　86
喪の仕事　101, 207
モノトロピー　73

ヤ行
有機体的価値づけ理論　128, 132
養育の絆　40
養子　53
抑圧されたものの回帰　92
抑うつ　77, 78
抑制　56
欲求不満　54
予備的愛着対象　79

ラ行
離婚　24, 27
理念型　36
リビドー　101
リンデマン（Lindeman, E.）　9, 198, 207, 208
レオナール（Leonard, J.）　70, 82
ルーマニアの孤児院　180, 182
ルワンダ大虐殺　214, 218

——対処　205
喪失の受容　40
双生児　52
想定世界　41, 55, 104, 127, 134
　　世界想定尺度　128
　　——理論　124
ソーシャル・サポート　62

タ行

第一愛着対象　72, 73
対処の二元モデル　205
ダーウィン（Darwin, C.）　30, 32, 34, 35, 48, 50
多重の自己システム　110
脱愛着　77, 78, 81, 86
脱備給　80, 81, 101, 102
魂の存在　117
段階モデル　11
段階理論　30, 31, 35-37
炭鉱事故　134, 136
遅発性悲嘆　37, 86
チベット人　4
中国　58
調律不全　45
ディディオン（Didion, J.）　70, 82, 83
デブリーフィング　234
デュルケーム（Durkheim, E.）　9, 258
ドイチュ（Deutsch, H.）　9
同一化　107
同時多発テロ（9.11 テロ）　129, 214, 218, 225, 233
闘争-逃走反応　176
トラウマ　50, 56, 63, 95, 111, 124, 126-128, 139, 182, 218, 220, 221, 227
　　——焦点化認知行動療法（TF-CBT）229
　　——的記憶　113
　　——的ストレス　213
　　——的喪失　131, 219
　　——的な死　154
　　——理論　55, 242
トリアージ　227

ナ行

内省的自己　140
内的ワーキング・モデル　55
ナラティブ・エクスポージャー・セラピー（NET）　230
二元過程モデル　64, 68, 81, 125, 242
日本　117, 158
　　——人　161, 164
ニーマイヤー（Neimeyer, R. A.）　17, 42, 89, 100, 125, 132, 138, 242, 254, 256, 267
乳幼児突然死症候群　61, 131
認知行動療法　104, 229
認知再構成　62-65, 67
認知症　200
認知的再解釈（リフレイミング）　61, 65
認知的ストレス　11, 50, 63, 64, 242
認知的適応理論　133
認知理論　55, 56
ネグレクト　168, 170, 174

ハ行

パークス（Parkes, C. M.）　3, 4, 6, 8, 10, 25, 34, 35, 37, 38, 41, 42, 49, 50, 55, 56, 66, 77, 78, 104, 109, 124, 127, 202, 215, 220, 230, 232, 236, 258, 264
剥奪された悲嘆　19, 24
バッファロークリーク　237
ハーロウ（Harlow, H.）　178
パンアメリカン航空103便爆破事件　214, 217
ハンガーフォード　215

(5) 318

継続的絆　40, 41
　　──尺度　96
血縁係数　52, 53
欠如型悲嘆　11
幻視　116
現実曝露　104
幻想　116
権利剥奪　257
攻撃欲動　102
構成主義　125
コーピング・スタイル　60
コリンズ（Collins, D.）　70

サ行

殺人　146, 150
サバイバーズ・ギルト　232
時宜を得た死　144
時宜を得ない死　144
自己像　42
死後の生　117
自殺　146, 150
死産　111, 112
自然淘汰　48, 49, 52
自動車事故　131, 146
死の永遠性　51
社会-機能的アプローチ　63
社会の構築主義　242
ジャノフ＝バルマン（Janoff-Bulman, R.）
　41, 50, 55, 56, 124, 125, 127-129, 132, 134, 141, 154, 157, 252
シャンド（Shand, A. F.）　48
主観的世界像　42
シルヴァーマン（Silverman, P.）　8, 102, 105, 108, 170, 172, 242
新型公共的喪　20, 257
進化論　49-52, 243
　　──的原理　50, 53
神経メカニズム　41

信仰　62
心臓疾患　95, 186
心の表象　39, 41
侵入的記憶　89
侵入的思考　61
心理学的応急措置　224, 258
図式　41, 55, 103, 132, 141
ストレンジ・シチュエーション　112, 113
制御（マスタリー）　133
制止された喪　86
生殖価　53
成人愛着面接　84, 85, 88, 90, 111, 112, 118, 120
『精神疾患の診断と統計マニュアル』（DSM）
　11, 18, 38, 263-265
　　──改訂第3版（DSM-III-R）　148
　　──第4版（DSM-IV）　6, 11, 37, 229, 252
　　──第5版（DSM-5）　11
精神分析　9, 46, 49, 96, 103, 107, 202, 208
　自我心理学　107
　対象関係論　102, 120
生存者罪悪感　232
（成長の）有機体的価値づけ理論　128, 132
性的欲動　102
生理的ストレス反応　176
世界観　41
世界想定尺度　128
世代間効果　112
遷延性悲嘆　7
　　──障害　18, 37, 38
戦争　95
先祖供養　117, 118
臓器提供　19
喪失志向　64, 81, 82

索　引

ア行
愛着型　65, 66
愛着機能　78
愛着行動システム　71
（愛着の）過活性化方策　75, 79, 80
（愛着の）再組織化　78-81, 84, 85
（愛着の）不活性化方策　76, 79, 80
愛着理論　51
アイデンティティ　80, 82, 124-126, 136-138, 141, 203, 233
アパファン　214, 223, 232, 236, 237
アヴェリル（Averill, J. R.）　3, 10, 50
アメリカ　58
アルツハイマー病　200
アロスタシス的負荷　177, 178
EMDR　229
怒りのマネジメント　231
遺産　106
イスラエル　4
イスラム教　4, 5
異文化間比較　158
意味ある人生　138
意味づけ　45
イメージ曝露　104
インターネット　27, 254, 255
インド洋大津波　214, 219
ウェーバー（Weber, M.）　36
エイズ　61
エインズワース（Ainsworth, M. D. S.）　39, 65, 74, 78, 112
AAI（成人愛着面接）　84, 85, 88, 90, 111, 112, 118, 120
エクマンの情動基準　34

カ行
延命技術　186
外傷後ストレス障害（PTSD）　6, 57, 66, 78, 146-150, 153, 199, 214, 229, 230, 234
　――診断　229
回避　56
　――型愛着　72
回復志向　82
　――過程　125
　――対処　205
回復焦点化コーピング　64
解離　100, 110, 113, 116, 118, 223
　――システム　110
過剰備給　80
活性記憶　57
葛藤性悲嘆　37
悲しみの法則　48
癌　125, 186
記憶　41, 56, 107, 115
　――の再構築　107
機能的 MRI　91, 254
基本情動　33
虐待　168, 181
9.11 テロ（同時多発テロ）　129, 214, 218, 225, 233
急性痙攣　30, 32
強化　54
強迫傾向　56
強迫的自己依頼　76, 89
クライン（Klein, M.）　9
クリンガー（Klinger, E.）　54, 55

ヘンク・シュト（Henk Schut）、PhD

　ユトレヒト大学、心理学准教授。ユトレヒト大学にて 1992 年に PhD 取得（臨床心理学）。研究の関心領域は、喪失へのコーピング過程、死別ケアおよびグリーフ・セラピーの効果。死別した人に対応する専門家（医療専門家など）への研修を実施。研究プロジェクトに属する臨床心理学博士研究員のスーパービジョン担当。オランダ語の書籍『自殺と悲嘆』（*Suicide and Grief*, 1983）に寄稿、『個人グリーフ・カウンセリング』（*Individual Grief Counseling*, 1991）の共著者、『死別研究ハンドブック——帰結、対処、ケア』（*Handbook of Bereavement Research: Consequences, Coping, and Care*, 2001）の共編者。

ウォルフガング・シュトレーベ（Wolfgang Stroebe）、PhD

　ユトレヒト大学、社会・組織・健康心理学教授。ドイツ、ミュンスター大学およびイングランド、ロンドン大学（ロンドン・スクール・オブ・エコノミクス）のそれぞれで PhD 取得。合衆国、イングランド、ドイツで研究職を経験する。研究の関心領域は社会心理学および健康心理学。本書の編者とともに死別に関する数多くの書籍を執筆ないし編集。マイルズ・ヒューストンとともに学術誌 *European Review of Social Psychology* を編集。その他、著書多数。

編者略歴

マーガレット・S・シュトレーベ(Margaret S. Stroebe)、PhD

ユトレヒト大学（オランダ、ユトレヒト市）、心理学准教授。ブリストル大学（イングランド、ブリストル市）にて PhD 取得。死別に関する領域に研究上の関心があり、悲嘆と悲嘆過程、喪失に対処する内的過程および対人関係過程、死別者のための介入プログラムの導入と効果がそこに含まれる。著書に、『死別と健康』(*Bereavement and Health* ウォルフガング・シュトレーベとの共著、1987)、『後半生における死別』(*Bereavement in Late Life* ロバート・O・ハンソンとの共著、2007)、編著に、『死別研究ハンドブック——帰結、対処、ケア』(*Handbook of Bereavement Research: Consequences, Coping, and Care* 本書の他の編者との共編、2001)がある。

ロバート・O・ハンソン (Robert O. Hansson)、PhD

トゥルサ大学（オクラホマ州、トゥルサ市）名誉教授。ワシントン大学（シアトル市）にて PhD 取得。研究の焦点は、高齢者家族と死別にある。『後半生における死別』(*Bereavement in Late Life* マーガレット・シュトレーベとの共著)、『死別研究ハンドブック——帰結、対処、ケア』(*Handbook of Bereavement Research: Consequences, Coping, and Care*) の前2版を含む、5冊の共著、共編著がある。「死、死にゆく過程、死別に関する国際作業グループ」メンバー、アメリカ老年学学会特別会員であり、加齢、対人関係、喪失の各分野にわたる四つの学術雑誌の編集委員を務めている。

訳者紹介

森　茂起（もり　しげゆき）

1955 年　生まれ
1984 年　京都大学大学院教育学研究科教育方法学専攻博士課程単位取得退学
1998 年　博士（教育学）
現　在　甲南大学文学部教授
著訳書　『自伝的記憶と心理療法』（編著）平凡社 2013 年、『＜戦争の子ども＞を考える』（共編著）平凡社 2012 年、『ナラティヴ・エクスポージャー・セラピー』（共訳）金剛出版 2010 年、『トラウマの発見』講談社 2005 年　他

森　年恵（もり　としえ）

1997 年　英国ブリストル大学大学院女性学専攻修士課程修了
2002 年　英国レディング大学大学院映画学専攻修士課程修了
現　在　甲南大学文学部非常勤講師
著訳書　『子ども被害者のすすめ』（共訳）岩波書店 2010 年、"Japanese cinema: Texts and contexts"（共著）Routledge 2007 年、『トラウマ映画の心理学』（共著）新水社 2002 年　他

マーガレット・S・シュトレーベ、ロバート・O・ハンソン、
ヘンク・シュト、ウォルフガング・シュトレーベ　編

死別体験──研究と介入の最前線

2014 年 3 月 15 日　第 1 刷発行

訳　者	森　茂起
	森　年恵
発 行 者	柴　田　敏　樹
印 刷 者	日　岐　浩　和

発行所　株式会社　誠　信　書　房
〒112-0012　東京都文京区大塚 3-20-6
電話 03 (3946) 5666
http://www.seishinshobo.co.jp/

中央印刷　イマキ製本所　　落丁・乱丁本はお取り替えいたします
検印省略　　無断で本書の一部または全部の複写・複製を禁じます
Ⓒ Seishin Shobo, 2014　　printed in japan
ISBN 978-4-414-41454-7 C3011

PTSDの伝え方
トラウマ臨床と心理教育

前田正治・金 吉晴 編

心理教育とは疾患の成り立ちや治療法などの情報を当事者と共有することによって，治療者‐患者間の信頼関係を構築し，治療やケアをより発展的に進めようとするものである。この考えに基づき，本書では外傷後ストレス障害（PTSD），トラウマ反応について，患者やクライエントに伝えることの意味，あるいは伝え方や伝えることによって引き起こされる変化について考える。

目次抜粋
- どう伝えるのか──病いとしてのPTSDモデル　（前田正治）
- 解離治療における心理教育（岡野憲一郎）
- ポストトラウマティック・グロース──伝えずしていかに伝えるか（開 浩一）
- 衝動性を持つ当事者を対象とした心理教育プログラム（大江美佐里）
- トラウマ例に対するサイコセラピーと心理教育　（前田正治）
- 災害現場における心理教育　（大澤智子）
- 救援者のトラウマと心理教育　（重村 淳）

A5判上製　定価(本体3600円+税)

悲嘆カウンセリング
臨床実践ハンドブック

J.W. ウォーデン 著　山本 力 監訳
上地雄一郎・桑原晴子・濱崎 碧 訳

大切な人を失うほど悲しく辛い経験はない。遺された人は，周囲に支えられながら，その人がいない世界に馴れ，適応していく。初版以来高い評価を受けてきた本書は，遺された人のグリーフワークの旅路に寄り添い，同行する人たちが必携すべき「地図」であり，バイブルと評されている。臨床心理士や看護師，精神科医，ソーシャルワーカー，そして支援者の人たちにぜひお奨めしたい。

目次抜粋
序論：新しい悲嘆の概念
第1章　愛着，喪失，悲嘆経験
第2章　喪の過程における4つの課題
第3章　喪の過程に影響を与える媒介要因
第5章　異常な悲嘆反応：複雑な喪の過程
第6章　悲嘆セラピー：複雑性悲嘆の解消
第7章　喪失の特別なタイプと悲嘆の営み
第9章　カウンセラー自身の悲嘆
第10章　悲嘆カウンセリングの訓練──研修方法と事例スケッチ

A5判上製　定価(本体4000円+税)